T0128505

Printed in the United States
By Bookmasters

الإبداع والتفكير الإبتكاري
وتنميته في التربية والتعليم

رقم التصنيف: 150.4

المؤلف ومن هو في حكمه: محمد العبيدي، باسم العبيدي، آلاء العبيدي

عنــوان الكتــاب: الإبداع والتفكير الابتكاري وتنميته في التربية والتعليم

رقم الإيـــــداع: 2009/7/3129

الترقيم الدولي: ISBN: 978- 9957 - 454 - 74 - 6

الموضوع الرئيسي: التفكير// الإبداعية// التربية

بيانات النشــر: دار ديبونو للنشر والتوزيع- عمّــان - الأردن

* تم إعداد بيانات الفهرســة والتصنيف الأولية من قبل دائرة المكتبة الوطنية

الطبعة الأولى

ديبونو للطباعة والنشر والتوزيع

عضو اتحاد الناشرين الأردنيين

عضو اتحاد الناشرين العرب

يطلب هذا الكتاب مباشرة من مركز ديبونو لتعليم التفكير
عمّان - شارع الملكة رانيا - مجمع العيد التجاري - مبنى 320
مقابل مفروشات لبنى - ط4
هاتف: 5337003 - 6 - 962 ، 5337029 - 6 - 962
فاكس: 5337007 - 6 - 962
ص. ب: 831 الجبيهة 11941 المملكة الأردنية الهاشمية

E - mail: info@debono.edu.jo
www. debono.edu.Jo

الإبداع والتفكير الابتكاري
وتنميته في التربية والتعليم

تأليف

أ. د. محمد جاسم محمد ولي   د. باسم محمد العبيدي

د. ألاء محمد العبيدي

الناشر

ديبونو للطباعة والنشر والتوزيع

بسم الله الرحمن الرحيم

" وسخر لكم ما في السماوات وما في الأرض جميعا منه إن في ذلك لآيات لقوم يتفكرون (13) "

صدق الله العظيم

(الجاثية: 13)

المحتـــويات

المحتويات

المقدمة

أصبح الاهتمام بالابتكار والأصالة في الإنتاج ضرورة قصوى في عصرنا الحديث. ويرجع ذلك إلى أهمية الابتكار في تغيير التاريخ وإعادة تشكيل الحاضر وتطويره، أن المجتمعات لا يمكن تغييرها بسهولة لمجرد توفر عنصر الإرادة لدى أعضائها أو بناء على خطة موضوعة فحسب، بل أن أعضاء المجتمع مدينون للابتكار من أجل الدينامية الداخلية التي وهبها للمجتمع.

ولم يعد خافياً أن العالم يشهد تغيرات جذرية تكاد تعصف بثوابت الشعوب وموروثها الحضاري والاجتماعي والقيمي لأنها لم تعد تملك غيران تتأثر بدرجات متفاوتة بقوى التغيير التي ألفت زمامها في عصر العولمة والمعلومات وفي هذا الخضم يأتي دور العقول المؤهلة - إذا ما أعدت جيداً - في التصدي للمشكلات القائمة والمتوقعة من أجل وضع الحلول الناجعة لها، وتقليص أضرارها إلى أدنى حد ممكن.

ولكن التعرف على الشخصية الإبداعية ليس بالشيء اليسير كما أن كيفية اكتشافها وتنميتها تعد أحد المشكلات التي يتصّدى لها علماء هذا العصر. ولم تعد مهمة التربية نقل المعلومات فحسب وإنما تسعى ببرامجها وفعالياتها نحو تدريب وترقية المهارات والاهم من ذلك تنمية القدرة لدى كل فرد متعلم على الفهم والتفكير المتقد ليواكب عصر تدفق المعلومات وتسارعها، وبذلك نحتاج إلى تعليم عال يؤدي إلى تنوع البشر وتمايزهم واقتدارهم على الاتصال والإنتاج، وللتربية والتعليم دور مهم في هذا النمو وذلك من خلال الكشف عن العوامل والظروف المواتية لنموها فمن الأهداف الأساسية تبنيها تنمية العقل وتصعيد الإبداع الذي يستوعب ثقافة العصر، ويجعل منها ثقافة مجددة قادرة على تأصيل ذاتيتها واثبات عالميتها.

ويمثل التدريس المبدع ثروة وطنية في غاية الأهمية ومن واجب المجتمع عدم تبديدها بالإهمال أو ضعف الرعاية، بل أن المجتمع مطالب باستثمار مواهب المبدعين.

ومن الأمور التي تسترعي الانتباه هي افتقار مؤسسات التربية والتعليم إلى مقياس يحدد طبيعة الشخصية الإبداعية لدى تدريسي الجامعة مما يؤدي إلى صعوبة تشخيص العوامل المساعدة في نمو تلك القدرة ويعد ذلك مشكلة مثيرة للاهتمام تسترعي تسليط الضوء عليها وإبرازها لكل المتخصصين والقائمين على شؤون التربية والتعليم لتعلقها.

يتفق علماء التربية على أن من أهم أهداف التعليم المدرسي تنشئة أجيال قادرة على التفكير السليم، يتفق كثير منهم على أن هناك قصوراً في الأساليب التعليمية والبرامج التربوية تؤدي إلى عرقلة التفكير لدى الطلبة بشكل عام والتلامذة بشكل خاص.

إذ تتجاهل المؤسسات التربوية الاهتمام بالعمليات العقلية وتطويرها مقتصرة في تدريبهم على حفظ المعلومات وتسميعها عن ظهر قلب واجتياز الامتحانات المدرسية التي لم تعد أسلوباً فعالاً في تحقيق الأهداف المعرفية ومدى استيعاب المادة العلمية والاستفادة منها وتطبيقها في الحياة العملية فضلاً عن عمليات التحليل والتركيب والتقويم...الخ. الأمر الذي يجعل طلبتنا يتخذون قالباً جامداً في تفكيرهم ينتقل معهم إلى مراحل دراسية أخرى دون تغيير في الأسلوب ويجعلهم متلقين مستلمين الأوامر والتعليمات دون مناقشة وتمحيص وهذا ما يجعلهم يلجأون إلى حلول تقليدية في مواجهة المشكلات خالية من الإبداع والابتكار.

وهذه المشكلة لا تعد خاصة بمدارسنا وحدها فهي مشكلة يواجهها التربويون في العالم المتقدم وإن أختلف في الحجم والعمق لذلك لجأ العلماء والمفكرون في تلك المجتمعات إلى ابتداع أساليب يمكن أن تسهم في إكساب النشء مهارات فكرية غير تقليدية بطريقة علمية ومباشرة ومن هذه الأساليب وضع برامج تعليم التفكير، فقد أظهرت نتائج بعض الدراسات التي تم الإطلاع عليها أن تعليم التفكير يعود بالفائدة على جميع الطلبة الذين خضعوا لها بكافة المراحل الدراسية فقد أظهروا تقدماً في عمليات التفكير من حيث مواجهتهم لظروف الحياة العملية والتكيف معها، إذ أتاحت الفرصة لهم في رؤية الأشياء بشكل أوضح وأكثر إبداعاً في حل المشكلات.

الفصل الأول

الحفظ والإبداع لدى العرب الأوائل في الإسلام

الإبداع العربي في الحفظ

الحفظ والإبداع لدى العرب الأوائل في الإسلام:

هذه بعض من النماذج التي تدل على قوة الحفظ والإتقان عند سلفنا، حتى أضحى الواحد منهم آية من الآيات، وواحدة من العجائب، وفريدة من الغرائب، إذا ما قورن بآحاد عصرنا. والغريب في الأمر! أن: وسائل التعلم، وسبل تحصيله، وطرق الوصول إليه، والرحلة في طلبه، واقتناء الكتب، وسهولة الدلالة عليها. كل ذلك وغيره ميسرٌ في عصرنا، صعب المنال في عصرهم. إلا أنهم تجاوزوا تلك الصعوبات كلها، بصدق النية في تحصيل العلم.

وخذ مثالاً واحداً قد لا يفطن بعض الناس إليه، وهو فيما يتعلق بالإضاءة، فلو تأمل الإنسان فيما يحتاجه الواحد من السلف في إضاءة المصباح من الوقت والجهد والتعب والتحمل في جلب الزيت ومراعاة الفتيلة، ويا ليته يظفر بضوء واضح؛ بل الحال أنه ضوء خافت ودخان مزعج. فسيجد الناظر فرقاً واضحاً وبوناً شاسعاً بينه وبين ما يفعله الواحد منّا إذا أراد الإنارة؛ فإنه لا يحتاج إلا إلى ضغط زرٍ واحد فقط.

ومن عجائب حفظهم وفرائد إتقانهم، التي قد يظنها بعضنا ضرباً من الخيال، ونوعاً من الغرائب، ما يلي:

بحديث فأحببت أن يعيده علي ولا حدثني رجل بحديث إلا حفظته[1].

وقال مكحول بن أبي مسلم الهذلي (112هـ) عالم أهل الشام: ما سمعت شيئاً فاستودعته صدري، إلا وجدته حين أريده[2].

وقال أحمد: كان قتادة (117هـ) أحفظ أهل البصرة لم يسمع شيئا إلا حفظه وقرئ عليه صحيفة جابر مرة واحدة فحفظها[3].

قال أحمد لداود بن عمرو الضبي: أكان يحدثكم إسماعيل بن عياش (181هـ) من حفظه؟ قال: نعم، ما رأيت معه كتاباً قط، لقد كان حافظاً. قال: كم كان يحفظ؟ قال: شيئاً كثيراً. فقال: عشرة آلاف؟ قال: عشرة آلاف وعشرة آلاف وعشرة آلاف. قال: هذا كان مثل وكيع[4].

وكان أبو داود الطيالسي سليمان بن داود بن الجارود (203هـ) أحد الحفاظ الأعلام، قال الفلاس: ما رأيت في المحدثين أحفظ منه، سمعته يقول: أسرد ثلاثين ألف حديث ولا فخر[5].

وكان محمد بن عيسى بن نجيح البغدادي (224هـ) حافظاً ثبتاً، قال عنه أبو حاتم: ما رأيت أحفظ للأبواب منه. وقال عنه أبو داود: كان متفقهاً وكان يحفظ نحواً من أربعين ألف حديثٍ[6].

---

(1) المنتظم 93/7. وشذرات الذهب 128/1.

(2) تاريخ دمشق 213/60.

(3) سير أعلام النبلاء 276/5.

(4) تاريخ بغداد 224/6.

(5) طبقات الحفاظ، ص154. والعبر في خبر من غبر 346/1.

(6) شذرات الذهب 55/2.

وكان محمد بن سلام البيكندي (225هـ) يحفظ خمسين ألف حديث، وقال: أنفقت في طلب العلم أربعين ألفاً وفي نشره مثلها[1].

وقال إسحاق ابن راهويه (238هـ): ما سمعت شيئاً إلا حفظته، ولا حفظت شيئاً فنسيته، وكأني أنظر إلى سبعين ألف حديثٍ في كتبي. وقال: أعرف مكان مائة ألف حديثٍ كأني أنظر إليها، وأحفظ سبعين ألف حديثٍ عن ظهر قلبي، وأحفظ أربعة آلاف حديثٍ مزورة. فقيل له: ما معنى حفظ المزورة؟ قال إذا قرئ منها حديثٌ في الأحاديث الصحيحة فليته منها فلياً[2].

وقال أبو زرعة الرازي عن الإمام أحمد (241هـ) أنه كان يحفظ ألف ألف حديثٍ. قيل: وما يدريك؟ قال: ذاكرته فأخذت عليه الأبواب[3].

وكان أبو زرعة الرازي (264هـ) أحد الأئمة الحفاظ المتقنين، قال أبو العباس محمد ابن جعفر بن حمكوية: سئل أبو زرعة الرازي عن رجل حلف بالطلاق؛ أن أبا زرعة يحفظ مائتي ألف حديث، هل حنث؟ فقال: لا، ثم قال أبو زرعة: أحفظ مائتي ألف حديث، كما يحفظ الإنسان "قل هو الله أحد"، وفي المذاكرة ثلاثمائة ألف حديث[4].

ولذا قال إسحاق بن راهوية: كل حديث لا يعرفه أبو زرعة الرازي ليس له أصل[5].

وقال الذهبي عن الإمام الحافظ أبي عبد الله محمد بن عميرة محدث جرجان: بلغني أنه كان يحفظ سبعين ألف حديثٍ[6].

(1) العبر في خبر من غبر 395/1.

(2) تاريخ دمشق 138/8. وبغية الطلب في تاريخ حلب 1391/3.

(3) المنتظم 287/11.

(4) تاريخ دمشق 19/38.

(5) الرجع السابق 23/38.

(6) تاريخ جرجان، ص409.

15

قال ابن عقدة سمعت أحمد بن ملاعب (275هـ) أبا الفضل البغدادي المخرمي يقول: ما أحدث إلا بما أحفظه مثل حفظي للقرآن. قال: ورأيته يفصل بين الفاء والواو [1].

قال ابن أبي حاتم منبهاً إلى إتقان الإمام ابن أبي عاصم الشيباني (287هـ): ذهبت كتبه بالبصرة في فتنة الزنج. فأعاد من حفظه خمسين ألف حديثٍ [2].

وكان أبو عبد الله محمد بن علي البغدادي المعروف بقرطمة (290هـ) آية في الحفظ. قال ابن عقدة: و الله ما رأيت أحفظ من قرطمة. ودخلت عليه فقال لي: ترى هذه الكتب خذ أيها شئت حتى أقرأه. قلت: كتاب الأشربة. فجعل يسرد من آخر الكتاب إلى أوله حتى قرأه كله [3].

ودخل ابن خزيمة وأبو عمرو الحيري وأحمد بن علي الرازي على الحافظ الإمام الحسن بن سفيان الشيباني النسوي (303هـ)، فقال له الرازي: كتبت هذا من حديثك. قال: هات، فقرأ ثم أدخل إسناداً في إسناد فرده، ثم بعد قليل فعل ذلك فرده، فلما كان في الثالثة قال له: قد احتملتك مرتين وأنا ابن تسعين سنة، فاتق الله في المشايخ فربما استجيبت فيك دعوة. فقال له ابن خزيمة: مه لا تؤذ الشيخ. قال الرازي: إنما أردت أن تعلم أنه يعرف حديثه [4].

وكان أبو محمد عبد الله بن مظاهر الأصبهاني آية في الحفظ، حفظ المسندات كلها ثم شرع في حفظ الموقوفات، مات شاباً في حياة شيوخه، سنة (304هـ) [5].

---

(1)   تاريخ بغداد 169/5.

(2)   طبقات الحفاظ، ص285. وشذرات الذهب 195/2.

(3)   تاريخ بغداد 65/3.

(4)   تاريخ دمشق 102/13. وبغية الطلب في تاريخ حلب 2369/5.

(5)   طبقات الحفاظ، ص364. والوافي بالوفيات 333/17.

16

قال الحافظ أبو علي النيسابوري: كان عبدان (306هـ) - وهو الحافظ الإمام أبو محمد عبدالله بن أحمد الأهوازي - يحفظ مائة ألف حديثٍ ما رأيت في المشايخ أحفظ منه[1].

وكان ابن الباغندي (312هـ) يسرد الحديث من حفظه ويهذُّه مثل تلاوة القران للسريع القراءة، وكان يقول: حدثنا فلان، قال حدثنا فلان، وحدثنا فلان، وهو يحرك رأسه حتى تسقط عمامته[2].

ولما قدم الحافظ ابن أبي داود أبو بكر عبد الله (316هـ) ابن الحافظ الكبير سليمان بن الأشعث السجستاني إلى سجستان، سألوه أن يحدثهم. فقال: ما معي كتاب. فقالوا: ابن أبي داود وتقول كتاب! فأملى عليهم من حفظه ثلاثين ألف حديثٍ. فلما مضى إلى بغداد قال البغداديون: مضى إلى سجستان ولعب بهم، فأرسلوا رسولاً اكتروه بستة دنانير ليكتب لهم النسخة فكتبت وجيء بها وعرضت على الحفاظ فلم يخطئوه إلا في ستة أحاديث، فوجد منها ثلاثة خطأ وثلاثة في أصوله كما حدث[3].

وقال عنه ابن شاهين: كان يملي من حفظه. ولقد قرأ علينا يوماً حديث الفتون من حفظه، فقال له أبو تمام الزينبي: ما رأيت مثلك إلا أن يكون إبراهيم الحربي. فقال: كل ما كان الحربي يحفظه فأنا أحفظه[4].

وقال الدارقطني عن ابن عقدة أبي العباس أحمد بن محمد الكوفي (332هـ): أجمع أهل الكوفة أنه لم ير بها من زمن ابن مسعود إلى زمنه أحفظ منه[5].

---

(1)   العبر في خبر من غبر 139/2.

(2)   تاريخ بغداد 211/3.

(3)   لسان الميزان 296/3. وورد أنها ستة وثلاثين ألف حديث، وقيل: أربعين ألفاً. وقيل أن ذلك كان بأصبهان. فلا أدري هل هما قصتان مختلفتان؟ انظر: تاريخ بغداد 27/9، 466/9. وتاريخ دمشق 82/29. وسير أعلام النبلاء 382/9.

(4)   سير أعلام النبلاء 225/13.

(5)   تاريخ بغداد 16/5.

وعن نفسه قال: أحفظ مائة ألف حديثٍ بالإسناد والمتن، وأذاكر بثلاثمائة ألف حديثٍ [1]. وقال ابن كثير: ويقال إنه كان يحفظ نحواً من ستمائة ألف حديث [2].

وكان الإمام الحافظ أبو الحسن علي بن إبراهيم بن سلمة بن بحر القزويني (345هـ) يحفظ مائة ألف حديثٍ [3].

وقال ابن مردويه سمعت القاضي أبو أحمد محمد بن إبراهيم بن سليمان العسال الأصبهاني (349هـ) يقول: أحفظ في القرآن خمسين ألف حديثٍ ويقال إنه أملى تفسيراً كبيراً من حفظه، وأملى بأردستان أربعين ألف حديثٍ. فلما رجع إلى بلده قابل ذلك فإذا هو كما أملى. وقال له رجل: إني حلفت أنك تحفظ سبعين ألف حديثٍ، فهل أنا بار؟ قال: برت يمينك، إني أحفظ في القرآن سبعين ألف حديث [4].

وقال أبو علي التنوخي: ما شاهدنا أحداً أحفظ من أبي بكر محمد بن عمر الجعابي (360هـ). وسمعت من يقول: إنه يحفظ مائتي ألف حديثٍ ويجيب في مثلها [5]. وقال ابن كثير: وكان حافظاً مكثراً، يقال إنه كان يحفظ أربعمائة ألف حديث، بأسانيدها ومتونها، ويذاكر بستمائة ألف حديث [6].

وقال أبو عمر القاسم ابن جعفر الهاشمي: سمعت ابن الجعابي يقول: أحفظ أربعمائة ألف حديثٍ وأذاكر بستمائة ألف حديثٍ [7].

---

(1)   المرجع السابق 17/5.

(2)   البداية والنهاية 209/11.

(3)   الوافي بالوفيات 5/20. والنجوم الزاهرة 315/3.

(4)   سير أعلام النبلاء 10/16.

(5)   تاريخ دمشق 423/54. وقد رمي ابن الجعابي بالتشيع وقلة الدين.

(6)   البداية النهاية 261/11.

(7)   العبر في خبر من غبر 308/2.

قال ابن أبي الفوارس: سألت محمد بن المظفر بن موسى البغدادي (379هـ) عن حديث الباغندي عن أبي زيد الحزازي عن عمرو بن عاصم، فقال: ما هو عندي. قلت: لعله عندك. قال: لو كان عندي لكنت أحفظه، عندي عن الباغندي مائة ألف حديثٍ ما هذا منها[1].

وقال البرقاني: أملى عليَّ الدارقطني (385هـ) كتاب العلل من حفظه[2].

قال الحاكم: أشهد أن أبا بكر محمد بن أحمد الاسفرايني (406هـ) يحفظ من حديث مالك وشعبة والثوري ومسعر أكثر من عشرين ألف حديثٍ[3].

وكان أبو عمر الداني (444هـ) من الأئمة الحفاظ المقرئين، ولم يكن في عصره ولا بعده أحد يضاهيه في حفظه وتحقيقه. وكان يقول: ما رأيت شيئاً قط إلا كتبته ولا كتبته إلا حفظته ولا حفظته فنسيته[4].

وقال شيخ الإسلام الإمام الزاهد إسماعيل الهروي (481هـ): أحفظ اثني عشر ألف حديثٍ أسردها سرداً[5].

وعن الإمام الحافظ أبي نصر علي بن هبة الله ابن ماكولا (486هـ)[6] قال الحميدي: ما راجعت الخطيب في شيء إلا وأحالني على الكتاب، وقال: حتى أكشفه. وما راجعت ابن ماكولا في شيء إلا وأجابني حفظاً كأنه يقرأ من كتاب[7].

(1) تاريخ دمشق 6/56.

(2) تاريخ بغداد 37/12.

(3) سير أعلام النبلاء 246/17.

(4) نفح الطيب من غصن الأندلس الرطيب 136/2.

(5) طبقات الحفاظ، ص440.

(6) قتله غلمان له من الترك. قيل سنة (486هـ)، وقيل (487هـ)، وقيل (485هـ)، وقيل (475هـ). انظر: سير أعلام النبلاء 576/18، وتاريخ دمشق 265/43.

(7) معجم الأدباء 346/4.

وكان أبو الخير الإمام الحافظ المتقن عبد الرحيم بن محمد بن أحمد بن حمدان بن موسى الأصبهاني (568هـ) ذا ثقة في حفظه، وكان يقول: من أراد أن يقرأ الإسناد حتى أقر المتن ومن أراد أن يقرأ المتن حتى أقرأ الإسناد[1].

وكان الحافظ عبدالغني المقدسي (600هـ) غزير الحفظ والإتقان، وقيماً يجمع فنون الحديث، وكان لا يسأله أحد عن حديث إلا ذكره له، ولا عن رجل إلا قال هو فلان ابن فلان ونسبه.

وقيل له: أن رجلاً يحلف بالطلاق أنك تحفظ مائة ألف حديثٍ، فقال: لو قال أكثر من ذلك لصدق. قال التاج الكندي: لم ير الحافظ عبد الغني مثل نفسه ولم يكن بعد الدارقطني مثله[2].

من صور الإبداع في التأليف:

رُزق سلفنا الصالح ملكة كبيرة في التأليف مع سعة في العلم، فجمعوا من المؤلفات ما لو قعد المرء يعده ويحصيه لعجز عن ذلك وفني عمره، فكيف بقراءته! فضلاً عن التأليف مثله!.

فصارت المكتبة الإسلامية تزخر بالكثير من المؤلفات في كثير من فروع العلم؛ على الرغم من وجود الصعوبات والمعوقات، كصعوبات الكتابة وحفظها ونسخها ونقلها، وليس الحال عندهم كما هو حاصل اليوم في عصرنا؛ حيث أن مطبعة واحدة تطبع آلاف النسخ في يوم واحد، وربما في ساعة واحدة.

وأحسب أن السلف لما أتقنوا ألّفوا، ولما ألّفوا أتقنوا. أعني: أن بعضهم كان يرى أن التأليف بابٌ من أبواب إتقان العلم؛ لأن من اشتغل بالتأليف كان حرياً أن يقف

(1) طبقات الحفاظ، ص474. وفي سير أعلام النبلاء 575/20 أن ذلك كان في صحيح البخاري.

(2) سير أعلام النبلاء 448/21 - 449.

على الفوائد، ويكشف الغوامض. قال الخطيب البغدادي: (قلّ ما يتمهر في علم الحديث، ويقف على غوامضه، ويستثير الخفي من فوائده؛ إلا من جمع متفرقه، وألف متشتته، وضم بعضه إلى بعض، واشتغل بتصنيف أبوابه، وترتيب أصنافه، فإن ذلك الفعل مما يقوي النفس، ويثبت الحفظ، ويذكي القلب، ويشحذ الطبع، ويبسط اللسان، ويجيد البيان، ويكشف المشتبه، ويوضح الملتبس، ويكسب أيضاً جميل الذكر وتخليده إلى آخر الدهر، كما قال الشاعر:

يموت قوم فيحيي العلم ذكرهم والجهل يلحق أمواتاً بأحياء)[1]

وقال السخاوي: (وما أحسن قول التاج السبكي: العلم وإن امتد باعه، واشتد في ميادين الجدال وقاعه، واشتد ساعده حتى خرق به كل سد سد بابه واحكم امتناعه، فنفْعه قاصر على مدة حياته؛ ما لم يصنف كتاباً يخلد بعده، أو يورث علماً ينقله عنه تلميذ إذا وجد الناس فقده، أو تهتدي به فئة مات عنها وقد ألبسها به الرشاد برده، ولعمري أن التصنيف لأرفعها مكاناً؛ لأنه أطولها زماناً، وأدومها إذا مات أحياناً؛ لذلك لا يخلو لنا وقت يمر بنا خالياً عن التصنيف، ولا يخلو لنا زمان إلا وقد تقلد عقده جواهر التأليف، ولا يجلو علينا الدهر ساعة فراغ إلا ويعمل فيها العلم بالترتيب والترصيف)[2].

وقال ابن الجوزي: (رأيت من الرأي القويم، أن نفع التصانيف أكثر من نفع التعليم بالمشافهة؛ لأني أشافه في عمري عدداً من المتعلمين، وأشافه بتصنيفي خلقاً لا تحصى ما خلقوا بعد. ودليل هذا أن انتفاع الناس بتصانيف المتقدمين أكثر من انتفاعهم بما يستفيدونه من مشائخهم. فينبغي للعالم أن يتوفر على التصانيف، أن وفق للتصنيف المفيد، فإنه ليس كل من صنف صنف)[3].

---

(1) الجامع لأخلاق الراوي وآداب السامع 280/2.

(2) فتح المغيث شرح ألفية الحديث 383/2.

(3) صيد الخاطر، ص 185 - 186.

نماذج ممن أكثر التأليف:

ومن عجائب ما كان من السلف من طول النفس، وعلو الهمة، والجلَد في جانب التأليف:

الحافظ العلامة أبو إسحاق إبراهيم بن إسماعيل الطوسي العنبري (ت قبل 290هـ)، له مسند في مائتي جزء وبضعة عشر جزءاً[1].

وللحافظ أبي محمد عبد الله بن ناجية بن نجبة البربري ثم البغدادي (301هـ) مسند كبير في مائة وثنين وثلاثين جزءاً[2].

وللإمام الحافظ أبي إسحاق إبراهيم بن يوسف بن خالد الهسنجاني (301هـ)، مسند كبير زاد على مائة جزء[3].

أما شيخ المفسرين الإمام الحافظ المحدث المؤرخ عالم عصره محمد بن جرير الطبري (310هـ) فقد أتى بالعجب العجاب في علو الهمة في التأليف، يُذكر عنه أنه قال لأصحابه: هل تنشطون لكتابة تفسير القرآن؟ قالوا: كم يكون قدره؟ قال: ثلاثون ألف ورقة. فقالوا: هذا مما يفني الأعمار قبل تمامه، فقال إنَّا لله ماتت الهمم، فاختصره في نحو ثلاثة آلاف ورقة، وهو تفسيره المعروف بجامع البيان! وكذلك قال لهم في التاريخ فأجابوه بمثل جواب التفسير، فقال: إنَّا لله ماتت الهمم، فاختصره نحو ما اختصر التفسير.

قال الخطيب البغدادي: سمعت على بن عبيد الله بن عبد الغفار اللغوي المعروف بالسمسماني يقول: أن محمد بن جرير مكث أربعين سنة يكتب في كل يوم منها أربعين ورقة. وقال تلميذه أبو محمد الفرغاني: حسبت تلامذة أبي جعفر منذ احتلم إلى أن مات

(1) طبقات الحفاظ، ص299.

(2) تذكرة الحفاظ 696/2. وسير أعلام النبلاء 164/14. وطبقات الحفاظ، ص306.

(3) الإرشاد في معرفة علماء الحديث، للخليل بن عبدالله القزويني 685/2.

فقسموا على المدة مصنفاته؛ فصار لكل يوم أربع عشرة ورقة. ولذلك قال العلامة أبو حامد الإسفرائني: لو سافر رجل إلى الصين في تحصيل تفسير ابن جرير؛ لم يكن كثيراً[1].

وقال الحافظ يحيى بن مندة: صنف ابن أبي حاتم (327هـ) المسند في ألف جزء، وكتاب الزهد، وكتاب الكنى، وكتاب الفوائد الكبير، وفوائد أهل الري، وكتاب تقدمة الجرح والتعديل. وقال الذهبي: وله كتاب العلل مجلد كبير[2].

وعلي بن حمشاذ النيسابوري (338هـ) العدل الرحال، له مسند في ثلاثمائة جزء[3]. وصنف أبو إسحاق بن حمزة الحافظ الثبت الكبير إبراهيم بن محمد بن حمزة بن عمارة الأصبهاني (353هـ)، المسند على التراجم ألف جزء.

وكان من الحفاظ المتقنين، قال ابن منده وابن عقدة: لم أر أحفظ منه. وقال أبو نعيم: أوحد زمانه في الحفظ. قال أبو القاسم الداركي: جمع الصاحب ابن عباد حفاظ بلدنا بأصبهان: العسال، والطبراني، وابن حمزة، وغيرهم، فأخذوا في مذاكرة الأبواب ثم تراجم الشيوخ؛ فظهر العجز في كل منهم عن حفظ ابن حمزة ومذاكرته[4].

وكان الحافظ البارع أبو علي الحسين بن محمد بن احمد بن محمد بن الحسين بن عيسى بن ماسرجس الماسرجسي النيسابوري (365هـ)، يسمّى سفينة عصره في كثرة الكتابة، صنف المسند الكبير مهذباً معللاً في نحو من وقر بعير[5]، يقع في ألف جزء وثلاث مائة جزء، وجمع حديث الزهري جمعاً لم يسبقه أحد وكان يحفظه مثل الماء[6].

(1) انظر: تاريخ بغداد162/2. وتذكرة الحفاظ 712/2. وتاريخ دمشق 198/52. وتهذيب الأسماء 96/1. وسير أعلام النبلاء 275/14.

(2) سير أعلام النبلاء 264/13. وتذكرة الحفاظ.

(3) طبقات الحفاظ، ص359.

(4) تذكرة الحفاظ 910/3. وسير أعلام النبلاء 502/17. وطبقات الحفاظ، ص372.

(5) سير أعلام النبلاء 288/16.

(6) تاريخ دمشق لابن عساكر 294/14. وتذكرة الحفاظ 956/3.

قال الحاكم: وعلى التخمين يكون مسنده بخط الوراقين في أكثر من ثلاثة آلاف جزء، فعندي أنه لم يصنف في الإسلام مسند أكبر منه[1].

وقال الإمام الحافظ المفيد المكثر محدث العراق أبو حفص عمر بن احمد بن عثمان بن احمد البغدادي الواعظ المعروف بابن شاهين (385هـ): (صنفت ثلاث مائة مصنف وثلاثين مصنفاً، منها: التفسير الكبير ألف جزء، ومنها: المسند ألف وثلاث مائة جزء، والتاريخ مائة وخمسون جزءاً، والزهد مائة جزء)[2]. قال محمد بن عمر الداودي القاضي: سمعت بن شاهين يقول: حسبت ما اشتريت به الحبر إلى هذا الوقت فكان سبع مائة درهم[3]. وكان يقول كتبت بأربع مائة رطل حبراً[4]. قال الداوودي: وكنا نشتري الحبر أربعة أرطال بدرهم[5]. قال الذهبي: تفسيره على ما ذكر لي لي شيخنا عماد الدين الحزامي بواسط في نحوٍ من ثلاثين مجلداً[6].

وتوفي الحافظ الثبت العلامة عبد الرحمن بن محمد بن عيسى بن فطيس القرطبي (420هـ) وهو ابن أربع وخمسين سنة، ومع ذلك جمع من الكتب ما لم يجمعه أحد في عصره، وكان يملي من حفظه، فقيل أن كتبه بيعت بأربعين ألف دينار. صنف كتاب أسباب النزول في مائة جزء، وصنف كتاب فضائل الصحابة في مائة جزء، وكتاب معرفة التابعين في مائة وخمسين جزءاً، وكتاب دلائل الرسالة في عشرة أسفار، وأشياء يطول ذكرها بالأسانيد له[7].

(1) سير أعلام النبلاء 288/16.

(2) تذكرة الحفاظ 988/3.

(3) تاريخ بغداد 267/11. تاريخ دمشق لابن عساكر 536/43.

(4) لسان الميزان 284/4.

(5) سير أعلام النبلاء 433/16.

(6) تذكرة الحفاظ 988/3.

(7) تذكرة الحفاظ 1061/3.

وكان أبو الفضل علي بن الحسين بن أحمد بن الحسين الهمذاني (427هـ) الملقب بالفلكي، حافظاً متقناً، قال عنه أبو إسماعيل الأنصاري شيخ الإسلام: (ما رأت عيناي من البشر أحفظ من الفلكي). ألف كتباً عديدة، منها: كتاب الطبقات، المسمى: بالمنتهى في معرفة الرجال في ألف جزء[(1)].

وذُكر في ترجمة الحافظ البيهقي (458هـ) أنه ألف من الكتب ما لعله يبلغ قريباً من ألف جزء مما لم يسبقه إليه أحد[(2)]. وقال عنه الذهبي: (وعمل كتباً لم يسبق إلى تحريرها، منها: الأسماء والصفات وهو مجلدان، والسنن الكبير عشر مجلدات، والسنن والآثار أربع مجلدات، وشعب الإيمان مجلدان، ودلائل النبوة ثلاث مجلدات، والسنن الصغير مجلدان، والزهد مجلد، والبعث مجلد، والمعتقد مجلد، والآداب مجلد، ونصوص الشافعي ثلاث مجلدات، والمدخل مجلد، والدعوات مجلد، والترغيب والترهيب مجلد، وكتاب الخلافيات مجلدان، والأربعون الكبرى، والأربعون الصغرى، وجزء في الرؤية، ومناقب الشافعي مجلد، ومناقب أحمد مجلد، وكتاب الأسرى، وكتب عديدة لا أذكرها)[(3)]. وقال أبو المعالي: ما من شافعي إلا وللشافعي عليه منَّة، إلا أبا بكر البيهقي؛ فإن له المنة على الشافعي، لتصانيفه في نصرة مذهبه[(4)].

وكان ابن عبدالبر (463هـ) إمام عصره حفظاً وتأليفاً، قال أبو الوليد الباجي: لم يكن بالأندلس مثل أبي عمر بن عبد البر في الحديث، وهو أحفظ أهل المغرب. وقال أبو علي الغساني: ألف أبو عمر في الموطأ كتباً مفيدة منها: كتاب: التمهيد لما في الموطأ من المعاني والأسانيد، فرتبه على أسماء شيوخ مالك على حروف المعجم، وهو كتاب لم يتقدمه أحد إلى مثله، وهو سبعون جزءاً. قال الذهبي: هي أجزاء ضخمة جداً. قال ابن

(1) تذكرة الحفاظ 1125/3. وطبقات الحفاظ، ص431.

(2) المنتخب من كتاب السياق لتاريخ نيسابور لتقي الدين الصيرفيني، ص108.

(3) تذكرة الحفاظ 1132/3.

(4) تذكرة الحفاظ 1132/3.

حزم: لا أعلم في الكلام على فقه الحديث مثله؛ فكيف أحسن منه؟ ثم صنع كتاب الاستذكار لمذهب علماء الأمصار فيما تضمنه الموطأ من معاني الرأي والآثار، شرح فيه الموطأ. وجمع كتاباً جليلاً مفيداً وهو: الاستيعاب في أسماء الصحابة. وله كتاب: جامع بيان العلم وفضله وما ينبغي في روايته وحمله. وغير ذلك من تواليفه[1].

وصنف الإمام العلامة الحافظ أبو الوليد الباجي (474هـ) كتاب المنتقى في الفقه وكتاب المعاني في شرح الموطأ فجاء في عشرين مجلداً عديم النظير، ونقل الذهبي عن القاضي عياض أن أبا الوليد صنف كتاباً كبيراً جامعاً بلغ فيه الغاية سماه الاستيفاء، وله كتاب الإيماء في الفقه خمس مجلدات، وكتاب السراج في الخلاف لم يتم، ومختصر المختصر في مسائل المدونة، وله كتاب في اختلاف الموطآت، وكتاب في الجرح والتعديل، وكتاب التسديد إلى معرفة التوحيد، وكتاب الإشارة في أصول الفقه، وكتاب إحكام الفصول في أحكام الأصول، وكتاب الحدود، وكتاب شرح المنهاج، وكتاب سنن الصالحين وسنن العابدين، وكتاب سبل المهتدين، وكتاب فرق الفقهاء، وكتاب التفسير لم يتمه، وكتاب سنن المنهاج وترتيب الحجاج[2].

وما ذكره الحافظ الذهبي في ترجمة الحافظ البركة أبي عبد الله محمد بن الحسين بن محمد بن الحسين بن علي بن يعقوب المروزي الأرزي الزاغولي (559هـ) أنه: جمع كتاباً كبيراً أكثر من أربع مائة مجلد، يشتمل على: التفسير والحديث والفقه واللغة سماه قيد الأوابد[3].

وابن عساكر (571هـ) الإمام الكبير، حافظ الشام؛ بل حافظ الدنيا، الثقة الثبت، الحجة ثقة الدين، صنف فأوعب وجمع فأحسن.

---

(1) سير أعلام النبلاء 157/18.

(2) سير أعلام النبلاء 535/18 - 539.

(3) تذكرة الحفاظ 1337/4.

قال الذهبي: فمن ذلك تاريخه في ثمان مئة جزء، الجزء عشرون ورقة فيكون ستة عشر ألف ورقة[1]. وحينما تسمع مثل هذه الأرقام تتعجب؛ وربما دار في خلدك أنه لم يجد وقتاً ليؤلف غير هذا المؤلَف الكبير جداً، ولكن العزم والحزم جعله وأمثاله رحمه الله يشتغل بالتصنيف مجتهداً؛ فألَّف: الموافقات في اثنين وسبعين جزءاً، وعوالي مالك والذيل عليه خمسين جزءاً، وغرائب مالك عشرة أجزاء، والمعجم في اثني عشر جزءاً، ومناقب الشبان خمسة عشر جزءاً، وفضائل أصحاب الحديث أحد عشر جزءاً، فضل الجمعة مجلد، وتبيين كذب المفتري فيما نسب إلى الأشعري مجلد، والمسلسلات مجلد، والسباعيات سبعة أجزاء، ومن وافقت كنيته كنية زوجته أربعة أجزاء، وفي إنشاء دار السنة ثلاثة أجزاء، في يوم المزيد ثلاثة أجزاء، الزهادة في الشهادة مجلد، طرق قبض العلم، حديث الأطيط حديث الهبوط وصحته، عوالي الأوزاعي، والخماسيات جزء، والسداسيات جزء، وأسماء الأماكن التي سمع فيها الخضاب، وإعزاز الهجرة عند إعواز النصرة، والمقالة الفاضحة، وفضل كتابة القرآن، ومن لا يكون مؤتمناً لا يكون مؤذناً، وفضل الكرم على أهل الحرم، وأحاديث بعلبك، وفضل عسقلان، وكتاب الجهاد، ومسند أبي حنيفة، ومكحول العزل، والأربعون الطوال، والأربعون البلدية جزء، والأربعون في الجهاد، والأربعون الأبدال، وفضل عاشوراء ثلاثة أجزاء، وكتاب الزلازل، والمصاب بالولد، وشيوخ النبل، وعوالي شعبة اثنا عشر جزءاً، وعوالي سفيان أربعة أجزاء، ومعجم القرى والأمصار، وغيرها من الكتب[2].

وكتب ابن الجوزي (597هـ) بخطه ما لا يوصف كثرة[3].

وقال الذهبي: ما علمت أحداً من العلماء صنف ما صنف[4]. وقال: يحضر مجلسه

(1) سير أعلام النبلاء 559/20.

(2) انظر: سير أعلام النبلاء 554/20 - 571. وطبقات الحفاظ، ص275.

(3) تذكرة الحفاظ 1342/4.

(4) تذكرة الحفاظ 1344/4.

مائة ألف أو يزيدون، لا يضيع من زمانه شيئاً، يكتب في اليوم أربعة كراريس، وله في كل علم مشاركة[1].

إبداع العلماء: عوامل وأسباب

إذا علم الـلـه من عبده صدق النية يهون عليه الأعمال والأقوال. وهذا أمر مقرر عند أهل العلم، قال الخطيب البغدادي: (وهل أدرك من أدرك من السلف الماضين الدرجات العلى إلا بإخلاص المعتقد والعمل الصالح؟)[2].

وقال ابن عباس ب: «إنما يحفظ الرجل على قدر نيته»[3].

وقال أبو عبد الـلـه الروذباري: (العلم موقوف على العمل. والعمل موقوف على الإخلاص. والإخلاص لله يورث الفهم عن الـلـه عز وجل)[4].

الإيمان بالله ورسالة الإنسان

قال علي بن خشرم: رأيت وكيعاً؛ وما رأيت بيده كتاباً قط! إنما هو حفظٌ. فسألته عن أدوية الحفظ؟ فقال: أن علّمتك الدواء استعملته؟ قلت: إي و الـلـه. قال: ترك المعاصي؛ ما جربت مثله للحفظ[5].

وقال يحيى بن يحيى: سأل رجلٌ مالك بن أنس؛ يا أبا عبد الـلـه: هل يصلح لهذا الحفظ شيء؟ قال: أن كان يصلح له شيء فترك المعاصي[6].

(1) سير أعلام النبلاء 377/21. وتذكرة الحفاظ 1346/4.

(2) اقتضاء العلم العمل، ص15.

(3) رواه الدارمي في سننه برقم (375) 117/1.

(4) اقتضاء العلم العمل، ص32.

(5) تاريخ دمشق 74/63.

(6) الجامع لأخلاق الراوي وآداب السامع 258/2.

وقال الإمام الشافعي:

شكوت إلى وكيع سوء حفظي فأرشدني إلى ترك المعاصي
وأخبرنـــي بأن العلـم نورٌ ونور الـلـه لا يُهدى لعاصي[(1)]

وقال محمد بن رافع: قيل لسفيان بن عيينة: بمَ وجدت الحفظ؟ قال: بترك المعاصي[(2)].

العمل بالعلم:

قال مطر الوراق: (خير العلم ما نفع، وإنما ينفع الـلـه بالعلم من علمه وعمل به، ولا ينفع بمن علمه ثم تركه)[(3)].

وعن وكيع بن الجراح عن إبراهيم بن إسماعيل بن مجمع قال: (كنا نستعين على حفظ الحديث بالعمل به)[(4)].

ذكر الـلـه:

قال ابن القيم في فوائد الذكر: (الحادية والستون: أن الذكر يعطي الذاكر قوة؛ حتى أنه ليفعل مع الذكر ما لم يظن فعله بدونه، وقد شاهدت من قوة شيخ الإسلام ابن تيمية (728هـ) في سننه وكلامه وإقدامه وكتابته أمراً عجيباً؛ فكان يكتب في اليوم من التصنيف ما يكتبه الناسخ في جمعه وأكثر)[(5)].

---

(1) ديوان الإمام الشافعي، جمع محمد الزعبي، ص54.

(2) شعب الإيمان 272/2.

(3) المدخل إلى السنن الكبرى للبيهقي، برقم (518)، ص326.

(4) اقتضاء العلم العمل، ص90.

(5) الوابل الصيب، ص106.

شكر اللـه على ما منَّ به من العلم:

قال أبو قلابة لأيوب السختياني وصالح بن رستم: (إذا أحدث اللـه لك علماً فأحدث لله عبادة، ولا تكونن إنما همك أن تحدث به الناس)[1].

طلب العون من اللـه:

فالعلماء لم يكتبوا ما كتبوا من المؤلفات الوفيرة إلا بعون من اللـه عَزَّ وَجَلَّ. فمثلاً ابن جرير الطبري لمَّا ألفَّ تفسيره الكبير سأل اللـه المعونة، قال هارون بن عبدالعزيز: (قال أبو جعفر استخرت اللـه وسألته العون على ما نويته من تصنيف التفسير قبل أن أعمله ثلاث سنين فأعانني)[2]. وقال ابن خلكان وغيره عن ابن عبدالبر: (وكان موفقاً في التأليف، معاناً عليه، ونفع اللـه بتواليفه)[3].

التوازن والتدرج:

والمقصود بالتوازن بحيث لا يغلِّب جانباً على جانب. كأن يشتغل مثلاً بتفسير القرآن ويترك قراءته، أو يشتغل بحفظ المتون عن فهمها، أو يشتغل بتعلم العلم عن العمل به.

قال صاحب عون المعبود: (قيل: اشتغل بالعلم بحيث لا يمنعك عن العمل، واشتغل بالعمل بحيث لا يمنعك عن العلم، وحاصله أن كلاً من طرفي الإفراط والتفريط مذموم والمحمود هو الوسط العدل المطابق لحاله)[4].

---

(1) اقتضاء العلم العمل، ص34، 35.

(2) سير أعلام النبلاء 274/14.

(3) وفيات الأعيان 67/7.

(4) عون المعبود 132/13.

وأما التدرج؛ فإن الإنسان إذا حفظ الشيء جملة واحدة نسيه مرة واحدة. قال السخاوي: (واحفظه أي الحديث بالتدريج قليلاً قليلاً مع الأيام والليالي فذلك أحرى بأن تمنع بمحفوظك وأوعى لعدم نسيانه)[1].

وهذا شأن الحفاظ المتقنين، قال ابن علية: (كنت أسمع من أيوب خمسة، ولو حدثني بأكثر من ذلك ما أردت)[2]. قال سفيان الثوري: (كنت آتي الأعمش ومنصوراً فأسمع أربعة أحاديث، خمسة ثم أنصرف، كراهة أن تكثر وتفلت)[3]. وقال شعبة: (كنت آتي قتادة فأساله عن حديثين فيحدثني، ثم يقول أزيدك؟ فأقول: لا. حتى أحفظهما وأتقنهما)[4]. وقال الزهري: (من طلب العلم جملة فاته جملة وإنما يدرك العلم حديث وحديثان)[5]. وعنه أيضاً قال: (أن هذا العلم أن أخذته المكاثرة له غلبك ولكن خذه مع الأيام والليالي أخذا رفيقا تظفر به)[6].

قال الشاعر[7]:

اليوم شيءٌ وغـداً مثلـه — من نُخَب العلم التي تُلْتَقطْ
يُحصِّل المـرءُ بها حكمـةً — وإنما السيلُ اجتماعُ النُّقـطْ

مذاكرة العلم:

فالمذاكرة تعين على ثبوت المحفوظ، وهي من أقوى أسباب الانتفاع بالعلم.

(1) فتح المغيث 380/2.

(2) الجامع لأخلاق الراوي وآداب السامع 231/1.

(3) المرجع السابق 232/1.

(4) المرجع السابق 232/1.

(5) الجامع لأخلاق الراوي وآداب السامع 232/1. وفتح المغيث 381/2.

(6) الجامع لأخلاق الراوي وآداب السامع 232/1. وفتح المغيث 381/2.

(7) هو بهاء الدين ابن النحاس الحلبي، انظر: بغية الوعاة للسيوطي، ص6.

وذلك بأن يذاكر به طالب العلم غيره من الطلبة ونحوهم، فإن لم يجد من يذاكره فعليه أن يذاكر مع نفسه وأن يكرره على قلبه.

فعن أنس بن مالك ﵁ قال: «كنا نكون عند النبي ﷺ فنسمع منه الحديث فإذا قمنا تذاكرناه فيما بيننا حتى نحفظه». وعن علي بن أبي طالب ﵁ قال: «تزاوروا وتدارسوا الحديث ولا تتركوه يدرس». وعن ابن عباس ب قال: «إذا سمعتم مني حديثاً فتذاكروه بينكم». وعن أبي سعيد الخدري ﵁ قال: «تحدثوا وتذاكروا فان الحديث يذكر بعضه بعضاً»[1].

وقيل: حفظ سطرين خير من كتابة ورقتين وخير منهما مذاكرة اثنين. وقال بعضهم:

من حاز العلم وذاكره ... صلحت دنياه وآخرته

فأدم للعلم مذاكرة ... فحياة العلم مذاكرته[2]

الدُّربة وإعمال الذهن:

لقد فات أسلافنا نعمة التقنية الهائلة في مجال المعلومات، ولكننا فقدنا ما أنعم الله به عليهم من حفظ الصدور، وإتقان العلم، فقد برز السلف في هذا الجانب بروزاً ملحوظاً. ومن أسباب ذلك: الممارسة والتدرب والصبر على ذلك، فقد سمع رجلٌ أن البخاري شرب دواء الحفظ يقال له بلاذر، فقال له في خلوة: هل من دواء يشربه الرجل فينتفع به للحفظ؟ فقال البخاري: لا أعلم. ثم أقبل عليه وقال: لا أعلم شيئا أنفع للحفظ من نهمة الرجل ومداومة النظر[3].

ومن أجل هذا المعنى كره بعض السلف كتابة العلم، وأمروا بحفظه؛ لئلا يركن

(1) هذه الآثار رواها الخطيب البغدادي بسنده في الجامع لأخلاق الراوي وآداب السامع 236/1 - 237.

(2) فتح المغيث 382/2.

(3) سير أعلام النبلاء 406/12.

الطالب إلى الكتابة، ويعتمد عليها، فيضعف حفظه. ومن ذلك ما فعله أبو موسى رضي الله عنه حين مسح وغسل بعض ما كتبه ابنه عنه، فقال: «احفظوا كما حفظنا»[1]. وقد ذكر البيهقي بعض الآثار عن جماعة من الصحابة والتابعين تدل على هذا المعنى، ثم قال: (وقد كتبنا في هذا الباب آثاراً كثيرة، يطول بذكرها هذا الكتاب. وأحسب من كرهها منهم للمعنى الذي أشرنا إليه أو نحوه)[2].

قلت: ويدخل هذا في باب التربية على العلم، فإذا انتفى المعنى الذي من أجله تركت الكتابة، وأُمن النسيان، فلا حرج من الكتابة؛ بل هي حينئذ مما رُغِّب فيه. والعلم عند الله تعالى.

التجلد والصبر:

لابد لمن أراد العلم وحفظه من تحمل الصعاب. قال يحيى بن أبي كثير: «لا يستطاع العلم براحة الجسم»[3]. ومظاهر صبرهم وتجلدهم كثيرة جداً، أذكر منها ما يلي:

قال سعيد بن المسيب: «أن كنت لأسير الليالي والأيام في طلب الحديث الواحد»[4].

وسئل الإمام الحافظ الطبراني عن كثرة حديثه فقال: (كنت أنام على البواري[5] ثلاثين سنة)[6].

وذكر الحافظ الذهبي عن الإمام الفقيه المسند أحمد بن علي بن حسن الخسروجردي الشافعي الشهير بابن فطيمة، حيث قال: (ومن العجب أنه قطعت أصابعه بكرمان من

(1) المدخل إلى السنن الكبرى للبيهقي، برقم (738)، ص409.

(2) انظر: المدخل إلى السنن الكبرى للبيهقي، ص409 وما بعدها.

(3) رواه مسلم في الصحيح برقم (612)، 428/1.

(4) المدخل إلى السنن الكبرى للبيهقي، برقم (401)، ص409.

(5) جمع بوري، وهو: الحصير المعمول من القصب. انظر: لسان العرب، مادة (بور) 87/4.

(6) سير أعلام النبلاء 122/16. وطبقات الحفاظ، ص373.

علة، فكان يأخذ القلم ويترك الورق تحت رجله ويمسك القلم بكفيه، فيكتب خطاً مليحاً سريعاً، يكتب في اليوم خمس طاقات خطاً واسعاً)[1].

ومن صور صبر العلماء ما ذكره الخطيب البغدادي وغيره في ترجمة الحافظ يعقوب بن سفيان الفسوي (277هـ) إمام أهل الحديث بفارس: (قال محمد بن يزيد العطار: سمعت يعقوب بن سفيان يقول: كنت في رحلتي فقلَّتْ نفقتي، فكنت أدمن الكتابة ليلاً وأقرأ نهاراً، فلما كان ذات ليلة كنت جالساً أنسخ في السراج وكان شتاء، فنزل الماء في عيني فلم أبصر شيئاً، فبكيت على نفسي لانقطاعي عن بلدي وعلى ما فاتني من العلم، فغلبتني عيناي فنمت فرأيت النبي ﷺ في النوم، فناداني: يا يعقوب: لم أنت بكيت؟ فقلت: يا رسول الله ذهب بصري؛ فتحسرت على ما فاتني، فقال لي: أدن مني، فدنوت منه فأمرَّ يده على عيني كأنه يقرأ عليهما ثم استيقظت فأبصرت فأخذت نسخي وقعدت أكتب)[2].

انصراف الهمِّ إلى العلم:

ليس الفارق بين الواحد منَّا وبين العلماء السابقين جسمانياً، ولا في القدرة على التحصيل؛ فالعقل واحدٌ ولكن الهمَّ مختلف. فحين تبادر بعض شباب عصرنا بالسؤال عن بعض الأمور السهلة، مثل غزوات الرسول ﷺ، أو أسماء زوجاته، أو غير ذلك؛ فإنه يعتذر ويتذرع بأن مثل هذه الأمور تحتاج إلى قوة حافظة، وهو لا يملكها!!!.

قلت: وأحسب أنه غير صادق في مقالته، وذلك أنك لو سألته عن أمور أخرى تتعلق بلاعبي كرة القدم وأسمائهم مثلاً؛ فإنه سيجيب عن ذلك، وبأدق التفاصيل والأوصاف على اختلاف الفرق والدول.

(1) سير أعلام النبلاء 61/20.

(2) الرحلة في طلب الحديث، ص206 - 207. وسير أعلام النبلاء 182/13. وتهذيب التهذيب 339/11.

وهذا الأمر جعل لديَّ قناعة بأن العيب ليس في ضعف الحفظ لدى أولئك النفر. ولكن العيب والخلل في سوء استعمال نعمة الحفظ. وأن الهمَّ ليس منصرفاً إلى العلم وتحصيله.

قال الإمام البخاري: (كنت بنيسابور مقيماً، فكان ترد إلى من بخارى كتب، وكن قرابات لي يقرئن سلامهن في الكتب، فكنت أكتب كتاباً إلى بخارى وأردت أن أقرئهن سلامي فذهب عليَّ أساميهن حين كتبت كتابي ولم أقرئهن سلامي)[1].

يقول هذا وهو القائل: (وصنفت كتاب التاريخ إذ ذاك عند قبر رسول اللـه ﷺ في الليالي المقمرة، وقلَّ اسم في التاريخ إلا وله قصة، إلا أني كرهت تطويل الكتاب)[2].

وهو الذي يقول: (أحفظ مئة ألف حديث صحيح وأحفظ مائتي ألف حديث غير صحيح)[3]. والسبب في ذلك أن همَّه منصرف إلى العلم وأهله، وإلا فلا شك في أن البخاري من الأثبات الحفاظ.

فقد أثنى أبو عمار الحسين بن حريث على البخاري فقال: (لا أعلم أني رأيت مثله كأنه؛ لم يخلق إلا للحديث)[4].

وقال محمد بن أبي حاتم سمعت الحسين بن محمد السمرقندي يقول: (كان محمد بن إسماعيل مخصوصاً بثلاث خصال مع ما كان فيه من الخصال المحمودة: كان قليل الكلام، وكان لا يطمع فيما عند الناس، وكان لا يشتغل بأمور الناس؛ كل شغله كان في العلم)[5].

---

(1)   سير أعلام النبلاء 406/12.

(2)   سير أعلام النبلاء 400/12.

(3)   سير أعلام النبلاء 415/12.

(4)   سير أعلام النبلاء 422/12.

(5)   سير أعلام النبلاء 448/12.

الاهتمام بالأوقات:

حينما أدرك العلماء حقيقة الوقت، وعرفوا قيمته، اهتموا به فلم يفرطوا فيه، ولم يضيعوا شيئاً منه. وقد قال النبي ﷺ فيما يرويه ابن عباس ب: «نعمتان مغبون فيهما كثير من الناس: الصحة، والفراغ»[1]. وقال ﷺ لرجل وهو يعظه: «اغتنم خمساً قبل خمس: شبابك قبل هرمك، وصحتك قبل سقمك، وغناءك قبل فقرك، وفراغك قبل شغلك، وحياتك قبل موتك»[2].

وسير السلف مليئة بالأمثلة الدالة على اهتمامهم بالوقت، فمن ذلك:

ما قاله ابن الجوزي: (ينبغي للإنسان أن يعرف شرف زمانه، وقدر وقته، فلا يضيع منه لحظة في غير قربة....)[3]، وقال: (رأيت العادات قد غلبت على الناس في تضييع الزمان، وكان القدماء يحذرون من ذلك. قال الفضيل: أعرف من يعدُّ كلامه من الجمعة إلى الجمعة. ودخلوا على رجل من السلف، فقالوا: لعلنا أشغلناك، فقال: أصدقكم: كنت أقرأ فتركت القراءة لأجلكم. وجاء رجل من المتعبدين إلى سري السقطي فرأى عنده جماعة، فقال: صرت مناخ البطالين، ثم مضى ولم يجلس.

ومتى لان المزورُ طمع فيه الزائر؛ فأطال الجلوس فلم يسلم من أذى. وقد كان جماعة قعوداً عند معروف فأطالوا؛ فقال: أن ملَك الشمس لا يفترُ في سوقها، أفما تريدون القيام؟

وممن كان يحفظ اللحظات: عامر بن عبد قيس، قال له رجل: قف أكلمك، قال: فأمسك الشمس!...... وكان داوود الطائي يستف الفتيت، ويقول: ما بين سفِّ

(1) أخرجه البخاري في صحيحه، كتاب الرقاق، باب ما جاء في الصحة والفراغ، ح(6049).

(2) رواه الحاكم في المستدرك عن ابن عباس 341/4، وقال: حديث صحيح على شرط الشيخين ولم يخرجاه. والخطيب البغدادي في اقتضاء العلم العمل، ص100. وصححه الألباني، انظر: صحيح الجامع (1077).

(3) صيد الخاطر، ص8.

الفتيت وأكل الخبز قراءة خمسين آية..... وأوصى بعض السلف أصحابه فقال: إذا خرجتم من عندي فتفرقوا لعلَّ أحدكم يقرأ القرآن في طريقه ومتى اجتمعتم تحدثتم)[1].

ومما يدل على الاهتمام بالوقت ما جاء في ترجمة الإمام سليم بن أيوب الرازي (447هـ) من أئمة الشافعية، أنه كان يحاسب نفسه على الأنفاس، لا يدع وقتاً يمضي عليه بغير فائدة، من نسخ، أو تدريس، أو قراءة. روى الحافظ ابن عساكر عن المؤمل بن الحسن: أنه رأى سليماً قد حفي قلمه، فجعل يحرك شفتيه حتى قطعه، فعلم أنه كان يقرأ مدة إصلاحه)[2]. وقال ابن خلكان: وكان لا يخلو له وقت عن اشتغال، حتى إنه كان إذا برى القلم قرأ القرآن، أو سبَّح، وكذلك إذا كان ماراً في الطريق، وغير ذلك من الأوقات التي لا يمكن الاشتغال فيها بعلم[3].

تنظيم الوقت:

إضافة إلى الاهتمام بالوقت، كان السلف ينظِّمون أوقاتهم ويرتبونها. فمن ذلك: ما قاله الحاكم عن شيخه أبي النضر الإمام الحافظ شيخ الإسلام محمد بن محمد بن يوسف الطوسي شيخ الشافعية (344هـ): كان إماماً بارع الأدب، ما رأيت أحسن صلاة منه، كان يصوم النهار، ويقوم الليل، ويأمر بالمعروف وينهى عن المنكر، ويتصدق بما فضل عن قوته، وقلت له: متى تتفرغ للتصنيف مع ما أنت عليه من هذه الفتاوي؟ فقال: قد جزأت الليل ثلاثة أجزاء: جزءاً للتصنيف، وجزءاً للصلاة والقراءة، وجزءاً للنوم. وله نحو ستين أو سبعين سنة يفتي لم يؤخذ عليه في فتوى قط[4].

وأما الإمام أبو الوفاء ابن عقيل (513هـ) فقال عنه ابن الجوزي: قرأت بخطه: أني

---

(1) المرجع السابق، ص399 - 400.

(2) تهذيب الأسماء واللغات للنووي 223/1.

(3) وفيات الأعيان 398/2.

(4) شذرات الذهب 368/2. وطبقات الشافعية 133/2.

لا يحل لي أن أضيع ساعة من عمري فإذا تعطل لساني من مذاكرة ومناظرة وبصري من مطالعة عملت في حال فراشي وأنا مضطجع فلا أنهض إلا وقد يحصل لي ما أسطره وإني لأجد من حرصي على العلم في عشر الثمانين أشد مما كنت وأنا بن عشرين.

وأنا أقصر بغاية جهدي أوقات أكلي، حتى أختار سفَّ الكعك وتحسيه بالماء على الخبز، لأجل ما بينهما من تفاوت المضغ، توفراً على مطالعة، أو تسطير فائدة لم أدركها فيه، وإن أجل تحصيل عند العقلاء بإجماع العلماء هو: الوقت، فهو غنيمة تنتهز فيها الفرص، فالتكاليف كثيرة[1].

وقال الضياء المقدسي عن شيخه الحافظ عبدالغني المقدسي (600هـ): (وكان لا يضيع شيئاً من زمانه، كان يصلى الفجر ويلقن القرآن، وربما لقن الحديث، ثم يقوم فيتوضأ ويصلى ثلاثمائة ركعة بالفاتحة والمعوذتين إلى قبيل الظهر، فينام نومة فيصلى الظهر، ويشتغل بالتسميع، أو النسخ، إلى المغرب، فيفطر أن كان صائماً، ويصلى إلى العشاء، ثم ينام إلى نصف الليل أو بعده، ثم يتوضأ ويصلى، ثم يتوضأ ويصلى إلى قريب الفجر، وربما توضأ سبع مرات أو أكثر، ويقول: تطيب لي الصلاة ما دامت أعضائي رطبة، ثم ينام نومة يسيرة قبل الفجر وهذا دأبه)[2].

وترك الإمام النووي (676هـ) تصانيف كثيرة، على أنه توفي وعمره 45 سنة. وكان في أيام طلبه يقرأ كل يوم اثني عشر درساً على المشايخ شرحاً وتصحيحاً: درسين في الوسيط، ودرساً في المهذب، ودرساً في الجمع بين الصحيحين، ودرساً في صحيح مسلم، ودرساً في اللمع لابن جني، ودرساً في اصطلاح المنطق لابن السكيت، ودرساً في التصريف، ودرساً في أصول الفقه تارة في اللمع لأبي إسحاق وتارة في المنتخب لفخر الدين، ودرساً في أسماء الرجال ودرساً في أصول الدين[3].

(1) لسان الميزان 243/4. وذيل طبقات الحنابلة 142/1 - 162.

(2) تذكرة الحفاظ 1376/4.

(3) طبقات الشافعية 154/2.

الفصل الثاني

عوامل الإبداع

الإبداع والتربية الإبداعية وتعليم التفكير والاستنباط والبحث

استدل علماء النفس على الفنون الإبداعية لكثرة استخدامها في مجالات علم النفس وبالذات في تحديد الملامح والخصائص والمميزات للشخصية المبدعة مثل التلقائية والأصالة والذكاء الحاد حيث أن دراسة الإبداع والتربية الإبداعية لن يكفي دراستهما والاعتراف بوجودهما بل علينا تجسيد ذلك في عمل إبداعي محسوس ملموس بحيث تستدل من ذلك العمل على الفعل وأن نقوم بالكشف عن هذه الموهبة الإبداعية وننمي الملكات والقدرات الإبداعية في الأفراد منذ الصغر مستعينين بالحدس والبصيرة النافذة وبكل المقاييس والمعايير والمحكات والاختيارات العلمية الدقيقة، ثم العمل على تنمية تلك الموهبة والقدرة الإبداعية وإتاحة الفرصة لها للظهور والتعبير عن نفسها.

إن الاهتمام بدراسة الإبداع والتربية الإبداعية وتعليم التفكير والبحث بطريقة علمية موضوعية منهجية لم يبدأ إلا في أواخر القرن التاسع عشر، وقد أدخل (جالتون) بعض العناصر والعوامل غير البيولوجية إلى نظريته في الإبداع حيث ذكر وجود قدرات وإمكانيات أخرى تتمثل في الإبداع حيث ذكر وجود قدرات وإمكانيات أخرى تتمثل في التلقائية والسيولة غير العادية في تداعي الصور والأفكار وذهب إلى أن العقل المبدع الخلاق يزخر دائماً بالأفكار والتصورات الجديدة المبتكرة وذلك إلى جانب عنصرين آخرين وهما.

1- قدرة ذالك ألعقل على تقبل الجديد والاستجابة له.

2- الحدس ونفاذ البصيرة.

هذه من ضمن العناصر التي تميز العبقرية الإبداعية الناجحة البعيدة عن التخيلات المريضة أما (جالتون) فيرى أن مقومات ألتفكير والذكاء هو العناصر والمقومات المتوازية آلتي تنتقل بين الحين والأخر بنفس الطريقة التي تناورت بها الحقائق والميزات الجسمية والفيزيقية وان هناك نوعا من التسلسل في المواهب داخل السلالة البشرية الواحدة وانه ينبغي على الذين يتمتعون بقدر كبير من مقومات العبقرية والنبوغ أن يقفوا في وجه من يقف في طريقهم سواء كان ذلك في نفس المجتمع الذي ينتمون إليه هم أم في الشعوب الأخرى [1] .

إن ظاهرة الإبداع تحتاج منا التعمق في مفهومها علميا وعمليا كون الإبداع لون من ألوان السلوك البشري الهادف ومظهر من مظاهر السلوك العقلي والفكري وهو عملية من العمليات العقلية العليا آلتي يعتمد القيام بها على امتلاك الشخص القدرة الخاصة والموهبة الإبداعية التي تظهر أثارها وتعبر عن نفسها وتبرهن على وجودها لدى الشخص بأعمال ومناشط إنتاجية ابتكارية [2] .

ولقد تعددت تعاريف الإبداع.

تعريف الإبداع:

الإبداع لغة مشتق من الفعل (أبدع) الشيء أي اخترعه لأعلى مثال، و اللـه بديع السماوات والأرض أي مبدعهما، وأبدع الشاعر أي جاء بالبديع والبدعة الحديث في

---

(1)   سيد خير اللـه وآخرون - سيكولوجية الإبداع بين النظرية والتطبيقية - دار النهضة العربية - بيروت 1993 (ص 122).

(2)   محمد جاسم محمد - علم النفس التربوي دار الثقافة للنشر 2004 (ص 539) - عمان الأردن.

الدين بعد الإكمال. وأبدع الله الخلق إبداعا خلقهم لأعلى مثال، وأبدعت الشيء وابتدعته أي استخرجته وأحدثته، ومنه قيل للحالة المخالفة بدعة ثم غلب استعمالها فيما هو نقص في الدين أو زيادة، لكن قد يكون بعضها غير مكروه فيسمى بدعة مباحة وهو ما شهد لجنسه أصل في الشرع والإبداع يعني الإيجاد أو الخلق أو التكوين أو الابتكار. والتخيل الإبداعي نوع من التخيل المثمر، والخالق والمخلوقات الإبداعية هي النزعة نحو الإبداع وفي ما يتعلق بالفرق بين الإبداع والتخيل نقول أن التخيل أكثر تلقائية، والإبداع يؤدي بنا إلى حلول مستندة إلى الواقع لما نشعر به من مشكلات، يمكنا الوصول إلى حلول يمكن تحقيقها في عالم الواقع. وتتدخل الذاكرة وما فيها من معلومات في عملية الإبداع أو التفكير الإبداعي. وقد تعددت تعاريف الإبداع في مدارس علم النفس فمثلا المدرسة التحليلية فسرت العملية الإبداعية بحالة من التنامي التي تم فيها تحول دافع غير اجتماعي وغير مرغوب إلى دافع اجتماعي مرغوب من خلال عملية التنامي والإبداع في العطاء سواء كان الإبداع فنيا أو أدبيا أو علميا.

أما المدرسة السلوكية فقد اعتبرت العملية الإبداعية عبارة عن تشكيل عقد وارتباطات جديدة بين المثيرات والاستجابات مما تؤدي إلى إضافة نماذج جديدة بين المثيرات والاستجابات مما تؤدي إلى إضافة نماذج جديدة في ا لعقل الإنساني.

المدرسة الإنسانية ترى هذه المدرسة أن الشخص المبدع هو ذلك الإنسان الذي يستطيع أن يحقق ذاته.

وترى المدرسة الإبداعية لجيلفورد أن الشخص المبدع هو الذي يكون تفكيره تباعديا ويقفز من فوق الحلول والمواقف العادية ويعطي حلولا جديدة للمشكلات.

التربية الإبداعية وتعليم التفكير:

إن تطوير التربية الإبداعية هو من مهمات العلوم الإنسانية عامة وعلم النفس خاصة في دراسة الإبداع وعملياته وتسليط الضوء على الإبداع كإحدى وظائف العقل،

أن التقدم العلمي لا يمكن تحقيقه من دون تطوير القدرات المبدعة عند الإنسان ووظيفته الذكاء والتفكير كأحد من العمليات العقلية العليا آلتي يجب أن نهتم بها أن التربية ألإبداعية والفكرية والعملية والفنية والإذاعية تعتبر من أهم وأرقى العمليات العقلية التي يقوم بها المربي الإنسان. فمن طريق الإبداع يستطيع الإنسان أن يقفز بالحضارة ويرمي بها في سلم العلا والتجديد والإبداع هو أساس التقدم الحضاري أن التربية الإبداعية التي تساهم في بناء عقول سليمة لابد وان توفر عوامل أساسية فاعلة متحركة وغير ساكنة من خلال:

1- توفير أجواء تربوية تمارس فيها تعدد الرؤى بدلا من التركيز على رؤية واحدة[1].
2- الاعتماد على عملية التفكير المعرفي من خلال التوليف أو الحوار بدلا من التلقين[2].
3- المساهمة في توفير التهورات الجديدة بدلا من الصياغات الجاهزة.
4- استخدام المنطق الجدلي المتفاعل بدلا من المنطق الميكانيكي.
5- توحيد المعرفة بدلا من تجزيئها.
6- التغير بدلا من الثبات.

ولعل من أهم ما ورد في مجال التربية الإبداعية في المدارس هو في ترسيخ التفكير لدى الفلاحين كعملية عقلية عليا حيث تعتبر في غاية الأهمية من حيث ما يجب على المدرسة توجيه العناية إليها فالتعليم بشكل عام إذا اختيرت الطرق المناسبة فأنه يؤدي إلى نتيجة التفكير لدى النشء وإكسابه طريقة التفكير العلمي وبالتالي تكوين العادات الفكرية التي من شانها أن تجعل التلميذ يفكر في المشكلات التي تواجهه، وفي مواقف التعليم عامة، تفكيرا علميا سليما بعيدا عن العوامل الذاتية. ولما كان التفكير عملية

(1) عمر محمد الشيباني - أسس علم النفس العام 1996، دار الجماهيرية للطباعة - طرابلس (ص 195).

(2) محمد جاسم محمد - علم النفس التربوي - نظريات التعليم - دار الثقافة للنشر والتوزيع - عمان الأردن (ص 216) - (ص160).

عقلية عليا تحيز الإنسان عن غيره من الكائنات الحية الأخرى، من حيث قدرته على الابتكار والإبداع وتنظيم الخبرات السابقة بطريقة معينة تغير في إيجاد طريقة جديدة لحل المشكلات أن التفكير معرفة وهو ارض مستويات التنظيم المعرفي من حيث أنه مستوى إدراك العلاقات القائمة بين الموضوعات التي تعطي للتلاميذ والأمور المختلفة وبين كيفية استخدامها لحل مشكلة ما أن التربية الإبداعية أول ما تستهدف في عملية التعلم تفكير التلميذ حيث هناك علاقة بين عملية التفكير وعملية التعليم ففي المواقف التعليمية رأينا أنه كان هناك مشاكل معينة تواجه الكائن الحي وتخلق عنده نوعا من التوتر والقلق لا يزول إلا عندما يتغلب على المشكلة أي عندما يتعلم طريقة حلها، فالمشكلة موقف يتعذر الوصول إلى حله بالطرق التي أعتمدها الكائن الحي وبلوغ هدفه[1]. وهو بهذا يتحدد بالتفكير الإنساني ويتخذ أشكالا متعددة إما أن يكون تفكيرا نافذا (critical thinkiny): وهو منهج في التفكير يتميز بالحرص والحذر في الاستنتاج ويقوم على الأدلة ويرفض الخرافات ويقبل علاقة السبب والنتيجة وهذا هو اتجاه تنمية التربية الإبداعية لدى التلميذ عندما يعوده المعلم على هذا النمط من التعلم الذي يوصله إلى:

1- اتجاهات التقصي أو التحري عن أبعاد المشكلة.

2- اعتماد المعرفة على قواعد.

3- أن تتوفر المهارة في كل ما سبق.

إن تعليم التفكير النافذ لتلاميذ مراحل الدراسة الأساسية والثانوية له جانب إيجابي حيث يساعد الطالب على تحري الدقة في ملاحظة الواقعة وتقويم المناقشة واستخدام المنطق مما يؤدي بالفرد إلى التفكير المبدع. إن أهمية الإبداع لا يقف عند مستوى الفرد بل يتعدى إلى مستوى المجتمع والأمة لأن الفرق بين الأمم المتقدمة

(1) إسماعيل عمران - مدخل علم النفس 1999، مكتبة الطالب (ص 105).

والأمم المتخلفة هو في مدى امتلاك هذه الأمم أو عدم امتلاكها للعقول المبدعة. ولقد أبح الإبداع هو المحل الحاسم في الإسراع في تقدم شعب من الشعوب.

تعليم البحث والاستنباط:

إن تعليم البحث والاستنباط للصغار هو إبداع لأن الإبداع ليس وفقا على العلماء أو الكبار لأنه درجات ومستويات وحسب حالته وقيمته الاجتماعية. فالطفل في كثير من العلماء أو الكبار لأنه درجات ومستويات وحسب أصالتها الاجتماعية. فالطفل في كثير من رسومه وألعابه مبتكرة وكذالك في أحلام الطفل نوع من فن الابتكار والإبداع من خلال استدلالات يستنبطها في وعيه الباطن. ولما كان الإبداع هو إيجاد حل جديد وأصيل لمشكلة علمية أو عملية أو فنية أو اجتماعية ويقصد بالحل الأصيل الذي لم يسبق فيه صاحبه أحد. إن تعليم الكشف أو الاكتشاف للتلميذ هو إيصاله من خلال ذلك إلى الاستنباط ومن خلال تفسيره للظاهرة أي معرفة أسبابها.

ويقول الـلـه تعالى في سورة البقرة (أية 266) "كذلك يبين الـلـه لكم الآيات لعلكم تتفكرون " فالبينة (جمع بيانات) موجودة في الطبيعة وفي أنفسنا خلقها الـلـه لنا لنعمل الفكر فيها ونستخدم فيها تفكيرنا.

إن توفير ظروف الاستنباط للطفل يعتمد على عملية الإبداع بذاتها من حيث تعليمه:

بالشعور بوجود مشكلة يتطلب حلها

أن يجمع المعلومات بنفسه للوصول لحل المشكلة

الحث على التفكير في المشكلة

ثم وضع فروض أو احتمالات أو تخيل للحلول الممكنة للمشكلة

تحقيق الحلول أي إثباتها ومن ثم إثباتها

وأخيرا تنفيذ الأفكار

وهذه الخطوات هي نفسها خطوات البحث العلمي ومن خلالها يتعلم الطفل[1]. خطوات البحث والاستنباط في كثير من أساليب تفكيره إذا ما عودنا التلميذ على هذا الأسلوب من البحث وصولا إلى الابتكار والإبداع من خلال تنمية الموهبة والقدرة الإبداعية لديه وهي التي تعبر عن نفسها وتبرهن على وجودها لدى قيام الفرد بعمل أو إنتاج إبداعي يتميز بحداثته وفائدته الاجتماعية. أو إيجاد حل جديد وأصيل لمشكلة علمية أو فنية أو اجتماعية، والاستدلال والاستنباط هدفه الكشف عن أشياء أو علاقات كانت خافية. كانت موجودة من قبل وصولا إلى الإبداع من حيث هدفه خلق أشياء أو علاقات جديدة أم تكن موجودة من قبل وكل إبداع مهما كلفت أصالته ليستعين بمواد قديمة موجودة من قبل والجديد هو التأليف بين هذه العناصر القديمة.

إن تربية أبنائنا على البحث والاستنباط وذلك من خلال التفكير للواقع وصولا إلى استدلالات تؤدي إلى عمل إبداعي يتحرر الفكر من قيوده الماضية ولا يتقيد بالواقع المرير وقد يتطلب تحطيم وجهات النظر القديمة التي تسيطر على عقول الناس وتقيدها وتجعلهم أسرى للقديمين.

إذا أردنا أن ننشئ جيلا يتمتع بحدسية البحث والاستنباط علينا أن نترك الحفاظ على القديم وبما فيه من قصور ومقومات للذات والفرد والأنظمة الاجتماعية وإخضاع كل حياتنا للتغيير في ماهيتها جملة وتفصيلا.

إن تنمية قدرة التلاميذ على التجديد وحثهم على عدم قبول الواقع أو المألوف والمستنزل والمعتاد وصولا إلى حالة أفضل من خلال طرح التعددية في الاختيارات وأفضليتها وعدم جمود التفكير بل النظر من زوايا متعددة وعدم التسليم أو الاستسلام للحلول الجاهزة.

---

(1)   شاكر عبد الحميد - العملية الإبداعية في فن التصوير - سلسلة عالم المعرفة (رقم 11)، الكويت 1987 - (ص 9).

أن إتاحة الفرصة في التربية الإبداعية للتلاميذ في أن ينطلقوا في تفكيرهم واستذكارهم لحد نمو قدرتهم في إدماج أجزاء مختلفة وصور ذهنية في وحدات جديدة، ويقول شوبنهاور: ليس المهم أن ترى شيئا جديدا بل الأهم أن ترى معنى جديدا في شيء يراه كل الناس، ومن هنا يتمكن أبنائنا في المدارس إذا ما أحسنت تربيتهم الإبداعية إلى أن يكشفوا أوجه للشبه بين أشياء مختلفة أولا يتوقع أحد أن يكون بينهما شبه ، والمبدعون وحدهم يستطيعون استنباط ذلك.

التربية والمؤثرات على الإبداع:

إن كثيرا من المبدعين يجدون أن إبداعهم لا يولد مكتملا بل يكون في حاجة إلى تعديل كبير وتحوير وتصويب وتكييفي من خلال عمليات الاستذكار والتفكير. وتلعب التربية الإبداعية دورا كبيرا في صقل هذه الموهبة لان الإبداع يتأثر في نشأته ونمو التعبير عن نفسه بالعديد من العوامل التي يمكن تصنيفها إلى عوامل ذاتية ترجع إلى ذات المبدع وشخصيته على اختلاف جوانبها الجسمية والعقلية والانفعالية، وأخرى بيئية اجتماعية ترجع إلى الوسط الطبيعي والاجتماعي الذي يعيش فيه الفرد ويتفاعل معه. تصنف العوامل التي يخضع لها الإبداع في تكوينه تحت ثلاثة أنواع رئيسية هي العامل الحيوي الفيزيولوجي والعامل الاجتماعي والعامل النفسي وتلعب الوراثة الجيدة دورا في استعداد الفرد للإبداع من عدمه. وحتى إذا كان الفرد لا يرث النبوغ نفسه من ناحية إبداعية معينة فأنه يرث استعدادا عاماً في ناحية ما فاء ذا وجدت بيئة صالحة وغنية بمثيراتها الثقافية والفنية والإبداعية فأنها تغذي هذا الاستعداد وتنميه

إن عامل الوراثة الجيدة في الموهبة الإبداعية له دور مؤثر ولعل (باخ) الموسيقار الشهير ظهر في أسرته 57 موسيقيا كما أن الذكاء الذي يزيد عن المتوسط وما يرتبط به من قدرات ومهارات وسيمات عقلية عامة مثل القدرة على التركيز على الإدراك السريع الشامل لعناصر الموقف وعلى تذكر واسترجاع المعاني والصور وعلى التفكير

الافتراقي التباعدي وعلى التخيل بأنواعه وعلى الاستدلال والاسترجاع والتحليل والتعليل والاستنتاج.

إن الصحة النفسية السليمة والمزاج المعتدل والإرادة القوية والصبر والمثابرة ووجود ا لدافع القوي الذي يدفع الشخص المبدع للإبداع .

إن للتدريب على العمليات والمهارات العقلية ذات العلاقة بالتفكير الإبداعي والإنتاج الإبداعي مثل مهارة حل المشكلات بطريقة علمية ومهارة والتفكير المبدع ومهارة تصميم الأعمال الإبداعية تساعد على خلق التربية الإبداعية وتؤثر في اتجاه التربية بشكل عام، كما أن مؤثرات الوسط الثقافي والاجتماعي التي تشجع على الإبداع والنمو الإبداعي لها مساس مباشر على التربية الإبداعية في البيت والمدرسة والأندية والجمعيات ومؤسسات المجتمع[1].

المقومات الاجتماعية وأثرها على المبدعين:

إن الدراسات الجديدة قد ساهمت في تغيير نظرة الناس إلى المبدعين. فلم يعد الطفل الموهوب أو المبدع هو ذلك الطفل الشاذ في سلوكه ومظهره، وإنما أصبح الموهوب أو المبدع هو ذلك الطفل الذي يستجيب للمثيرات العديدة التي تحيط به مثل طلاقة اللسان والقدرة على سرعة التعلم والتعبير عن نفسه وعن أفكاره بسهولة. ورغم تغيير النظرة إلا أن المؤسف له أن اتجاهات الناس لم تتغير إلى حد كبير من الناحية العلمية لأنهم لا يعرفون في معظم الأحوال كيف يتعاملون مع الموهوب أو المبدع وكيفتكون ردوود أفعالهم تجاهه، وسواء كان ذلك بسبب الجهل أو قلة الخبرة أو لعدم توفر المعلومات، فأنها تؤثر تأثيرا سلبيا بشكل أو بأخر على ظاهرة الإبداع والمبدعين، فمن المؤسف أننا كمجتمع عادة ما ندفع بالطفل إلى الانقياد، ونمارس جميع الاجتماعية كي

---

(1)   محمد جاسم محمد علم النفس التربوي 2004، دار الثقافة للطباعة والنشر ص 549، عمان الأردن.

نجعل تفكيره مطابقا لمعايير التفكير التلازمي التوافقي أو المطابق وذلك على حساب التفكير التشعبي التباعدي أو المخالف وفي الحالتين تظل النتيجة واحدة وهي دفع الطفل لتعلم كيفية التوصل إلى إجابات صحيحة فقط وهو ما يتعارض أصلا مع أهم أسس الإبداع.

إن عامل الموهبة وعامل الإلهام والحدس له في التربية الإبداعية إذا ما أحسن استخدامه وتوظيفه. إن كثيرا من العقول المبدعة خبت بسبب عدم الاهتمام بها كوننا دول نامية لا نعطي أهمية للعقول المبدعة مما يجعلها تنزوي أو تخبو. إننا بحاجة إلى إعادة صياغة أساليب التربية العامة لكي تؤهل أبناء الوطن إلى ظهور الطاقات المبدعة. ولكي تجد مكانها والأخذ بيدها وتوظيفها. من خلال ذلك نؤكد :

1- بضرورة العناية والاهتمام الإبداعية وبشريحة المبدعين خاصة ومنحهم العناية الخاصة بهم ومنذ نعومة إظفارهم في ا لسنوات الأولى

2- الأيمان بحقيقة أن كل الأطفال مبدعون وإننا جميعا نمتلك قدرات وإمكانيات إبداعية كامنة لدينا ونحتاج إلى من يساهم في الكشف عن هذه الجوانب

3- ضرورة العمل على إدخال برامج وطرق متطورة في مجال الدراسة المعرفية والتأكيد على استخدام العقل بدلا من التلقين.

4- لابد من الإسهام من واهتمام بالمواهب المبدعة والكشف عنها ورعايتها قبل كل الجهات الحكومية أو غير الحكومية.

إن حركة الإبداع في سيرورة مستمرة وإن تجربة المدارس الإبداعية المتواجدة في كثير من الدول المتقدمة وفي بعض الدول العربية خير دليل على ما نحن بصدده. إن كشف مقومات التغيير والتحرر والإبداع في المجتمع العربي وإعادة صياغة برامج التربية والتأكيد على تفريد التعليم وفحص الإمكانيات الذاتية للانطلاق والإبداع في المدارس خاصة وفي المجتمع عامة يكمن في حقيقة التواصل وفي الاختلاف وفي المبدع

نأته من حيث القدرة على التركيب الجديد والمرونة والأصالة والتحليل المعرفي والفهم ولعل الأسرة والمدرسة خير مكان للتربية الإبداعية لهذه المواهب الفريدة.

إن خير تعريفا للإبداع هو المبادرة التي يظهرها الشخص بقدرته على الابتكار عند الشكل العادي وفي التفكير بتفكير مخالف، والإبداع هو القدرة على إيجاد العديد من الترابطات الذهنية بطريقة ملائمة للنشاط الذي يمارسه الفرد ز ويرى لونفيلد أن المبدع هو الشخص المرن ذو الأفكار الأصيلة والمتمتع بالقدرة على إعادة التعريف للأشياء أو إعادة تنظيمها والذي يمكنه التوصل إلى استخدام الأشياء المتداولة بطرق وأساليب جديدة تعطيها معاني تختلف عما هو مألوف ومتداول ولهذا فان الشخص المبدع هو الذي يكون تفكيره تباعديا ويقفز من فوق الحلول والمواقف العادية ويعطي حلولا.

إن الاهتمام بدراسة الإبداع والتربية الإبداعية وتعليم التفكير والاستنباط والبحث بطريقة علمية موضوعية منهجية يحتم علينا البدء بالمدارس الأساسية من مرحلة رياض الأطفال والمرحلة الابتدائية، والاهتمام بالإبداع لدى الأفراد وتنميته لدى الآخرين كونه لون من ألوان السلوك البشري الهادف، ومظهر من مظاهر السلوك العقلي والفكري، وهو عملية من العمليات العقلية العليا. إن تطوير التربية الإبداعية هو من مهمات العلوم الإنسانية عامة وعلم النفس خاصة وعليه يجب أن تتوفر:

1- أجواء تربوية تمارس بحرية تعدد الرؤى بدلا من التركيز على رؤية واحده

2- التأكيد على عملية التفكير المعرفي من خلال التأليف والحوار والمناقشة بدلا من التلقين في المدارس

3- استهداف عملية التعليم في تغيير تفكير الطالب وتوجيهها نحو الاكتشاف.

4- تعليم البحث والاستنباط للأطفال من خلال التفكير الناقد وذلك من خلال إخضاع التفكير للواقع وصولا إلى استدلالات تؤدي إلى عمل إبداعي يتحرر الفكر من قيوده الماضية ويتجاوز الواقع.

إن تنمية قدرة التلميذ على التجديد ورفض المألوف والمبتذل والمعتاد وصولا إلى حالة أفضل من خلال طرح التعددية في التفكير والاختيارات وأفضليتها وعدم جمود التفكير بل النظر من زوايا متعددة وعدم التسليم للحلول الجاهزة. وهناك جملة مؤثرات تؤثر على التربية الإبداعية منها:

1- العامل النفسي والذاتي للمبدع.
2- العوامل الوراثية الجيد ة تلعب دورا في استعداد الفرد للإبداع والنبوغ.
3- توفير الدافع القوي الذي يدفع المبدع للإبداع.
4- التدريب على المهارات والعمليات العقلية ذات العلاقة بالتفكير الإبداعي.
5- إن عامل الذكاء والموهبة يزيد من قدرات المبدع إذا ما أحسن رعايتها. يوصي الباحثان:

* ضرورة إدخال أساليب وبرامج وطرق متطورة في مجال الدراسة المعرفية.

* الكشف عن المواهب منذ الصغر والاهتمام بالتربية الإبداعية وتنمية عناصر التفكير والبحث العلمي للتلاميذ.

المراجع

العبيدي، محمد جاسم محمد علم النفس التربوي - دار الثقافة للطبعة والنشر - عمان الأردن - 2004.

إسماعيل عمران مدخل علم النفس مكتبة الطالب - الأردن 1999.

شاكر عبد أحميد - العملية الإبداعية - سلسلة عالم المعرفة - الكويت، 1987 ص9.

عمر تومي الشيباني أسس علم النفس العام - دار الجماهيرية - طرابلس. 1969.

سيد خير الله وآخرون - سيكولوجية الإبداع بين النظرية والتطبيق دار النهضة 1993.

الفصل الثالث

الإنسان وتحقيق الإبداع

لعل القاسم المشترك في عالم الإنسان يكمن في الإبداع، فالإبداع فينا، هو نحن، هو الإنسان بما هو إنسان، والاختلاف ليس في جوهر الإبداع، ولكن في درجته، التي لا تتحقق إلا من خلال الإيمان بأن الإنسان إمكانية مفتوحة تنطوي على وجود إنساني يتجلى في ثراء نفسي وعقلي ممتلئ، مفعم بالإمكانات والقدرات، وأن العقل الإنساني واحد، ومن ثم فحضارة الإنسان واحدة، بيد أن ثقافاته متعددة.

يدور هذا التصور عن الإبداع بوصفه أعدل الأشياء قسمة بين البشر! فالناس يولدون وهم مزودون بقدرات عقلية متميزة، وبإمكانات تتواصل بغير انتهاء، وبمواهب شتى، وبخيال خصب، بيد أن هذه القدرات، وتلك المواهب وهذه الإمكانات تظل خبيئة في داخلنا، تحتاج لمن يخرجها من حيز الكمون إلى حيز التحقق الخلاق في الواقع.

وهذا التحقق مشروط بنسق تعليمي متميز، يتجاوز حدود الحفظ والتلقين والإتباع واستظهار المعلومات، إلى الفهم والتأويل وإنتاج المعرفة والإبداع؛ وبيئة ثقافية محفزة على الإبداع، وإمكانات اقتصادية مهيئة للإبداع، ومساعدة على تفجير الطاقات الكامنة، ومجتمع يشجع على الإبداع ويقيم وزناً للموهبة والقدرة والإمكانية.

تستمد فكرة أن الإبداع أعدل الأشياء قسيمة بين البشر مقوماتها من تصورات فلسفية ومعرفية ونفسية. ذلك أن فكرة وجود إمكانات كامنة potentialities في الوجود الإنساني قد استخدمت على أنحاء شتى، للبرهنة على أن الوجود الإنساني، وجود ثرى في محتواه، فسيح في قدراته وإمكاناته.

وفكرة أن الإبداع أعدل الأشياء قسمة بين البشر، تعنى أن شيئاً ما في داخلنا - سواء أطلقنا عليه انتلخيا Entelechy كما يقول أرسطو، أو «الذات المبدعة»، كما يقول آدلر «التفرد» أو «الأنماط الأوائلية» كما يقول يونج، أو «تحقيق الذات» كما ارتأى ماسلو - يدفعنا إلى تحقيق الذات وتوكيد الإمكانات والسعي إلى الكلية والتناغم الفعال مع الكون والتفرد والإبداع الذي هو القاسم المشترك في عالم الإنسان.

يرى «ماسلو Maslow» (1987) الطبيعة الإنسانية صرح من الطاقات الكامنة، التي تتجه صوب النمو الإيجابي، وأن هذه الطاقات الكامنة، قاسم مشترك بين الناس جميعاً، وإنها تبدو واضحة في إمكانية الإنسان على الإبداع، فالإبداع خاصية مشتركة Attribute Common، كامنة فينا. نولد ونحن مزودون بها، فمن الطبيعي أن تنبت الأشجار أوراقها، وأن تحلق الطيور وأن يبدع الإنسان.

تختلف وتتعدد الآراء في تعريف معنى الإبداع، لدرجة يصعب معها الوصول إلى تعريف محدد لمعنى الإبداع، وهذا مردود إلى أن الإبداع كظاهرة إنسانية - ثرى في محتواه، متعدد في جوانبه - إذ يرتبط به قدرات الفرد العقلية، ودوافعه النفسية، وسماته الانفعالية التي قد يتحدد بعضها في التوازن الانفعالي، والقدرة على توجيه الذات والإحساس بالتفرد والاعتداد بالنفس والانفتاح على الخبرة لتحقيق التواصل بين المبدع وعالمه.

الفعل المبدع يتصف بسمات لعل من أهمها ما ذكره كل من جيلفورد وتورانس، والتي يتمثل بعضها في: المرونة والأصالة والاستمرارية والطلاقة والحساسية للمشكلات.

ويتصف المبدع بصفات عقلية وانفعالية لعل من أهمها الميل إلى المخاطر واقتحام المجهول وتحمل تناقضات نفسه، والثقة في نفسه وفي قدراته، وتقبله لذاته وتقديره لها بفاعلية وتوكيدية واتزان.

وفي كتابة «العقول المبدعة» "Creating Minds" وضع جاردنر (1993) تصوراً للإبداع

وتنميته يؤكد على العلاقات المتبادلة interrelationships التي تتمثل في العلاقة بين الطفل والمعلم؛ والعلاقة بين الفرد وعمله؛ والعلاقة بين الفرد والآخرين في عالمه.

وثمة قضيتان هامتان انبعثتا عن دراسة جارنر التحليلية لحياه فرويد، بيكاسو Picasso، إسترافنكسى Stravinsky، أليوت، جرهام، غاندي. القضية الأولى تتمثل في دور القوى الاجتماعية والوجدانية التي كانت تحيط بالمبدع، والقضية الثانية تتمثل. في التضحيات التي قدمها المبدع في سبيل ما يقوم به من عمل. يتساوى في ذلك ما يقوم بعمل علمي أو إبداعي أو فني أو موسيقى أو روائي أو سياسي. فكانت طرائق غاندي للتحرر والاستقلال تتسم بقدرة إبداعية لها طابع المفاجأة في عصره.

وما كتبه رنكو (1993) وجاردنر (1993) ينتمي إلى التيار في علم النفس، ذلك التيار الذي يهتم بالبحث عن الجوانب المضيئة في صلب تكوين الإنسان، وعن الايجابية في طبيعته عن سعيه لاستثمار طاقاته وحسن توظيفها وتأصيل المعنى والقيمة والاستمرارية والتطور ليتجاوز الإنسان ما هو (كائن) لبلوغ (ما ينبغي أن يكون). ولهذا فهم ينظرون إلى الإنسان باعتباره كائنا في حالة من العلو والتسامي، وانه يستطيع أن يتجاوز ماضيه ويتجه بكل طاقاته صوب المستقبل، ولهذا فإن الإبداع كما يتصوره أصحاب هذا التيار خاصية الإنسان، يعيشه الناس كأسلوب حياه متدفق بالمعنى، متجدد بتجدد الحياة.

وفي هذا يذهب ماسلو (1962) إلى أن إنجازات الإنسان الحضارية ترجع إلى قدرته الإبداعية، وميله إلى تحقيق ذاته من خلال إنتاجه الإبداعي.

وتؤكد بعض التعريفات على أن الإبداع عملية عقلية، تبدأ بالتعرف على المشكلة التي تستثير المبدع وتنتهي بتقديم الجديد، وتختلف المشكلات باختلاف مجالاتها، فقد تكون مشكلة سياسية أو معضلة اقتصادية أو اجتماعية أو علمية أو فنية.

وثمة فريق آخر من العلماء يفسر معنى الإبداع بوصفه المحصلة الختامية لقدرات الفرد العقلية ودوافعه النفسية وسماته الشخصية والعوامل البيئية والاجتماعية والمادية

التي ينتمي إليها، والتي تتمثل في ناتج إبداعي ينفصل في وجوده عن مبدعه، ولكنهم يختلفون في تفسير معنى الجدة في ضوء النسبي والمطلق.

ورغم هذا التباين في تعريف الإبداع فإن العلماء يتفقون على حقيقتين هامتين لكل إنتاج إبداعي: أن يكون جديداً، وأن يكون له قيمة.

والجدة نسبية غير مطلقة، وإلا استحال التطور والتقدم، تتأكد عبر استحسانات الجماعة، في زمن معين وضمن مواقف معينة، ومن ثم تكون دلالة الإنتاج الإبداعي، أي قيمته؛ وقيمة الشيء تعني الكيف، من حيث جدواه ودلالته وإسهاماته في حياه الإنسان الفكرية والفنية أو العلمية ومن ثم فليس بالكم وحدة يكون الإبداع.

وقد أوضح مورجان Morgan (1973) أن الجدة محور الإبداع، وأشار برونر Bruner (1972) إلى أن القدرة على الجدة من شأنها أن تثير الدهشة، وبين بيرتش Birch (1975) أن ثمة تباين بين الدهشة الفعالة (وهى الإبداع الأصيل) وبين أشكال أخرى من الجدة.

وأوضح خمسة مستويات للإبداع: التلقائية Spontaneity وتتجلى في إنتاج الأفكار غير المكبوتة، والإبداع التقني Technical Creativity الذي ينتهي إلى مبادئ أو نماذج جديدة وهو ملحوظة في المهارة الفائقة في استعمال اللغة وفي وسائل التجارة، والإبداع المبدع inventive Creativity ويظهر فيما هو معروف بأساليب جديدة، والإبداع المجدد Innovated Creativity ويبدو في توليد أفكار جديدة من معان أو نماذج معروفة، الإبداع البازغ Emergent Creativity الذي ينتهي إلى مبادئ أو نماذج جديدة. وتعتبر التلقائية المبدعة والإبداع التقني ظواهر يومية يمكن تدعيمها في المدارس.

والأداء الإبداعي يتوقف على المبدع ولا يقوم إلا من خلاله، بوصفه الكائن الوحيد الذي يصبو دومًا إلى أن يكون غير ما هو عليه. ويتميز هذا الفرد المبدع بسمات انفعالية تميزه عن غيره ويستوجب أداؤه الإبداعي متطلبات لعل من أهمها: الانفتاح

على الخبرة بغير جمود أو تعصب، بل بتسامح وقبول الآخر والتقويم الداخلي، حيث القدرة على النقد الذاتي. وأخيراً القدرة على التعامل الحر مع المفاهيم والعناصر.

ولهذا يحدد مكلويه وكرولي Mcleod & Croley (1989) أن من أهم خصائص المبدع، قدرته على كسر الفواصل بسهولة وتكوين مقولات وأبنيه جديدة ومعرفية مركبة، وتوليد سريع للأفكار والتعبير عنها بطلاقه.

ويحدد دلاس وجاير Dellas & Gaire (1970) الخصائص التالية للمبدع: المرونة والحساسية والتسامح والمسئولية والاستقلالية.

وأشار شو Show (1989) إلى أن أبحاث الإبداع تجاهلت دور المشاعر والعواطف في عملية إيجاد حلول جديدة، وفي دراسته على عينة من المهندسين والفيزيائيين المبدعين بين شو أهمية المشاعر، والتلذذ بالعمل والثقة بالنفس، والسعادة عند الوصول إلى نتائج ناجحة.

ويرى عبد السلام عبد الغفار (1997) أن الإبداع يكمن في المنتج الإبداعي الذي يتصف بالجدة، وهى جدة نسبية غير مطلقة، والمغزى أي القيمة، واستمرارية الأثر.

والإبداع في صميمه تجاوز للمألوف، لما هو كائن، إلى ما ينبغي أن يكون، إنه نزوع صوب المستقبل، تشترك في تحقيقه قدرات عقلية متميزة، وإمكانات متواصلة، ومواهب شتى، وخيال خصب وفعال وأساليب تفكير نقدية، وروح فكرية تتصف بالتسامح وانفتاح العقل على الخبرة والحياة، ومن ثم يحتاج الإبداع إلى مناخ علمي يقوم على التسامح، حيث تعدد الآراء أمر مشروع، فلا توجد إجابة واحدة صحيحة ومطلقة، ولا أنموذج فكرى راسخ لا يمكن تغييره، ولا تفكير قطعي صارم لا بديل عنه، فكل حجة لها حجة مضادة، وكل سؤال من الممكن أن يتحول إلى إشكالية تستلزم حلولاً متعددة.

يقول برونر (1996): أن العقل الإنساني لا يستطيع أن يصل إلى إمكاناته الكامنة

إلا من خلال مشاركته في الثقافة، لا باعتبارها تمثل الفنون الأساسية، والعلوم فحسب، بل باعتبارها طريقاً للفهم، والتفكير والشعور، والعمل.

ها هنا يصبح الكشف عن منابت الهوية الثقافية العربية ضرورة، لفهم أن العقل لا ينشط ولا يقدم إبداعاته الخلاقة إلا من خلال ثقافة متميزة، في عصر أصبحت فيه مشكلة «الهوية الثقافية» المحور الأساسي للأمم، الشعوب، ولتوكيدها انفجرت صراعات عرقية، وثقافية في أنحاء شتى من العالم تبيد وتدمر، وتقتلع جذوراً كانت راسخة في دول البلقان، والصومال، ورواندا حيث عمليات الإبادة الجماعية على نحو غير مسبوق وظهور الحركات الفاشية الجديدة في أوروبا.

وفي الثمانينيات من القرن الماضي، وبالتحديد في عام 1989، سقط حائط برلين، وكان سقوطه بداية منبئة بأفول الاشتراكية في الاتحاد السوفيتي ودول شرق ووسط أوروبا، حيث اندلعت الثورة في كل مكان من هذه الدول تنشد الحرية والديمقراطية والفردية والتحول إلى الاقتصاد الحر، وبدا واضحًا أن العالم في حاجة إلى رؤية مستقبلية تستهدف إيجاد حلول جديدة لمشكلات غير تقليدية.

وفي التسعينات من هذا القرن ظهر كتابان: الأول «نهاية التاريخ وخاتم البشر "The End of The History, and The Last Man"، ومؤلفه فرانسيس فوكوياما (1992)، والثاني «صدام الحضارات» The Clash of Civilizations ومؤلفه هنتنجتون (1994).

والكتابان دعوة صريحة للقضاء على الهويات الثقافية المباينة للهوية الثقافية الغربية.

يقول فوكوياما في مفتتح كتابه ملخصًا رؤيته في هذا الكتاب «ثمة إجماع بدا واضحًا في السنوات القليلة الماضية، في العالم بأسره حول شرعية الديمقراطية الليبرالية، بعد أن لحقت الهزيمة بالأيدلوجيات المنافسة، مثل الملكية الوراثية، والفاشية والشيوعية، غير أني أضيف إلى ذلك قولى: أن الديمقراطية الليبرالية قد تشكل «نقطة النهاية في

التطور الأيدلوجي للإنسانية» «والصورة النهائية لنظام الحكم البشري»، ومن ثم فهي تمثل «نهاية التاريخ» (ص 8).

ويستند فوكوياما في رؤيته على تصورات هيجلية مؤداها أن الدولة الليبرالية هي نهاية التاريخ، وذلك مردود إلى سببين: الأول يتصل بالاقتصاد، والثاني يتصل بالصراع من أجل نيل التقدير والاحترام.

وتمضى هذه الرؤية في تعصبها وجمودها القطعي، مصنفة شعوب العالم إلى صنفين: السادة والعبيد، السادة هم الغرب، أما العبيد فهم باقي شعوب الدنيا، وإن «أرض الميعاد» هي الديمقراطية الغربية، وإن خاتم البشر هو الإنسان الغربي.

أما رؤية هنتنجتون (1996)، فتقوم على أن الثقافة والهويات الثقافية التي هي على المستوى العام هويات حضارية، هي التي تشكل أنماط التمسك والتفسخ في عالم ما بعد الحرب الباردة (ص372).

وتاريخ الصراعات عنده بدأ بين الملوك الأباطرة، ثم بين الشعوب، ثم بين الأيدلوجيات في الحرب الباردة، والآن هو صدام بين حضارات وثقافات وأن الغلبة ستكون حتمًا للثقافة الغربية.

ويستند هنتنجتون في رؤيته على تصورات مستمدة من كتابات هافيل Havel، وديلور Delors (1993)، وشبنجلر. يقول هافيل «أن الصراعات الثقافية تتزايد الآن على نحو غير مسبوق» (ص 27)، ويقول ديلور «أن الصراعات المستقبلية سوف تشكلها عوامل ثقافية أكثر منها أيدلوجية أو اقتصادية» (ص 2).

أما شبنجلر فيقول: «للحضارة نهر واحد، هو حضارتنا، وعلى الآخرين إما أن يكونوا روافد لهذا النهر، أو يضيعوا في رمال الصحراء» (ص 92).

وتصورات هنتنجتون وما تستند إليه من آراء تحض على العدوان وتدعو إلى الصدام بين الحضارات وبين الثقافات، غافلة عن أن التفاعل بين التمايزات الثقافية،

وليس «الصراع» هو الذي يقدم إبداعا ينطوي على حلول جديدة، لمواجهة مشكلات عالمية غير تقليدية، فلكل مجتمع هويته الثقافية، وإرثه الحضاري الفريد الذي لا يذوب أو يتلاشى المسافات بين الأمم، وأن للثقافة جاذبيتها القطبية التي تجمع بين الأمم. فما مزقته الأيدلوجيات جمعته الثقافة كما حدث في الألمانيتين، الذي كان انهيار حائط الفصل بينهما بدء تاريخ جديد في عالم الإنسان.

والشعوب في سعيها لتحديد معنى لهويتها الثقافية، إنما تعي ذاتها، وتعي تفردها، مدركة أن التباين في الهويات الثقافية هو الذي يتيح ثراءً في المحتوى الثقافي العالمي، وأن هذا التباين يستلزم قدرًا كبيرًا من التسامح للالتقاء والحوار بين الأمم والشعوب.

وها هنا يصبح الكشف عن منابت الهوية الثقافية العربية، واستجلاء محتوياتها أمرًا لا مناص منه للحفاظ على هذه الهوية الثقافية التي تتمتع بخصائص لصيقة بها، تميزها عن غيرها من الثقافات، وهذه الخصائص راسخة، بيد أنها غير جامدة أو مغلقة، نسبية غير مطلقة، وهذا سر قدرتها على التجدد والاستمرارية.

وتستمد هذه الهوية الثقافية مقوماتها من عناصر راسخة، شكلتها ثوابت جغرافية تعكس هذا الامتداد الجغرافي بغير عوائق طبيعية من المحيط الأطلسي إلى الخليج العربي، «ومتغيرات تاريخية» الرجوع إليها يتيح فيما أعمق للمستقبل، وتطلعات نحو المستقبل، تكاد تكون قاسماً مشتركاً بين أبناء أمة واحدة، وتراث مركب قاعدته الراسخة قوة الاعتقاد، ووسطية في السلوك تترجم معاني التسامح رغم التباين في الأعراق والأنساب والمعتقدات، ولغة عربية هي بوتقة الانصهار الفكري والوجداني لأمة عربية واحدة.

وقبل تحديد مقومات الهوية الثقافية العربية علينا أولاً أن نحدد ما هو القصد من الهوية؟ وما هو المقصود بمعنى كلمة ثقافة؟ وما هي رؤى الشعوب الأخرى في سعيها نحو تأصيل هويتها الثقافية في عصر انهيار الأبنية الأيديولوجية الكبرى، التي كانت تبلغ بالأيديولوجية حد المعتقد والمقدس والتي كانت تملك خاصية الاحتواء والاستقطاب

الأيديولوجي لما عداها من هويات ثقافية. فبعد أفول الأيديولوجية الماركسية وانهيارها بتفكك الاتحاد السوفيتي وسقوط حائط برلين، واندلاع الثورة في دول شرق ووسط أوربا مطالبة بالحرية والديمقراطية والتحول الاقتصادي، أصبح لزاما على إنسان هذه الحقبة أن يعود، باحثا عن هويته العرقية وعن أبعاد التميز الثقافي ومحاولة تحديده.

وفي محاولته هذه، انفجرت صراعات شتى في أنحاء العالم، في البوسنة والهرسك وكوسوفا ورواندا والشيشان وغيرها من بلدان العالم، ففي عام واحد، وهو عام 1993 انفجر ما يقرب من 48 حرباً عرقية في العالم، 164 شكوى وصراعا عرقياً على الحدود في الاتحاد السوفيتي السابق، كان من بينها ثلاثين حرباً تضمنت شكلاً من أشكال الصراع المسلح (هنتنجتون، 1994، 140).

وهنا بدأت الكتابات على نحو غير مسبوق تتعرض لموضوع الهوية، فكتب هنتنجتون عن الصراع الثقافي وعن صدام الحضارات، وكتب فوكوياما عن ضرورة انصهار الثقافات المحلية والإقليمية في ثقافة العالم الغربي حيث الديمقراطية الليبرالية.

واتخذ أوزيرمان وساكاموتو Oyserman & Sakamoto، (1997) من الولايات المتحدة نموذجاً للمجتمع الذي يعيش في ظل تعدد ثقافي وعرقي منصهر في بوتقة واحدة، بقوله أمريكا مجتمع «متعدد الثقافات، متعدد العرقيات، بيد أنه مجتمع واحد» (ص 435).

ويحذر فيلبس جيرى Jerry (1997) في كتابه «مصير الأرض The fat of the Earth» من وهم التمسك بالهوية الثقافية، مؤكداً على أن «مصير الأرض مرتبط بتجاوز وهم الهوية الثقافية» (ص18).

ويؤكد بيرجر وآخرون أن الهوية الحديثة منفحة وعابرة ومتغيرة على الدوام (ص 34)، وهذا لا يعنى أن انفجار الصراعات الثقافية كان شيئا «غائباً» بل كان كامنا ومتحفزاً للانطلاق، ولعل هذا ما يفسر هذه الصراعات المتفجرة في أنحاء شتى من

العالم. ويفسر أيضاً تلك الكثرة من البحوث والدراسات التي تناولت الهوية الثقافية والعرقية.

وهنا تثور عدة أسئلة.

- هل انفجار صراعات الهوية الثقافية راجع إلى الخوف من طبيعية العصر الحالي؟
- وهل الهويات الثقافية مكونات راسخة تستعصى على الانصهار في بوتقة عالمية واحدة ذات توجه كوكبى منفرد؟
- وهل القول بهوية ثقافية عالمية احتوائية ضد طبيعة الإنسان ككائن متفرد ومباين، وان تفرده وتباينه هما سر تقدمه، وأن تقدمه قائم على حوار التباينات الثقافية وليس الصدام بينها؟
- وهل ما مزقته الأيديولوجية، تجمعه اليوم الهوية الثقافية، وما استقطبته الأيديولوجية تمزقه الآن الثقافة كما هو الحال في الألمانيتين ودول الاتحاد السوفيتي السابق؟
- وهل التطور والتفجر المعرفي المتواصل والذي يتجاوز كل قدرة على التنبؤ بما هو قادم، يلزم عنه تطوراً موازياً في هويات الأمم والشعوب، وهل حينما تتغير الأشياء من حولنا فإن تغيير موازيا يحدث في داخلنا؟

الذاتية الفردية والعقل والإبداع Identity:

الهوية مفهوم له دلالته اللغوية، واستخداماته الفلسفية والاجتماعية والنفسية والثقافية، فقد استخدم هذا المفهوم على أنحاء شتى للتدليل على الهوية الفردية، وهوية الأنا، والهوية الجماعية، والهوية العرقية والهوية الثقافية.

ولفظ الهوية مشتق من أصل لاتيني، ويعنى أن الشيء نفسه Sameness أو الشيء الذي هو ما هو عليه، على نحو يجعله مباينا لما يمكن أن يكون عليه شيء آخر.

ويؤصل مراد وهبه (1979) معنى الهوية بالرجوع إلى اشتقاقات اللفظ في اللغة العربية واللغات الأجنبية، يقول أن لفظ «الهوية» في اللغة العربية مصدر صناعي مركب من «هو» ضمير الغائب المعرف بأداة التعريف «ال» ومن اللاحقة المتمثلة في ال - «ى» المشددة وعلامة التأنيث وفي الفرنسية والإنجليزية واللاتينية يعنى لفظ "id - idem" ضمير الإشارة للغائب بمعنى ذاته، ويستعمل هذا الضمير للدلالة أحيانا على الاختصار وعدم التكرار عند الإشارة إلى شيء محدد.

ويوضح الاستخدامات الفلسفية لهذا المصطلح في التراث العربي فيقول «عرفها الجرجانى بأنه الأمر المتعقل من حيث امتيازه عن الاعتبار. والهوية عند ابن رشد تقال بالترادف على المعنى الذي يطلق عليه اسم الموجود، وعند الفارابى هوية الشيء عينة، وتشخصه وخصوصية وجوده المتفرد الذي لا يقع فيه إشراك».

وفي الغرب كان جورج جروديك Grodeck أول من استخدم Id كمصطلح في التحليل النفسي ليدل على أمر غير شخصي في الطبيعة الإنسانية، ويقوم «مبدأ الهوية» على أن الموجود هو ذاته، أو هو ما هو عليه، كما أن الهوية هي أيضا: عبارة عن التشخص وقد تطلق على الوجود على الماهية مع التشخص، وهى جهة ما هو واحد. وفلسفة الهوية هي مصطلح يعنى عموما كل نظرية لا تفرق بين المادة والروح، ولا بين الذات وموضوعها، وتنظر إليهما على أنه وحدة لا تنفصل (ص ص 460 - 461).

واشتقاقات لفظ الهوية في اللغة الإنجليزية توضح إلى حد كبير ما ينطوى عليه لفظ "Identity" من معان، فكلمة identical «التماثل» تعنى - كما يقول دريفر في معجمه - «نفس الشيء أو المشابه من كل النواحي» (ص 27).

وقد استخدم هذا اللفظ في إطار علم الوراثة لتوضيح التصنيف البيولوجى عند وصف التوائم المتماثلة من كافة الجوانب، والتي تكون مغايرة عن غيره. أما لفظ identification فقد استخدمه بالينت Balint (1945) بمعنى «التقمص» أو التوحد أو التطابق، وفي التحليل النفسي يعرف التقمص بأنه: «العملية التي يسلك أحد الأفراد أو

61

يتخيل نفسه في حالة سلوك لا شعوري أو ببعض اللاشعور كما لو أنه الشخص الذي يوجد له ارتباط به» (دريفر، ص 128).

وينطوي «التقمص» أو «التوحد» في التحليل النفسي على أنواع أربعة، أولى، وثانوي، وإسقاطي، واستدماجي. وهذه الأنواع تتدرج بتدرج مراحل النمو الإنساني.

وعلى أية حال، فإن هوية الشيء تعني ماهيته essence، أي جوهره ولبابه الذي يعبر عن حقيقته في كل متفرد لا إشراك فيه.

وعلى المستوى النفسي، يرجع الفضل إلى أريك أريكسون (1950، 1967) في شيوع استخدام هذا المصطلح على نحو نفسي بوصفه «هوية» أو ذاتية الفرد بحيث يكون للمرء باستمرار كيان متميز عن الآخرين (ص 38).

وقد طور أريكسون هذا المفهوم، وجعله مفهومًا مركزيًا في تصوراته النفسية، فتحدث عن هوية الأنا ego identity وعرفها بأنها «ذلك الإحساس بالهوية الذي يهيئ القدرة على تجربة ذات المرء كشيء له استمراريته، وكونه هو هو نفس الشيء، ثم التصرف تبعا لذلك» (ص 39).

وأرجع أريكسون نمو الأنا إلى نمو الهوية، واعتبر المراهقة مرحلة أزمة الهوية identity crisis، ففيها تتقمم الصراعات وتبلغ حد الذروة. إما إلى تعيين الهوية، حيث الثقة بالنفس وبالآخرين، والشعور بالاستقلال والمبادأة، وأن الحياة تستمد مقوماتها من الاجتهاد والمثابرة، وإما إلى عدم تعيين الهوية identity diffusion حيث فقدان الثقة، والشعور بالخزي والخجل والشك، والعيش نهبا لمشاعر الذنب والدونية والعجز وبأن الحياة لا تؤخذ بالمبادأة ولا تمضى من خلال الثقة والاستقلالية.

ولعل التساؤل الرئيسي الذي يعايشه المراهق - كما يقول أريكسون - : "Who am I" هو تساؤل ينطوي على بحث عن كينونته، وعن معنى فريد للوجود وعن «هوية» تتمايز عن هويات الآخرين، في استمرارية تجعل من الأنا هوية فريدة ومغايرة لهويات الآخرين.

وقد ركز أريكسون على العلاج النفسي بوصفه تحليلا نفسيا واجتماعيا لأزمات الهوية التي قد تتمثل في: عدم تعيين الهوية، انغلاق الهوية Identity foreclousure، والتعليق النفسي والاجتماعي للهوية Pyschooscial moratorium.

وقد تأثر ميرشيا Mercia (1966) بأوضاع الهوية الأربعة وصاغ استبيانه الشهير عن «تشتت الهوية» Identity confusion Inventory (1966).

وفي مفتتح كتاب «الهوية والقلق» يبين اشتين وفيدش، Stein & Vidich (1960) «أن كتابات فرانز كافكا، وجيمس جويس Joyce، وصمويل بيكيت Beckett، وسارتر وغيرهم كثيرون، كانت في صميمها عن تحديد هوية للإنسان، وعن موقع متسام له في صميم العالم» (ص 25).

والمتأمل لكتابات هؤلاء الأدباء والمفكرين والفلاسفة، يتبين بوضوح أن أفكارهم كانت تدور حول البحث عن كينونة وهوية متفردة للإنسان، في عصر هيمنت عليه أفكار قطعية ومذاهب فلسفية وأيدلوجيات كبرى حولت جميعا الإنسان إلى كائن لا وزن له ولا معنى لوجوده، إلى «موجود في ذاته» كما يقول سارتر. لا حول ولا معنى ولا هوية حقيقية له.

وعلى نحو انطولوجي، يتخذ فروم Fromm (1969) من الهوية تصورا لتفسير مسيرة الإنسان الحضارية، فيعرف الإنسان بوصفه «الحيوان الذي يستطيع أن يقول «أنا»، والذي يستطيع أن يكون واعيا بذاته ككيان منفصل Entity عن الطبيعة، فالحيوان موجود داخل الطبيعة لا يتجاوزها، فليس له وعى بذاته، وليست به حاجة إلى الإحساس بهويته، أما الإنسان فهو مجاوز للطبيعة، وهذا التجاوز مردود إلى تمتعه بالوعي والعقل والخيال، ومن ثم فهو في حاجة لتكوين مفهوم عن ذاته، وبحاجة إلى أن يشعر وأن يقول «أنا أكون أنا»، ولأنه فقد وحدته الأولية Original unity مع الطبيعة، كان عليه أن يتخذ القرارات، وأن يعي ذاته كشيء مباين عن الآخر، وأن يكون قادرا على الإحساس بذاته كموضوع لأفعاله» (ص 62).

63

ويفرق بين الوجود الحيواني والوجود الإنساني من خلال الإحساس بالهوية فيقول: «أن الوجود الحيواني قائم على «التناغم» مع الطبيعة، في حين أن الوجود الإنساني قائم على التنافر مع الطبيعة الأمر الذي يفقده الانسجام الذي يتصف به الوجود الحيواني» (ص 63)، وعنده الحاجة إلى الهوية، ترتبط بالحاجة إلى الانتماء relatedness والتجذر rootedness والتسامي transcendence كالحاجة إلى الإحساس بالهوية، حيويةً وملازمة للإنسان.

ويؤكد أن إحساس الإنسان بهويته ينمو منذ خروجه من فلك «الروابط الأولية» التي تربطه بأمه وبالطبيعة، فالطفل الذي لا يزال يشعر بتوحده مع أمه، لا يستطيع إطلاقا أن يقول «أنا» فليس به حاجة إلى أن يقول ذلك، وهو لا يستطيع أن يعي ذاته، إلا بعد أن يع أن العالم الخارجي منفصل ومختلف عنه، ومن الكلمات التي يتعلم الطفل استعمالها متأخرًا كلمة «أنا» مشيرًا إلى نفسه.

ويؤكد فروم أن «مشكلة الإحساس بالهوية تنبثق من ظروف الوجود الإنساني نفسه، وهى مصدر أقوى وأعمق ما يبذله الإنسان من نضال في حياته» (ص 64).

ورغم شيوع استخدام مفهوم الهوية وفقا لتصورات أريكسون عنه في الدراسات النفسية، فقد شهدت حقبة الثمانينات ولا سيما بعد سقوط حائط برلين 1989 تطورًا في استخدام مفهوم الهوية بربطها بالتصورات العرقية والسلالية والقومية والثقافية، لدرجة تقلصت معها الدراسات التي تتخذ من مفاهيم أريكسون موضوعا لها عن هوية الأنا، وعدم تعيين الهوية، وأزمات الهوية وانغلاقها، وتعلقيها اجتماعيًا ونفسيًا.

والهوية بالمعنى القومي أو الثقافي، لا يولد الإنسان وهو مزود به، بل يكتسبها ولهذا فهي «نسبية غير مطلقة»، قائمة في الزمان، غير خارجة عن نسيجه «وأية ثقافة هي قبل كل شيء استثمار متميز للزمان»، ذلك أن الزمان شيء نادر يمكن استثماره، قد تتصف بالجمود، وقد تصف بالحيوية والقدرة على التعايش مع متطلبات العصر ومتغيراته.

الإبداع والثقافة

الثقافة من أكثر الكلمات استخداما، ومن أشدها غموضا، وقد يرجع هذا الغموض إلى تعدد معاني الثقافة وتباينها في كثير من الأحيان.

بيد أن الأمر الذي لا ريب فيه أن لكل مجتمع ثقافة تميزه وتبلور معتقداته وقيمه ومبادئه وعلاقاته الاجتماعية وأنماط سلوكه وتحيزاته الأيدلوجية.

وقد تتشابه بعض المجتمعات في بعض أشكال الثقافة وأنماط السلوك غير أنها تتباين عند فحص الخصوصيات المميزة لهذه الثقافة.

ولعل في الكشف عن منابت كلمة «ثقافة» في استخداماتها اللغوية، ما يعين على استجلاء القصد منها، فكلمة «ثقافة » من ثَقُفَ ثَقْفًا، بمعنى صار حاذقا فطنا. أما ثَقَّف الشيء، فمعناه أقام المعوج منه وسواه، وثقف الإنسان، أدبه وهذبه وعلمه، ومن ثم فإن الثقافة هي العلوم والمعارف والفنون التي يطلب الحذق فيها، واشتقت كلمة Cultura اللاتينية ومشتقاتها في اللغات الأوربية الحديثة من الفعل اللاتيني Colo era ui cultum وهى تعنى في الأصل الفلاحة Agriculture والعبادة cults.

وهذان المعنيان من أصل كلمة ثقافة ليسا متناقضين أو متباعدين، بل هما في الواقع يمثلان الركنين الأساسيين لمعنى الثقافة، ففلاحة الأرض تعنى العناية بها، وتهذيب تربتها، وتشذيب أشجارها ورعاية براعمها، وعلى الجانب الآخر تنهض الثقافة بمهمة صقل العقل، وتهذيب النفس وتنمية الأخلاق والتنوير، وشحذ الطاقات الخالقة على الإبداع. وذلك هو المعنى الوارد في معجم فيبستير Webster، 1965 (ص 202).

وتتضمن الثقافة سواء في أصولها اللغوية العربية وفي اللغات الأخرى مجموعة من القيم، يتمثل بعضها في الإيمان، والطهارة، والجمال، والفطنة والتقدم، والإتقان، فبدون هذه القيم لا يمكن للإنسان أن يفلح في زراعة الأرض أو العبادة بشعائرها وأماكنها.

ومن هذه الاشتقاقات اللغوية، تقف الثقافة عند المستوى الرفيع من التكوين

الإنساني، من حيث هي صقل للذهن وتهذيب للسلوك وتنمية أخلاقية وروحية له، أو بأنها ما ينتجه العقل أو الخيال الإنساني، وتكون وظيفتها إعداد وتهذيب وصقل للروح والعقل معًا.

وهذا المعنى من معاني من الثقافة، يتصف به الآحاد من الناس الذين يمثلون النخبة الممتازة، أو القاطرة التي عليها أن تجر باقي العربات إلى أقصى حد، سموا بالتكوين العقلي والروحي والأخلاقي للإنسان، ذلك الذي يتمثل في إبداعاته الخلاقة، وإشراقاته الروحية وصروحه العلمية التفسيرية.

وتظل هذه الجوانب المضيئة قائمة بشخوص مبدعيها، مرتبطة بهم ارتباطًا عضويا بغير افتراق.

والوجه الآخر للثقافة يتمثل في الجانب الاجتماعي، والذي يتضح في تعريف تيلور Taylor (1870)، وهو تعريف شائع على المستوى الاجتماعي، وينص على أن الثقافة «ذلك الكل المركب الذي يتضمن المعرفة والاعتقاد والفن والقانون والأخلاق والعرف وأية قدرات أو عادات يكتسبها الفرد بوصفه عضوًا في المجتمع» (ص46).

وعلى هذا المنحى قدم بيرستد تعريفه للثقافة باعتبارها «ذلك الكل المركب الذي يتألف من كل ما نفكر فيه، أو ننهض بعمله أو نملكه كأعضاء في المجتمع» (ص25).

ويقترب من هذه التعريفات تعريف معجم أكسفورد (1982) للثقافة بأنها «الاتجاهات والقيم السائدة في مجتمع معين، كما تنعكس في الرموز اللغوية والأساطير وأساليب الحياة ومؤسسات المجتمع التعليمية والدينية والسياسية» (ص 231).

وهذا الجانب الاجتماعي من الثقافة، يمثل نقطة البدء في حياة الإنسان الواعية، والتي يكتسبها الإنسان بما تنطوي عليه من قيم وأساليب حياة ولغة ورموز وعادات وعرف، بفضل وجوده داخل المجتمع، بفعل التنشئة الاجتماعية والتعلم.

وينعكس هذا الكل المركب من المكونات الفريدة لثقافة المجتمع في سلوكه، وفي حركته ووجوده وتحيزاته الأيدلوجية وعلاقاته الاجتماعية.

الثقافة - إذن - هي ذلك الائتلاف الفريد من كل ما هو روحي سام مجاوز للواقع، ومن كل ما هو مادي لصيق بالأرض وبمعترك الحياة.

الثقافة هي اللغة بوصفها وجدانا يعبر عن مشاعر وآمال ورؤى شعب، بوصفها أداة للتفكير والتواصل.

الثقافة هي الكلمة Logos، وبالكلمة أصبح الإنسان إنسانا، والثقافة ثقافة!

الثقافة هي تلك المكونات الفريدة التي تميز شعبا وأمة عن غيرها من الأمم. الثقافة كائن حي اجتماعي تام ومتطور، لا يعرف الجمود، ولا يحيا بغير سند من «موروثات تراكمت عبر العصور»، متمتعًا بتلك القابلية للتطور والنماء مع حركة وإيقاع العصر ولا سيما للشعوب التي تتسم بالحيوية والدينامية والعراقة التاريخية.

الثقافة نواة الشخصية بالنسبة للفرد والأمة، فهي التي تحرك الإنسان في الحقل وفي المصنع والمدرسة والجامعة والمسجد والكنيسة، وهى التي تتحكم في حركة الحياة في الشارع والأسواق، بتقدم الثقافة تستقيم الحياة على المستوى الاجتماعي والاقتصادي والسياسي، وبالتعمق الثقافي ترقى الآداب والفنون والعلوم والذوق العام.

الثقافة أرض ووطن وكيان له «ثوابته الجغرافية»، و«متغيراته التاريخية».

و مما سبق نستخلص بعض الأسس التي يمكن أن يستند إليها تعريف «الهوية الثقافية العربية» وما تنطوي عليه من عوامل.

أولا: أن تعريفات الهوية والثقافة، سواء في أصولهما اللغوية أم المعجمية تكاد تكون نقطة التقاء بين الشرق والغرب.

ثانيا: أن الهوية هي ماهية الشيء essence أي جوهره الذي يعبر عن حقيقته في كل منفرد لا إشراك فيه.

ثالثا: أن هوية الشيء تتحدد بالصفة التي تنعت عليه، بحيث تصبح الصفة والموصوف كلا واحدًا، يدل معناه عن شيء كلي، يميزه عن غيره من الأكلال.

رابعا: إن الهوية تعنى مجموعة الصفات الجوهرية والثابتة في الأشياء والأحياء، فللمكان هويته الخاصة، كما للإنسان هويته المتفردة عن غيره من الناس، ومن ثم فإن الثوابت الجغرافية، والمتغيرات التاريخية، والموروثات الثقافية، عناصر مكونة للهوية.

خامسا: أن الهوية الثقافية هي الرمز أو القاسم المشترك، أو النمط الراسخ Stereotype الذي يميز فردًا أو مجموعة من الأفراد أو شعبا من الشعوب عن غيره.

وفيما يلي عرض لجوانب ثلاثة من الهوية الثقافية العربية.

أولاً: الإيمان والثقافة:

تستمد الهوية الثقافية العربية مقوماتها من الدين الإسلامي الذي يدعو إلى الحق، ويعترف برسالات السماء جميعاً، ويتخذ من الإنسان موضوعاً له، فالخطاب القرآني موجه إلى الناس جميعاً، إلى أكرم ما زود به الإنسان، وهو العقل، وقد تحرر من قيود الوثنية، وطرح إرث الأجداد والآباء الوثني، حيث يمضى في الحياة جسوراً، لا يخشى إلا الـله، حرا، بيد أن حريته ليست مطلقة بل ملزمة بحدود الشرع، ومن ثم فهو مسئول وحده عن أفعاله، وعما اقترفت يداه " وكل إنسان ألزمناه طائره في عنقه " (الإسراء: 13).

يؤمن بالواحد القهار، الذي " ليس كمثله شيء "(الشورى:11)، وهو بكل شيء محيط، ويؤمن بمحمد على أنه رسول هداية ورحمة للعالمين، ويؤمن بالرسل جميعاً على أنهم أنبياء الـله لهداية الناس.

يؤمن بأن الناس جميعاً أمة واحدة، وان الـله قد جعلهم شعوباً وقبائل لتعارفوا، " إن أكرمكم عند الـله أتقاكم " (الحجرات: 13).

ويدعو الناس إلى تأمل ملكوت السموات والأرض، وإلى البحث والتنقيب، وإلى

الخروج من الأرض بجاذبيتها إلى أفلاك السماء، وإلى البحث في داخل النفس الإنسانية. وفي أنفسكم أفلا تبصرون (الذاريات: 21).

وهذه الدعوة إلى العلم وإلى التفكير والتأمل والبحث والتنقيب تجعلنا نجزم بأن الإبداع دعوة إسلامية.

ثانياً: التسامح Tolerance

ويكمن جوهر هذه الهوية الثقافية في التسامح الذي هو تأكيد على حرية الفكر وحرية الاعتقاد.

والتسامح الفكري يعني أن تعدد الآراء أمر مشروع، وأن التباين في الفكر يضفى على الأفكار والأشياء معنى وثراء، وأن حق التباين جوهري في حياة الناس، ففي التباين إقرار بتفرد الإنسان واختلافه، وحرية الاعتقاد تعني أن" لا إكراه في الدين" (البقرة: 256)، وأن الإيمان ثمرة للإرادة الإنسانية الحرة بغير قهر أو إرغام أو تسلط.

- يقول تعالى:" ولو شاء ربك لجعل الناس أمة واحدة ولا يزالون مختلفين " (هود: 118).

- يقول تعالى: " وما أكثر الناس ولو حرصت بمؤمنين " (يوسف: 103)

- يقول تعالى: " ولو شاء ربك لآمن من في الأرض كلهم جميعا أفأنت تكره الناس حتى يكونوا مؤمنين " (يونس: 99).

- يقول تعالى: " إنك لا تهدي من أحببت ولكن الله يهدي من يشاء " (القصص: 56).

فالحق بين والباطل بين، والدعوة تقوم على الحكمة والموعظة الحسنة، يقول تعالى: " ادع إلى سبيل ربك بالحكمة والموعظة الحسنة و جادلهم بالتي هي أحسن إن ربك هو أعلم بمن ضل عن سبيله وهو أعلم بالمهتدين " (النحل:125).

ثالثا: اللغة العربية:

لقد رسخت اللغة العربية الهوية الثقافية العربية، فهي التي صنعت وحدة الفكر ووحدة العقل لأمم شتى، دخلت في دين الـلـه أفواجا، فكانت لهم وعاءً حضارياً، صهر أفكاراً وفلسفات وعلوم طبيعية وتجريبية في بوتقة انصهار واحدة هي الحضارة الإسلامية.

ولهذا كانت اللغة العربية - ومازالت - جوهر الهوية الثقافية، فهي أولاً لغة القرآن الكريم وثانياً هي لغة ثرية في محتواها، وبقدرتها على التعبير عن الحياة في أدق تفصيلاتها وعن العلوم في أدق مكنوناتها.

وقد حافظت اللغة العربية على استمرارية أمة عربية لها امتداد جغرافي واحد، وتاريخ مشترك واحد، وتطلعات مستقبلية واحده، ولهذا فالأمم التي لم تكن تملك وحدة اللغة تفتت وانهارت، لأن العقل كان فيها منقسماً على ذاته والفكر كان فيها مغترباً عن واقعة.

وفي العصور الوسطى الإسلامية كانت اللغة العربية لغة كوكبية يهتم ويتعلمها كل من أراد أن يكون له نصيباً من العلم والمعرفة. وقد عبر عن ذلك أسقف قرطبة عام 1492 بقوله «أن الشباب النابه منصرف الآن إلى تعلم اللغة والأدب العربيين. ياللهول لقد نسوا حتى لغتهم؛ ولن تجد بين الألف منهم واحداً يستطيع كتابة خطاب باللغة اللاتينية، بينما تجد منهم عدداً كبيراً لا يحصى ولا يعد يتكلم اللغة العربية بطلاقه ويقرض الشعر أحسن من العرب أنفسهم» (أحمد عتمان، 1997، ص 60)

ولقد استطاعت الهوية الثقافية العربية أن تقدم للعالم تراثاً فكرياً وحضارياً هو ائتلاف خلاق يجمع بين إبداعات العالم القديم وإبداعات العقل العربي، فلقد نجح العرب في ربط أطراف الأرض ببعضها البعض حضارياً، وصناعياً واقتصاديا واجتماعياً وثقافياً، فلقد دخل في الإسلام أمم شتى لها خصوصيات حضارية وثقافية متفردة، ويتمتع أبناء هذه الأمم بقدرات متميزة في مجالات علمية متنوعة، فأتاحت لهم الحضارة

الإسلامية فرص الإبداع، فترجموا أمهات الكتب الإغريقية، وأضافوا إليها من إبداعاتهم الخلاقة، وطوروا بتجاربهم وأبحاثهم العلمية ما أخذوه من مادة خام عن الإغريق والفرس والهنود وشكلوه تشكيلاً جديداً، وعلى نحو علمي يتخذ من المنهج العلمي أساساً للبحث، أو لهذا كان العرب هم مؤسسو الطرق العلمية التجريبية في الطبيعة والكيمياء والجبر والحساب والجيولوجيا وعلم الاجتماع.

وقد كانت طليطلة وقرطبة والأندلس وصقلية وايطاليا معابر حضارية، نقلت الحضارة الإسلامية إلى الغرب الأوروبي لتسهم في تشكيل عصر النهضة والتنوير الأوروبي.

فحضارة الإنسان واحدة، والعقل الإنساني واحد، وهذا العقل يستطيع أن ينشط مقدماً إبداعاته وصروحه التفسيرية متى كانت البيئة مهيئة ومحفزة للإبداع.

ويمكن القول بأن الهوية الثقافية العربية هوية متفردة، شكلتها ثوابت جغرافية، ومتغيرات تاريخية وتراث ثقافي تراكم عبر السنين ووسطية في السلوك والاعتقاد ووجود زمني يتصف بالحيوية والقدرة على التجديد، ومواجهة تحديات عصر العلم والتكنولوجيا.

ثم أن الإبداع يحتاج إلى انقلاب في العملية التعليمية، وهذا الانقلاب التعليمي لا يمكن أن يتحقق إلا إذا أدركنا أننا في خطر.

وفي إسرائيل يحلون إشكاليات الهوية وتناقضات المجتمع الإسرائيلي، والإحساس العارم بالخوف، وفقدان الأمن ثم ضراوة العدوان، والغطرسة، والإفراط في استخدام القوة شأنهم شأن الأمريكان في العراق وأفغانستان عن طريق التركيز على ميكانيزم الخطر، أو كما يقول Eliezer Schwever أن الحل يكمن في:

التركيز على ميكانيزم الخطر: فهو الميكانيزم الوحيد الموحد لليهود، برغم كل تبايناتهم، فإسرائيل محاطة بسياج من ثقافات مضادة ومتحفزة لها، ومن ثم ضرورة شحن الناس بالخوف مما يحيط بإسرائيل، وبالمستقبل بالرجوع إلى آلام الماضي حيث التذكير المستمر بالهلوكوست holocust [المحرقة أو الإبادة النازية]، وبالدياسبوره

Diaspora [الشتات اليهودي الذي وقع في العصر البابلي]، وأن ذلك يمكن أن يحدث لإسرائيل الآن وفي عواصم شتى من العالم كباريس، ولندن، ونيويورك.

التركيز على الاحتفالات الرسمية، كيوم الاستقلال، وتحرير القدس، وإحياء ذكر الدياسبورة والهولوكوست.

الحفاظ على اللغة العبرية، بوصفها بوتقة الانصهار القومي، والوجودي للشعب اليهودي، وإنها اللغة الرسمية للدولة الإسرائيلية.

تعهد الدولة بالحفاظ على المطالب والاحتياجات الدينية، باعتبار الدين هو المقوم الأساسي للهوية العبرية، وذلك بالحفاظ على المؤسسات الدينية، والتوسع في إنشاء المعابد اليهودية.

والأمة العربية اليوم تعيش تحديات جمة: التحدي الديمقراطي، وتحدى التنمية الاقتصادية، وتحدي السلام الذي لا يمكن أن يتحقق، وعقل إسرائيل مكبل بأغلال تراجيديات تاريخية، وأقوال أسطورية.

والسلام لا يمكن أن يتحقق عن طريق فرض أوضاع معينة بالقوة على الآخرين والأمن لا يمكن تحقيقه إلا بوضوح الأهداف، ومرونة الوسائل.

ثم هناك التحديدات الاجتماعية والاقتصادية، والثقافية وهذه التحديات من شأنها أن تجمع الأمة العربية حول حلم مشترك، حول أرضية وطنية انتمائية عربية مشتركة، حول قاسم مشترك يساهم فيه جميعاً ونحن واعون بان الخطر متربص بنا، وان الخطر القادم لا يستثنى أحداً، وان الكيانات الصغرى، والهويات الثقافية الضعيفة، لم يعد في عمرها الافتراضي بقية، وان الإبداع هو الحل، وأنه قوة، وثروة، ووجود.

المراجع

عبد السلام عبد الغفار (1982): **الابتكار والتفوق العقلي**، دار النهضة العربية، القاهرة.

مارتن برنال (1997): **أثينا السوداء** (ج: 1)، تحرير أحمد عثمان، وترجمة : لطفي عبدالوهاب وآخرون، المجلس الأعلى للثقافة، القاهرة.

Adler, A. (1970), **The pattern of life**. New York: Holt, Rinehart & Winston.

Berger P., Berger, B., Kellner, H., (1974): **The Homeless Mind**. harmondsworth, Penguin Books.

Bruner, J.S. (1972). The conditions of creativity. In H. Gruber. G. Terrell & M. Wertheimer (Eds.), **Contemporary approaches to creative thinking** , PP:1 - 30. New York: Atherton.

Bruner, J.S. (1996). **The cultur of education**, U.S.A. harvrd University, Press. PP:1 - 30.

Dellas, H., & Gaire, E.L. (1970). Identification of creativity. **Psycological Bulletin**, 73. 55 - 73.

Delors J. (1993): Questions concerning European Security, **International Institute for Strategic Studies, Burssels** (10); Sep., P. 2.

Dolores, T., & Alberto G. (1998): Communication and identity across cultures. **International and Intercultural Communications Annual**, Vol. 21, P. 240 - 250.

Drever, J. (1968): **A Dictionary of Psychology**. Penguin Books.

Erikson, E. (1968): **Identity: Youth And Crisis**. New York, W.W. Norton.

Erikson, E. (1950): **Childhood And Society**, New York, Norton.

Fromm, E. (1969): **The Sane Society**. New York, Avon Books.

Fromm, E. (1971): **Escape From Freedom**, New York, Avon Books.

Fukuyama, F. (1992): **The End of The History And The Last Man**. New York. U.S.A

Gardner, H. (1983). **Frames of mind: The theory of multiple intelligences**. New York: Basic Books.

Guilford, J. P. (1950) : Creativity. **Amercan Psychologist**. 5. PP. 444 - 454.

Havel, V. (1994): The new measure of man. **New York Times**, 8 July, P. 27.

Huntington, S. (1996): **The Clash of Civilizations And The Remaking of World Order**. Simon & Schuster Rockefeller Centre, New York, U.S.A.

Jerry, P. (1997): The Fate of the Earth: "each and all" or nothing? **Literature - and - Psychology**. Vol. 43(3): 1 - 23.

Maslow, A. H. (1962). **Toward a psychology of being**. New York: Van Nostrand.

Maslow, A. H. (1987). **Motivation and personality**. (3rd ed.) New York: Harper and Row.

Mc Leod, J., & Croley, A, J. (1989). **Fostering academic excellence**. Oxford: Pergamon.

Morgan, D. N. (1973). Creativity today. **Journal of Aesthetics**, 12, 1 - 24.

Oyserman, D., & Sakamoto, I. (1997): Being Asian American: Identity. Cultural constructs, and stereotype perception, **Journal of Applied. Behavioral Science**, Dec.; Vol. 33(4); 435 - 453.

Preston, P. (1997): **Political, cultural identity: Citizens and nations in a global era**, London, England, U.K.: Sage Publications.

Rogers, C. (1959): Toward a theory of creativity. In H. H. Anderson (Ed.) **Creativity and its cultivation** (PP. 25 - 42). New York: Harper and Row.

Rogers, C. (1963). The actualizing tendency in relation to "Motives" and to consciousness. In M. Jones (Ed.), **Nebraska Symposium on Motivation** (Vol. 2, pp. 1 - 24), Lincoln: University of Nebraska Press. Stein, M., Vidich, (1962): **Identity And Anxiety**, The Free Press of Glencoe, U.S.A.

Schweid, E. (1998): Judaism in Israeli culture in: Urian D.; and Karsh E.: **Israel Affairs**, Vol. 4(3& 4), Spring, (pp. 9 - 28). A Frank Cass Journal, Israel.

Show, M. P. (1989). The Eureka process: A structure for the creative experience in science and engineering. **Creativity Research Journal**. 2, 286 - 298.

Taylor, J. (1871): **Primative culture**. London, John Murriecay London.

Torrance, E. (1967): Mental health and creativity functioning. **The Gifted Child Quarterly**. Vol.3. PP.120 - 132.

الفصل الرابع

تنمية التفكير الإبداعي في التربية والتعليم كنموذج حديث

تلعب التربية الحديثة دوراً كبيراً في بناء الإنسان، وتنمية قدراته العقلية، حتى غدا الهدف الرئيسي للعملية التعليمية في أي دولة من دول العالم المتقدم والنامي، ويقاس مقدار تقدم أي دولة بمقدار قدرتها على تنمية عقول أبنائها، والعمل على استثمارها، بحيث تصبح قادرة على التفاعل الإيجابي مع متغيرات العصر(ROSS، 8199، P8 - 9).

واستثمار العقول لا يعني تعليمها فقط مهارات القراءة والكتابة والحساب، (جمال الدين، - 1997 - ص13)، أو تزويدها ببعض المعارف والمعلومات في مختلف فروع العلم والمعرفة، أو حتى تمكنها من مهارات التعامل مع بعض المستحدثات التكنولوجية مثل الحاسوب، (حوارنة، ، 1996، ص13) بل أصبح التحدي الحقيقي للتربويين في هذا المضمار يتمثّل في تعليم الأفراد التفكير الابتكاري، بحيث يصبح المتعلم قادراً على حل المشكلات، ومواجهة الصعوبات التي تواجهه، مهما كان نوع هذه المشكلات وحجمها.

ففي ضوء التقدم العلمي والتكنولوجي الهائل الذي يشهده العالم بأكمله، وما يرافقه من نتائج وتغيرات اجتماعية وتربوية واقتصادية وسياسية، نرى أن الكشف عن الإبداع واستثماره يعد من أهم الأهداف التي يجب أن تسعى إليها الأمم إذا أرادت مواكبة هذا التقدم.

وقد حظي التفكير الإبداعيّ باهتمام كبير من علماء التربية وعلم النفس، إذ أصبح

الآن «اللغة السائدة للعصر الحديث (العصر المعلوماتيّ)، حيث انتقل مركز اهتمام علماء النفس من دراسة الشخص الذكيّ إلى دراسة الشخص المبدع (الابتكاريّ)، والعوامل التي تسهم في ابتكاريته، كما تحوّل الاهتمام من التعليم التلقينيّ الذي يعتمد على حشو المعلومات إلى التعليم الابتكاريّ الذي يعتمد على تعلّم التفكير، وطرق مواجهة المشكلات، وتقديم الحلول الابتكاريّة لها ؛ لما لقدرات التفكير الإبداعيّ من دور مهمّ في تطوير المجتمع الحديث وازدهاره، وما يمكن أن يتولّد عن هذه القدرات من أفكار أصيلة، وحلول جديدة للمشكلات اليوميّة للأفراد والمجتمع» (موسى، محمّد، 2001، 33).

وهذه المهمة منوطة بالتربية، ولكن المشكلة تكمن في أن الإبداع في التربية لم ينتقل بعد من جو المدارسة إلى واقع الممارسة، نتكلم عنه نظرياً ونعاكسه عملياً، إنه مهمش أو معوق في المدرسة إلى حد كبير.

فمن خلال مرورنا بالمدارس كطلاب، ومن خلال ملاحظة ما نراه في مدارسنا نجد أن اتجاهات التربية والمؤسسات التعليمية في أساليبها وممارستها تعمل على تقوية أساليب النمطية لدى الطلاب، حيث تعد برامج ومناهج تعمل ضمن زمن معين، ومحتوى محدد لا تتعداه، ولا تخالفه، وذلك من أجل استكمال تعليم الطالب النظري الجاف، دون النظر إلى إعداد مفكرين مبدعين أصيلين. (عيسى، 1993، 43)

ونجد أن المدرس هو المصدر الوحيد للمعلومات، حيث يشعر كونه مصدر المعلومات أن أسئلة الموهوبين والمبدعين الموجهة إليه هي امتحان له، وتمثل تحدياً لقدراته، وقد يؤدي أسلوب المعلم في تحديد الإجابة وتقييدها - باعتباره مصدر المعلومات - إلى حرمان التلاميذ من التفكير ومحاولة إيجاد الإجابات بطرق وأساليب مختلفة.

ونجد أيضا «أن المناهج التقليدية لا تشجع التلميذ على التفكير الحر، فهي تحاول دائماً أن تحصر الطالب بإجابة محددة، هي إجابة المعلم، ولا يسمح بتقييم أساليب التدريس أو محتوى المواد الدراسية». (Reprinted, 1950,P71)

من خلال ذلك نرى أنه لا بد للتربية من أن تهتم بالإبداع والتفكير الابتكاري لدى الطلاب، وأن تشجعهم على إنتاج حلول، وأفكار جديدة تخرج عن الإطار المعرفي؛ وبهذا نجد أن دور التربية يتعدى توفير المناخ للتفكير المبدع إلى إيجاد الإجراءات والطرق التربوية السليمة التي تكفل تحول هذه السمات الإبداعية إلى أساليب سلوكية تطبع هؤلاء الأفراد. (حسن، عيسى - 1993 - 289) ؛ ولهذا تطلع الباحث إلى إبراز دور التربية الحديثة في تنمية الإبداع.

- يلقي بعض الضوء على الإبداع، والأثر الذي يتركه في التربية، بحيث يتم توجيه الأنظار نحو الاهتمام بتنمية القدرات الإبداعية لدى التلاميذ.

- يلقي بعض الضوء على العوامل التي تحول دون تنمية مهارات التفكير الإبداعي لدى التلاميذ في المدارس، وبالتالي يمكن أن يفيد هذا البحث في توفير مناخ مدرسي مناسب لتنمية الإبداع لدى التلاميذ.

- يساعد الموجهين والمعلمين على اعتماد أساليب فعالة تسهم في تسهيل تنمية الإبداع لدى التلاميذ.

- يساعد التلاميذ أنفسهم من خلال إكسابهم مهارات التفكير الإبداعي التي تساعدهم على إيجاد حلول مبتكرة لما يواجههم من مشكلات.

أولاً: بعض الدراسات السابقة:

من المفيد في هذا المجال عرض بعض الدراسات السابقة التي تناولت الإبداع وتربيته لدى الناشئة، وموقع الدراسة الحالية من تلك الدراسات.

الدراسات العربية:

ثمة دراسات عربية متعددة في هذا المجال، منها ما يلي:

1 - دراسة صائب الألوسي عام (1985):

هدفت الدراسة إلى معرفة أثر استخدام الوسائل والنشاطات العلمية المختلفة في تنمية الإبداع، والتفكير الإبداعي عند طلبه الصف الخامس الابتدائي في العراق.

تكونت عينة البحث من (100) طالب وطالبة موزعين على أربع شعب في مدرستين (شعبتان في كل مدرسة) شعبة تمثل المجموعة تجريبية، والأخرى تمثل المجموعة الضابطة، وقد تضمنت الدراسة خمسة أساليب تدريبية، هي:

1- الأسئلة المتشعبة.

2- الطريقة الاستكشافية.

3- أسلوب حفز الدماغ.

4- الألغاز الصورية.

5- الألعاب العلمية.

وقد درست المجموعة التجريبية باستخدام الأنشطة الخمسة، أما الضابطة فقد درست بالطريقة الاعتيادية.

وبعد تحليل النتائج، ظهر وجود فروق ذات دلالة إحصائية بين المجموعتين التجريبية والضابطة في الاختبار البعدي، وكان الفرق لصالح المجموعة التجريبية، وذلك في القدرة على التفكير الإبداعي، وفي القدرات الفرعية وهي: الطلاقة، والمرونة، والأصالة.

2 - دراسة درويش (1987):

هدفت الدراسة إلى تنمية الإبداع وقدرات التفكير الإبداعي لدى طلاب الصف الأول الثانوي عن طريق استخدام تدريبات معينة.

تكونت عينه التلاميذ من(97) طالباً كمجموعة تجريبية، (97) طالباً كمجموعة

ضابطة، وقد أتيحت الفرصة للمجموعة التجريبية للمرور بخبرات التدريب المختلفة، أما الضابطة فلم تتعرض لأي تدريب.

وأظهرت النتائج حدوث تحسن ملموس في مستوى آراء طلاب المجموعة التجريبية فيما يتعلق بمقياس مهارات الإبداع المختلفة ؛ وذلك نتيجة لخبرات التدريب التي تعرضت لها، مقارنة بأداء المجموعة الضابطة.

3 - دراسة أحمد عبد اللطيف (1990).

هدفت الدراسة إلى تحديد أهم المعوقات للتفكير الابتكاري كما يدركها المعلمون في مراحل التعليم العام.

قام الباحث بإعداد قائمة بهذه المعوقات، طبقت على (283) من معلمي التعليم العام ومعلماته، وأوضحت النتائج أن حجم المعوقات الخاصة بالتفكير التي تتعلق بالأسرة، والمعلم، ومحتوى المنهج، والإدارة المدرسية، ونظام التعليم، قد تركزت بحجم أكبر في الحلقة الثانية من مرحلة التعليم الأساسي (الصفوف: 5-6-7-8-9)، ثم مرحلة التعليم الثانوي، وأخيراً الحلقة الأولى من مرحلة التعليم الأساسي (الصفوف: 1 - 2 - 3 - 4)

4 - دراسة محمد المسيليم وفضة زينل (1992):

هدفت الدراسة إلى تعرف أهم معوقات الأنشطة الابتكارية في مدارس التعليم الثانوي بدولة الكويت، قام الباحثان بإعداد استبانة شملت أربعة مجالات، طبقت على خمسين فرداً من مجموع النظار والناظرات في المدارس الثانوية، وقد أثبت النتائج أن هناك اتفاقاً ذا دلالة عالية بين أفراد العينة، وما تطرحه الدراسة من معوقات أمام الأنشطة الابتكارية، وتحددت هذه المعوقات في المجالات الأربعة التالية: (المعلمون وإعدادهم المهني، الطلاب والبيئة المدرسية، قوة إدارة المدرسة وصلاحياتها، والمنهج المدرسي).

5 - دراسة ناديا السرور (1996):

هدفت الدراسة إلى معرفة أثر برنامج تعليم التفكير (الماسترثنكر) على تنمية المهارات الإبداعية لدى طلبة كلية العلوم التربوية في الجامعة الأردنية.

تكونت عينة البحث من 73 فرداً من طلبة البكالوريوس المسجلين في مساق (الموهبة والتفوق)، وأظهرت النتائج وجود فروق ذات دلالة إحصائية في المهارات الإبداعية لصالح المجموعة التجريبية.

6 - دراسة بدرية الملا، فاطمة المطاوعة: (1998):

هدفت الدراسة إلى تعرف العوامل التي تعوق تنمية مهارات التعبير الإبداعي لدى تلاميذ المرحلة الإعدادية بمدارس دول قطر.

ولتحقيق هذا الغرض أعدت الباحثتان استبانة شملت ثلاثة محاور، وطبقت على عينة من معلمي اللغة العربية وموجهيها (ذكوراً وإناثاً) في المرحلة الإعدادية بمدارس قطر، وكشفت النتائج عن وجود اتفاق بين أفراد العينة على أن (المنهج المدرسي - طريقة التدريس - الإدارة المدرسية) من أهم معوقات تعليم مهارات التعبير الإبداعي بالمرحلة الإعدادية.

كما أوضحت الدراسة أن عملية تقويم موضوعات التعبير الإبداعي لتلاميذ المرحلة الإعدادية لا تحقق الهدف منها، بل تحرم التلاميذ من فرص النمو في الاتجاه الصحيح، لعدم وجود أهداف واضحة ومحددة تنمي مهارات التعبير الإبداعي في المرحلة الإعدادية.

الدراسات الأجنبية:

وثمة دراسات أجنبية في هذا المجال منها:

1 - دراسة فرانكلين وريتشارد(1985):

هدفت الدراسة إلى تتبع أثر أساليب التدريس المدعمة ببرنامج تشجيع التفكير المتشعب المتمثل بالتفكير الإبداعي في تنمية قدرات التفكير الإبداعي عند الأطفال.

تكونت العينة من (119) طفلاً قسموا إلى مجموعة ضابطة ومجموعة تجريبية، الأولى تعرضت لأسلوب تدريس غير مدعم ببرنامج تدريب على مهارات التفكير المتشعب، والثانية تعرضت لأسلوب تدريس مدعم ببرنامج تدريب على مهارات التفكير المتشعب.

وأظهرت النتائج وجود أثر لطرائق التدريس المصممة لتحسين التفكير الإبداعي وتنميته في تحسين القدرات الإبداعية وذلك لصالح المجموعة التجريبية.

2 - دراسة مون (Moon، 5199):

وهدفت إلى تعرف أثر إعداد برنامج لتدريس الكتابة الإبداعية في تنمية الإبداع، تكونت العينة من (150) طالباً وطالبة من مرحلة التعليم الإعدادي، قسمت إلى مجموعة تجريبية وأخرى ضابطة. وأظهرت النتائج فعالية البرنامج، وتطور الكتابة الإبداعية لصالح المجموعة التجريبية.

موقع الدراسة الحالية من الدراسات السابقة:

هدف عدد من الدراسات السابقة إلى إلقاء الضوء على بعض النشاطات المدرسية التي يمكن أن تنمي الإبداع لدى الفئات المستهدفة فيها، بينما هدف بعضها إلى تسليط الضوء على المعوقات التي تحول دون إكساب الناشئة مهارات التفكير الإبداعي، وقد أفادت الدراسة الحالية من نتائج تلك الدراسات، وحاولت الجمع بين تسليط الضوء على معوقات الإبداع، وعلى العوامل التي يمكن أن تسهل تنميته لدى الناشئة في أن معاً.

ثانياً: مفهوم الإبداع، ومراحله، والعوامل المؤثّرة فيه ومبادئ التربية الإبداعيّة:

1- مفهوم الإبداع:

الإبداع هو إنتاج شيء ما، على أن يكون هذا الشيء جديداً في صياغته. (غانم، 2001، ص219)

ويعرّف تورانس الإبداع بأنّه: عملية التعلم التي تساعد المتعلم على أن يصبح أكثر حساسية للمشكلات، وجوانب النقص، والثغرات في المعرفة أو المعلومات، واختلال الانسجام، وتحديد مواطن الصعوبة، والبحث عن الحلول، والتنبؤ، وصياغة الفرضيات واختبارها، وإعادة صياغتها أو تعديلها من أجل التوصل إلى نتائج جديدة ينقلها المتعلم للآخرين. (جروان، 1998، ص 84)

ويصبح الفرد جديراً بوصف المبدع إذا تجاوز تأثيره في المجتمع حدود المعايير العادية، فالإبداع سيؤثر في الآخرين، وستكون آثاره بحيث يقبل المجتمع هذا الإبداع أو العمل، ويعترف بقيمة وأهميته. (حجازي، 2001، 45)

2- مراحل العلمية الإبداعية:

تمرّ العلمية الإبداعية بمراحل عدّة هي:

1- مرحلة العمل الذهني (Mentallahauus) وهي: عملية ذهنية يتم فيها إشغال الذهن بالموضوع الذي يفكر به الفرد، وذلك بالاستغراق غير العادي في المشكلة بهدف التعمق فيها، وإدراك أبعادها، وتقليب جوانبها ؛حتى يساعده ذلك على تحديد عناصرها وإدراكها، وهو في ذلك يختلف عن إدراك الفرد العادي للمشكلة.

2- مرحلة الاحتضان (incubation): وتتضمن هذه المرحلة من التفكير الإبداعي تنظيم المعلومات والخبرات المتعلقة بالمشكلة، واستيعابها وتمثلها بشكل مناسب، وذلك

بعد استبعاد العناصر غير المتعلقة التي لا ترتبط بالمشكلة أو الموقف؛ تمهيداً لحالة الإبداع أو الظهور بحالة فريدة، ويمكن لهذه المرحلة أن تدوم لفترة قصيرة أو طويلة، وقد يظهر الحل فجأة دون توقع وبشكل مفاجئ، في حين تكون القضية قد غابت عن الذهن.

3- مرحلة الإشراق أو الإلهام (illuminatian): ويطلق على هذا المستوى مرحلة الشرارة الإبداعية، وفي هذه المرحلة يقوم المبدع بإنتاج مزيج جديد من القوانين العامة تنتظم وفقها عملية الإبداع.

4- مرحلة الوصول إلى التفاصيل (Eiabora tionacess): فالحالة التي تتملك الفرد بعد الوصول إلى الإشراق تتمثل في توليد استثارة لحل آخر، أو توليد مشكلة في جزء من الحل للوصول إلى حل إبداعي أكثر تقدماً ؛ لذلك فالمبدع لا يستغرق في حالة انفعالية ثابتة ؛ نظراً لسعيه المتواصل للحل. (قطامي، 1996).

3 - العوامل المؤثرة في التفكير الإبداعي:

1- العامل الوراثي: أظهرت العديد من الدراسات التي تتعلق بدور الوراثة في تنمية القدرات الإبداعية، أن المعطيات الوراثية محددة في تنمية التفكير الإبداعي، وأن دور الوراثة في حالة الذكاء العادي أعلى من دورها في حالة القدرات الإبداعية.

2- العامل البيئي: أما من حيث دور البيئة في تنمية القدرات الإبداعية فيتفق معظم الباحثين على أن لها الدور الرئيسي والأساسي، فإذا كانت بيئة الفرد صالحة لتنمية الإبداع نمت قدراته وتفوقت، وإذا كانت غير صالحة توقف نمو هذه القدرات، ويقصد بالبيئة في هذا السياق، البيت والمدرسة ووسائل الإعلام وغيرها. (الخطيب، 2000)

4 - مبادئ التربية المبدعة:

للتربية المبدعة مبادئ عدة، منها:

1- الإيمان بأن استعدادات الفرد يمكن أن تنمو وتزدهر، أو تطمس وتختفي، أو تغير وجهتها إلى الخير أو الشر.

2- الإيمان بأن الإنسان يمتلك قدرات عقلية لا متناهية يستطيع بها أن يحقق المعجزات إذا توافرت له الظروف المؤاتية.

3- الإيمان بأننا في عصر الثروات البشرية، فمن يمتلك ناصية العلم يمتلك ناصية العالم.

4 - الإيمان بأن من أهداف التربية بناء المواطن العصري الذي يتمتع بالعلم، صاحب الشخصية المتكاملة.

5- ضرورة الاهتمام بالتعليم الفني والتقني المتوسط والعالي وجعله عصرياً، ورفع مستواه، ومستوى خريجيه.

6- ضرورة مواكبة المناهج الدراسية - من حيث محتواها ومستواها - مستويات التلاميذ العقلية.

7- مراعاة القواعد السيكولوجية في طرائق التدريس، وفي معاملة التلاميذ، والابتعاد عن الشدة والقسوة والعنف والعقاب البدني، أو التدليل المؤدي للفوضى.

8- ضرورة الإيمان بجعل التلميذ إيجابياً فعالاً في العملية التعليمية.

9- الاهتمام بالرحلات العلمية والاستكشافية، وخاصة زيارة المؤسسات التي تحتوي على الآلات التكنولوجية الحديثة.

10- الاعتماد على طرائق التدريس الجيدة كطريقة المشكلات، حيث تقدم المواد العلمية على شكل مشكلات تتحدى ذكاء التلاميذ، وتثير اهتمامهم نحو التفكير للوصول إلى النتائج.

11- تشجيع المدرسة لمواهب التلاميذ العلمية والفنية واحتضانها.

12- ضرورة توفير الدوافع والحوافز في نفوس التلاميذ على الابتكار.

13- غرس القناعات لدى الطلاب بوجوب الابتعاد عن الذاتية، والتأثر بالأهواء الشخصية.

14- إتاحة الفرصة للطلاب للتعبير الحر الطليق عن ذواتهم.

15- تشجيع نزعات التلميذ الإبداعية والخلاقة، وتغذيتها، ورعايتها، وعدم الوقوف منها موقف العداء. (عيسوي، دون تاريخ، ص101 - 102)

ثالثاً - التربية والإبداع:

1 - التربية الحديثة والإبداع:

إن المعرفة تقاس بمقدار الاستفادة منها، وبالنتائج التي يحصل عليها الطالب، لا بمقدار كمية المعلومات التي يكتسبها، وأول خطوة للمعرفة تلك التي تتيح للطالب التعبير عن إبداعاته التي تكسبه ميزات القوة، والرغبة في الاكتفاء الذاتي وخلق الشخصية المبدعة. (Caloabero, 1995)؛ وبالتالي يمكن للتربية الحديثة أن تسهم في خلق الشخصية المبدعة بوساطة ربط الدروس بالحياة النفسية والاجتماعية والمادية للطفل، فليس هدف التربية الحديثة تلقين التلميذ مجموعة عن الحقائق الجافة، ومطالبته بحفظها والإجابة عن الأسئلة التي ترد عليها في آخر العام، فيخرج التلميذ إلى المجتمع الخارجي كمواطن غريب، يعيش في مجتمع لم يسبر أغواره، أو يلمس طبيعة الحياة وقيمتها. (عيسوي، بلا تاريخ للنشر، 89)

فالتربية الحديثة ترى أن المدرسة صورة حقيقية لواقع المجتمع الخارجي، وينبغي أن تستهدف مواد الدراسة المساعدة في حل المشكلات الخارجية للمجتمع، أو المشكلات التي تواجه الفرد بعد تخرجه في المدرسة، ولا يكفي أن تتضمن المناهج حقائق عن

طبيعة المجتمع، بل لا بد من الاعتماد على الرحلات العلمية والاستكشافية، وإشراك الطلاب في الأعمال التعاونية والتطوعية.

كما يجب أن تشبع المدرسة حاجات التلميذ واهتماماته وميوله، وتنمي استعداداته وقدراته وذكاءه، وتدعم السمات الشخصية المرغوب فيها، كتحمل المسؤولية، وتكوين العادات الإيجابية، كالدقة، والموضوعية، والنظافة، والصدق، والقدرة على التعبير عن الذات، واحترام الآخر. (حجازي، 2001، 68)

ولابد من تشجيع الطالب على أسلوب التفكير في حل المشكلات، ويتطلب ذلك عرض المعلومات العلمية في صورة مشكلات تتحدى ذكاء التلاميذ، وتحثهم على التفكير، ويتطلب حل المشكلة قيام التلميذ نفسه بجمع الحقائق والمعلومات، واستطلاع الخرائط والإحصاءات، وإجراء التجارب، وزيارة المؤسسات. (عسيوي، دون تاريخ نشر، 90)

وتشترك طرائق التدريس الحديثة في خاصية أساسية، وهي جعل التلميذ إيجابياً نشطاً في العملية التعليمية، وتعويده التفكير العلمي المنظم. كما يجب الاعتماد على تقنيات التعليم مثل الوسائل السمعية والبصرية.

والتربية الحديثة تقوم على مبدأ سيكولوجي هام، هو احترام التلميذ وعده فرداً قائماً بذاته، وليس رجلاً مصغراً، فهي تراعي حاجات التلاميذ النفسية، كالحاجة إلى الشعور بالحب والعطف والحنان، والحاجة إلى النجاح والشعور بالأمن وبالقبول والمكانة، والحاجة إلى الابتكار والإبداع والخلق، وتنمية خياله ووجدانه وضميره. (حجازي، 2001، 68 - 69)

2 - مسوّغات الاهتمام بتربية الإبداع:

أ- التوظيف الكامل لقوى الأفراد المبدعين:

إن تكوين أفراد يعملون بأقصى طاقاتهم كان منذ زمن بعيد هدفاً عاماً من أهداف

التربية، ولقد تكلم أساتذة التربية منذ زمن بعيد بحماس شديد عن تنمية القدرات الفردية لكل طفل، ولكن المدرسين اقتصروا في البداية على تعليمه مادة معينة، ثم أصبحوا بعد ذلك يعلمون التلميذ أن يجيب عن أسئلة معينة بطريقة معينة، بينما لا يقبل الأطفال الذين يجيبون عن هذه الأسئلة بطريقة مختلفة، أو يسألون أسئلة جديدة.

وتنمية القدرات العقلية للفرد إلى أقصاها لا يمكن معه تجاهل القدرات المتضمنة في التفكير الإبداعي، ولحسن الحظ فقد أصبح هناك وعي متزايد بأن المقاييس التقليدية للذكاء تحاول أن تقدر قليلاً من المواهب العقلية فقط عند الفرد، وظهرت أبحاث جديدة توضح مدى التعقيد الذي يكمن في العمليات العقلية التي يقوم بها الإنسان، ونحن لا نستطيع أن نؤكد أن الفرد قد وظف قدراته العقلية لأقصى درجة إذا لم تكن القدرات المتضمنة في التفكير الإبداعي قد نميت، واستعملت، ولم تبق مشلولة. (عيسى، 1992، 291)

ب - تشجيع التلاميذ على تقييم أنفسهم:

وتمثل هذه الفقرة دعوة إلى الاهتمام بالتفكير، إذ يتطلب تقييم النفس تصور المواقف والأحداث، وتخيل البدائل المتاحة، واختيار الحلول الممكنة من بينها.

ويساعد تقييم النفس على تبادل الآراء، ورؤية الجوانب غير المرئية من الشخصية؛ مما يتيح للشخص الإلمام بمواطن قوته وضعفه.

ولا تساهم هذه العلمية في الإبداع بشكل مباشر، ولكنها تهيئ الشخص، وتجعله مستعداً لممارسة بعض العمليات ذات العلاقة بالإبداع. (القذافي، 1996، 114)

ج - الصحة النفسية:

لقد صار من الضروري أن تعني المدارس بالصحة النفسية للتلاميذ في كل مراحل تكوينهم، وأصبح الاهتمام بالصحة النفسية يمثل واجباً رئيسياً، وهدفاً أساسياً لإنجاح العملية التربوية، وأصبح لزاماً على المدارس أن تضم بين أجهزتها الاختصاصيين

الاجتماعيين والنفسيين، والممرضات، والموجهين والمدرسين المتخصصين في المقررات العلاجية.

فإضافة هذه الخدمات إلى ميدان العمل بالمدرسة يسهم إسهاماً مؤكداً في منع الانهيارات العصبية، وحالات سوء التوافق العنيفة، وييسر بالتلميذ في طريق السواء النفسي الذي يقود بالتالي إلى نمو الشخصية السوية التي هي الهدف الإيجابي للتربية.

وعلى الرغم من أننا نحتاج إلى معلومات علمية محددة تختص بالعلاقة بين الإبداع والصحة النفسية، إلا أن هناك أدلة متفرقة في العديد من المصادر لا تدع أمامنا مجالاً للشك بأن خنق القدرات والرغبات الإبداعية، أو وأدها يقطع الجذور العميقة لرضائنا عن حياتنا، ويخلق ما لا حد له من مشاعر التوتر العنيفة، والانهيارات النفسية، كما أنه ليس هناك شك أيضاً في أن إبداع المرء مصدر لا غنى عنه في التغلب على مواقف الضغط العصبية التي يواجهها في حياته اليومية ؛ وهذا ما يجعله أقل عرضة للانهيارات النفسية من الذين لا يمتازون بالإبداع. (عيسى، 1993، ص292)

د- التحصيل الدراسي:

لا يكاد أحد ينازع المدرسة في مشروعية اهتمامها بالتحصيل الدراسي أو التعليم، وقد واجهت المدارس ضغوطاً لكي تساعد المرتفعين في التحصيل على أن يصبحوا شخصيات أكثر تكاملاً، ولتؤثر أيضاً في من هم أقل تحصيلاً حتى يحسنوا استخدام طاقاتهم العقلية لكي يتعلموا أكثر.

وقد أكدت الدراسات أهمية التفكير الإبداعي في اكتساب المعلومات والمهارات التعليمية، ولكننا درجنا في التربية على وجه العموم على الأخذ بالرأي القائل بأنه من الناحية الاقتصادية يحسن أن نتجاهل التعلم بطريقة إبداعية، وأن نلجأ إلى التسلطية التي يسيطر فيها المدرس على الموقف التعليمي.

وبالتالي نحن بحاجة ملحة إلى بحوث تعلمنا كيف ننظم الخبرات المدرسية،

ونصممها، بحيث نراعي أن يتم اكتساب المعلومات بطريقة إبداعية، ونحدد أيضاً أي أنواع المعلومات يمكن أن يتم تعلمه بطريقة أكثر اقتصاداً بالوسائل التسلطية العادية، وأيها يكون أكثر اقتصاداً بالوسائل الإبداعية. (عيسى، 1993، ص293 - 294)

هـ - النجاح المهني:

أظهرت كثير من الدراسات أهمية التفكير الإبداعي في تحقيق النجاح المهني؛ فقد تبين أن التفكير المبدع عامل هام في النجاح، حتى في بعض المجالات التي كان يظن أنه ليس للإبداع علاقة فيها، كالمجالات التجارية، والأعمال التي يبدو أنها ذات طابع روتيني تاماً.

و - الأهمية الاجتماعية:

إذا أمعنا النظر في وظيفة المدرسة فسنجد أنها تهتم اهتماماً كبيراً بأن يكون هدفها النهائي أن يقوم طلبتها بإسهام مفيد في المجتمع، وبالتالي يوجه المربون إلى تنمية صفات مثل: حب التعلم والاستطلاع، الأمانة والقدرة على التفكير الواضح عند طلبة مدارسهم، وعلى أي حال فإن تنمية التفكير المبدع عند الجيل الجديد أمر هام جداً بالنسبة لمستقبل الحضارة الإنسانية. (عيسى، 1993، 294 - 295).

3 - معوقات الإبداع في المدرسة النمطيّة:

على الرغم من الجوانب الإيجابية الكثيرة التي يمكن أن تتميز بها المدرسة في تنمية الإبداع لدى طلبتها، إلا أنها نفسها قد تعمل على إعاقة ظهور المواهب، وعلى كف مظاهر الإبداع نتيجة قيامها بـ:

1- الاهتمام بالنجاح الدراسي في المدرسة، رغم أن النجاح ليس هو الضرورة الوحيدة للتفوق في المجتمع، أو حتى في المدرسة، فهناك الأذكياء والمبتكرون والقادة الاجتماعيون الذين لم ينجحوا خلال حياتهم المدرسيّة.

2- قياس الامتحانات المدرسية التحصيل في نطاق محدود، إذ يقرر (دروزة) أن المتفوقين

تحصيلاً يحصلون على الأول في الامتحانات المدرسية العادية، بينما يحصل المبتكرون على أدنى المراتب، ولكن حينما تستخدم اختبارات التحصيل المقننة التي تتناول مدى عريضاً في محتواها، وفي المهارات التعليمية، نجد أن المبتكرين يتفوقون على الآخرين.

وحينما تقترب الامتحانات النهائية يقوم المتفوقون في التحصيل العادي بمذاكرة الأشياء التي تكتسب درجات أكثر من المدرسين، أما المبتكرون فنجدهم يقرؤون في كتاب خارجي عن المقرر المدرسي في أي ميدان من ميادين المعرفة، فقد يقرأ عن تاريخ الفن أو الثورات الاجتماعية ... إلخ، وكل هذه القراءات لا تنال درجات من المدرس، ذلك لأن الامتحانات المدرسية لا تقيس التحصيل العام في المعرفة كما في الاختبارات المقننة للتحصيل، وإنما تقيس التحصيل في نطاق محدد.

وإذا كانت مدارسنا ترغب في تشجيع التفكير التباعدي فعليها أن تكافئ الابتكار مثلما تكافئ الذاكرة. (الكناني، خير الله، 1983، 238 - 239).

3- قيام مدرسين بتدريس مواد غير مؤهلين علمياً لتدريسها، وتقودنا هذه النقطة إلى برامج إعداد المعلمين وتدريبهم مرة أخرى، فقد حان الوقت لإعادة النظر في مواصفات المدرس الجيد، والصالح للمساهمة في تطوير العملية التعليمية، وقد اقترح ضرورة حصول المدرس على رخصة تسمح له بالعمل في هذا المجال المهني التخصصي، ولا يتم حصوله عليها إلا بعد أن يظهر مستوى معيناً من القدرة والكفاءة والمهارة في المجالين العلمي والمهني.

4- إصرار المدرس على قبول إجابة واحدة دون غيرها، وعدم تشجيعه تلاميذه على التفكير الحر المبدع.

5- منع المناقشة أو توجيه الأسئلة في أثناء الحصة أحياناً، وعدم السماح بتقييم أساليب التدريس أو محتوى المواد من قبل التلاميذ، بالإضافة إلى عد المعلم المصدر الوحيد للمعلومات.

6- استخدام الأساليب التسلطية في التفاعل مع التلاميذ، وأساليب التحقير والتهديد؛ مما يعيق الرغبة في الإبداع، فارتباط عملية التعليم بالسلوك التسلطي وبعوامل الخوف والترهيب تجعل التعليم يرتبط بمثير الخوف ؛ مما يؤدي إلى نسيان التلميذ ما تعلمه لارتباطه بمصدر الخوف والألم الذي يحاول جاهداً نسيانه أو تحاشيه.

7- تتطلب العمليات الإبداعية ضرورة الاهتمام بنوعية البرامج المدرسية، فكثيراً ما يصطدم الأطفال الموهوبون والمبدعون بنوعية البرامج الحالية الجامدة، وأساليب التدريس التقليدية التي تهدف إلى جعل التلميذ مجرد متلق للعلم، دون أن تساهم في عملية تعلمه، وتهدف هذه العملية أصلاً إلى جعل التلاميذ نسخاً متشابهة عن بعضهم في عمليات الحفظ والاسترجاع، وما لم يعد النظر في نوعية المواد الدراسية ومحتواها وأهدافها ووسائل توصيلها للتلاميذ فستظل حبيسة أسباب عتيقة بعيدة عن حضارة العالم. (القذافي، 1996، 131 - 132)

8- عند مناقشة الأعمال الابتكارية للأطفال يبدو أن أذهان المدرسين تكون مشغولة بالاتجاهات النقدية (البحث عن الخطأ)، بدلاً من البحث عن القدرات الإبداعية. (خير الـلـه، الكناني، 1983، 241)

4 - تربية الإبداع في المدرسة الحديثة:

لقد ركزت الأبحاث المبكرة حول الإبداع على التفكير الإبداعي، ومع ذلك فمن الواضح أن الأطفال يبدعون عندما يرغبون في الإبداع، وعندما يشعرون بقدرتهم على الإبداع، والمدرسة لها الدور الرئيسي في تنمية الإبداع عند طلابها، على الرغم من أن التقاليد المدرسية والممارسات التقليدية في حجرة الدراسة غالباً ما تكون عقيمة، ومع ذلك فإن مهمة المعلم تكمن في تنمية الخصائص الإبداعية لدى الطلاب في الفصل المدرسي. (وهبة، أبو سنة، 1999، 96)

وتبدو هذه المهمّة عسيرة التنفيذ ما لم يكن المعلّم نفسه يمتلك المهارات الإبداعيّة،

91

والقدرة على اكتشاف المبدعين، واستخدام التكنولوجيا الحديثة (الحاسوب، الانترنت)، وأساليب التدريس المنمّية للقدرات الإبداعيّة لدى التلاميذ؛ ولذلك فإن من المفيد التطرّق للحديث عن دور المعلم في تربية الإبداع وتنميته.

رابعاً - المعلّم وتربية الإبداع:

لا يمكن للمعلّم أن ينمي القدرات الإبداعيّة لدى تلاميذه إذا لم يكن هو نفسه معلماً مبدعاً، ولهذا فإن مسألة اختيار المعلّم، وإعداده وتأهيله، ومن ثم مواكبته لمستجدات العصر تعد من الشروط اللازمة لمعلم العصر المعلوماتي، كي يؤدي الأدوار المنوطة به في عصر التقدم العلمي والتكنولوجي، والتغير الثقافي السريع، ولا بأس هنا من عرض بعض الخصائص والسمات التي يجب أن يتسم بها المعلم المبدع في هذا العصر، والأدوار المنوطة به لتنمية إبداع تلاميذه.

أ - خصائص المعلّم المبدع:

1- القدرة على التحليل والتجميع: حيث أن التجميع مضر إذا لم يترافق مع التحليل، فجمع المعلومات، وتحليلها بمشاركة الطلاب من أهم الأساليب التي تشجع الطلاب على التفكير الإبداعي.

2- أن يعطي مجالاً للتفكير الحدسي، وأن ينمي لدى التلاميذ الحساسية للمشكلات والاستعداد لقبول التحديات الفكرية دون خوف أو رهبة. (عاقل، 1983، 175)

3- أن يكون لديه الروح التعاونية.

4- حث الطلاب على التعلم دون معونة الآخرين.

5- دفع الطلاب إلى أن يتحكموا في المعرفة الواقعية؛ ليكون لهم أساس متين للتفكير الافتراضي.

6- حث الطلاب على العمل في موضوعات غير عادية.

7- الاهتمام بأسئلة الطلاب واقتراحاتهم.

8- إعطاء الطلاب الفرص لكي يختاروا مواد متباينة تحت ظروف متباينة.

9- تنمية التقييم الذاتي لدى الطلاب.

10- مساعدة الطلاب على احتمال الإحباط والفشل ؛ حتى تتكون لديهم الشجاعة على المحاولة من جديد. (أبو سنة، وهبة، 1999، 100)

11- مشاعر الطالب لها الأهمية نفسها، مثل معارفه أو معلوماته تماماً، ويجب على المعلم أن لا يسرق الابتسامة من شفتيه، ولا يعتصر البهجة من وجدانه، وإذا رأى جانباً غامضاً في تفكير تلميذه، فعليه أن يساعده في البحث عن جوانب أخرى متعددة تكون أكثر تفتحاً وإشراقاً، وهو بذلك يكسب تلميذاً مبدعاً.

12- أن يجعل من الاختبار أداة وأسلوباً لتطوير منهجه، وليس قيداً. (حجاري، 2001، 70)

ويرى آخرون مثل سلسك (1975) وسيلي (1979) أن ثمة معارف ومهارات مطلوبة للمعلمين، منها:

1- معرفة طبيعة الأطفال المبدعين واحتياجاتهم.

2- معرفة التطورات الحديثة في مجال التعليم بالنسبة للإبداع.

3- معرفة الأبحاث الجديدة.

4- المعرفة العميقة بتخصصاتهم.

5- معرفة النمو النفسي للطلاب وتقنيات التدريس.

أما عن المهارات فهي: التشخيص - الإرشاد - إجراء التجارب التي تسهل بروز الإبداع - الحث على الإبداع - تكوين مناخ في الصف يسمح بالإبداع. (أبو سنة، وهبة 1992، 101)

ب - أدوار المعلم في تنمية الإبداع:

1- دور المعّلم في الكشف عن التلاميذ المبدعين:

يتميّز المبدعون بعدد من الصفات العقليّة والنفسيّة والشخصيّة التي يمكن أن تساعد المعلّم على اكتشافهم ورعايتهم، ومن تلك الصفات:

1- غريبو الأطوار، وغير مرغوب فيهم في غرفة الصف، وتحررهم العقلي، وقيمهم المختلفة قد تقودهم إلى أن يكونوا معيقين.

2- لهم طرائقهم الخاصة في النظر إلى الأمور، وهذا يقودهم إلى أسئلة غريبة وغير متوقعة في أوقات غير مناسبة ؛ مما يبعث الضيق في نفس المعلم العادي.

3- قد يرون إمكانات في مسألة أو تجربة يعالجها المعلم لم تخطر للمعلم في بال عندما حضر درسه.

4- قد يواجهون موقفاً عدائياً من المعلم. (عاقل، 1983، ص150)

5- يبدو عليهم الثقة في القدرة على تنفيذ ما يريدون.

6- لا يتبعون الأساليب الروتينية في أعمالهم.

7- مثابرون ولا يستسلمون بسهولة.

8- لا يقدرون كثيراً النظام التقليدي المدرسي.

9- يمتلكون قدرة كبيرة على تحمل المسؤولية.

10- لا يتكيفون مع رفاقهم، ولا يسايرونهم.

11- تبدو عليهم الرغبة في التفوق الأكاديمي.

12- لديهم ميول متعددة، منها الميل الفني والأدبي.

13- يستخدمون طرقاً غير مألوفة لدى الآخرين في إنجاز ما يكلفهم إياه المعلمون من أعمال.

14- يفضلون التنافس على التعاون.

15- لديهم دافعية مرتفعة للإنجاز.

16- لديهم حماس وجدية مرتفعة في الأداء. (الشامي، 2001، 88 - 89)

وتمرّ عمليّة الكشف عن التلاميذ المبدعين بمراحل عدّة هي:

1- «يقوم المعلّم بتحديد التلاميذ الذين تنطبق عليهم سمات المبدعين وخصائصهم، مثل إظهار روح التقصّي والاكتشاف، والأفكار التي تثير الدهشة، وتفضيل الواجبات العلميّة الصعبة.

2- يشارك الرفاق من التلاميذ بتحديد التلاميذ الذين يعتقدون أن خصائص الإبداع تنطبق عليهم، مثل حلّ المسائل الرياضيّة، والاهتمام بالموضوعات العلميّة والأدبيّة.

3- استخدام اختبار قراءة لقياس مهارات القراءة المختلفة.

4- تحديد التلاميذ الذين لهم اهتمامات رياضيّة عاليّة، ولهم اهتمام كبير بمادّة الرياضيّات.

5- تطبيق اختبارات خاصّة بالإبداع والتفكير الإبداعيّ على التلاميذ» (هويدي، 2002، 224).

2 - دور المعلّم في إطلاق القدرات الإبداعيّة للتلاميذ:

إن للمعلم الدور الرئيسي في إطلاق القدرات الإبداعية لدى التلاميذ: ويرى تورانس أن المبادئ الخمسة التي يستخدمها المعلم في تدريب التلاميذ على الابتكار هي:

1- احترام أسئلة التلاميذ التي يسألها للمعلم.

2- احترام خيالات التلميذ التي تصدر عنه.

3- الإظهار للتلاميذ أن لأفكارهم قيمة.

4- السماح للتلاميذ بأداء بعض الاستجابات دون تهديد بالتقويم الخارجي.

5- ربط التقويم ربطاً محكماً بالأسباب والنتائج. (حجازي، 2001، 70)

واقترح تورانس اقتراحات للمعلمين يمكن إتباعها في تدريب الأطفال على التفكير الابتكاري وتنميته لديهم، ومن هذه الاقتراحات:

1- أن يعرف المعلمون المقصود بالابتكار، وطرق قياسه بوساطة الاختبارات (الطلاقة المرونة - الأصالة)، وأن يعرفوا الفرق بين التفكير المطلق Pivergent، والتفكير المحدد Convergente، وكيفية استخدام هذه الاختبارات.

2- أن يكافئ الطفل عندما يظهر فكرة جديدة، أو يواجه موقفاً بأسلوب ابتكاري.

3- أن يشجع التلميذ على استخدام الأشياء أو الموضوعات والأفكار بطرق جديدة تساعد على تنمية الابتكار لديه، وتحقق نمو قدراته الابتكارية.

4- ألا يجبر الأطفال على استخدام أسلوب محدد في حل المشكلات التي تواجههم، أو في مواجهة المواقف التي يتعرضون لها.

5- أن يقدم نموذجاً جيداً للشخص المتفتح ذهنياً في المجالات المختلفة. (بلقيس، مرعي، دون تاريخ نشر، 407)

6 - أن يظهر رغبته في إيجاد الحلول الجديدة عندما يقوم بمناقشة استجابات الأطفال في موقف معين.

7- أن يخلق المواقف التعليمية التي تستثير الابتكار عند الأطفال، كأن يتحدث عن قيمة الأفكار الجديدة، أو التي تبدو غريبة، وأن يقدم للأطفال أسئلة مفتوحة.

8- أن يشجع الأطفال على الاطلاع على مبتكرات الأدباء والشعراء والفنانين والعلماء، مع عدم الإقلال من تقدير مبتكرات الطلاب الخاصة.

9- أن يشجع الأطفال على الاحتفاظ بأفكارهم الخاصة، وتسجيلها في كراسات خاصة بهم، أو في بطاقات للأفكار.

10- أن يشجع الأطفال على تطبيق أفكارهم الابتكاريّة، وتجريبها كلما أمكن ذلك.

11- أن ينمي مفهوم ذات إيجابي لدى الطلبة. (قطامي، 2001 ، 507)

ويلخص تورانس المشكلات التي يواجهها المعلم الذي يرغب في تشجيع التفكير الابتكاري عند التلاميذ فيما يلي:

- قد يقترح التلاميذ حلولاً غير متوقعة للمسائل أو المشكلات ؛ مما يؤثر في تخطيط المدرس لدرسه.

- قد يدرك التلاميذ علاقات لم يفطن لها المعلمون أنفسهم، وغيرهم من خبراء المادة الدراسية.

- قد يسأل التلاميذ أسئلة يعجز المعلمون عن الإجابة عنها.

- قد يميل المعلم إلى إخبار التلاميذ بالحل الجاهز اختصاراً للوقت.

- ضغط الوقت ومشكلات الجدول الدراسي تحول دون مناقشة ما يطرحه التلاميذ من أسئلة.

- أحياناً يكسب المعلم تلاميذه سلوك المسايرة ؛ حتى يمكنهم من النجاح في حياتهم العملية. (حجازي، 2001، 72)

ويمكن للمعلّم تيسير الإبداع عند تلامذته من خلال:

1- إثابة أنواع متعددة من المواهب ومكافأتها.

2- مساعدة التلاميذ على تقدير قيمة مواهبهم الإبداعية.

3- تعليم التلاميذ استخدام طرق (حل المشكلة الإبداعية).

4- تنمية التقبل الإبداعي للحلول الواقعية في المواقف المشكلة.

5- تجنب التركيز الخاطئ على دور محدد لكل من الجنسين.

6- مساعدة التلاميذ المتفوقين في الإبداع على أن يصبحوا أقل تعرضاً للرفض.

7- تقديم الجوائز المدرسية للمفكرين بطريقة إبداعية.

8- الإقلال من العزلة التي تحيط بالتلاميذ المتفوقين والمبدعين.

9- توفير المشرفين والمرشدين الذين يتبنون بعض المتفوقين في الابتكار من التلاميذ.

10- مساعدة التلاميذ المتفوقين في الإبداع على تعلم التوافق مع أنواع القلق والمخاوف.

11- مساعدة التلاميذ المتفوقين في الإبداع على تنمية الشجاعة في تقبل القلق الناتج عن الشعور بوجودهم ضمن أقلية صغيرة، وعلى ارتياد الأشياء غير المؤكدة واستكشافها. (عيسى، 1993، 315).

3 - دور المعلّم في استخدام الحاسوب والانترنيت في تنمية الإبداع:

من الضروري التعرف إلى خصائص الحاسوب حتى يمكن الاستفادة منه، فالحاسوب لا يملك قدرة خاصة على التفكير، كما لا يمتلك معلومات خاصة به.

إن قوة الحاسوب التي تكمن في قدرته على معالجة عدد كبير من المعلومات المعطاة له بدقة عالية يمكن أن تثير التفكير وتحفزه.

إن الحاسوب يمكنه أن يسهل لنا عمليات التفكير من خلال العمليات المنطقية التي يمكنه أن يقوم بها، بالإضافة إلى ذلك فإن البرامج الكثيرة المتعددة التي تتوافر في الحاسوب تساعد التلميذ في حل بعض العقد التفكيرية؛ مما يطور مهارات حل المشكلة.

وهناك العديد من الجوانب التي يمكن أن يسهم الحاسوب من خلالها في تنمية التفكير الإبداعي، ومنها:

1- **معالجة الكلمات Wasdprocessal:** يمكن أن يوفر معالج الكلمات وسطاً يستطيع التلميذ أن يقترح الأفكار والكلمات فيه، وبالتالي ينمي التركيز على معنى الكلمات، كما ينمي مهارات التحرير مدعماً بالقصص والصور التي يمكن أن يزود بها الحاسوب التلميذ.

2- **قاعدة البيانات Dotabase:** توفر قاعدة البيانات الفرصة للتلاميذ للبحث عن أجوبة لكثير من أسئلتهم في المجالات التي توجد فيها معلومات في الجهاز، كما

يمكن أن تسهل لهم الطريق للحصول على المعلومات في موضوعات مختارة، فهناك برامج حاسوبية تستطيع تحليل البيانات وعرضها على شكل رسومات بيانية وأشكال تسهل الفهم والتعامل مع البيانات، الأمر الذي يتيح للتلميذ التعامل مع كمية كبيرة من المعلومات، وهكذا فإن هذه البرامج تشجع التلاميذ على إثارة التساؤلات، واقتراح الفرضيات، واختبارها في ضوء توافر قواعد البيانات. (الحارثي 2001).

ويمكن للحاسوب أن يساعد في تنمية الإبداع من خلال:

1- كونه وسيلة طبيعية لتنمية عادات التفكير المجرد، حيث يمكن للحاسوب أن يجسد المفاهيم المجردة؛ لذا فهو وسيلة فعالة لعبور العقبة الكبرى التي تتمثل في انتقال التلميذ من مرحلة الطفولة إلى مرحلة النضج، واجتياز الحد الفاصل بين التفكير الذي يتعامل مع الأشياء المادية وشواهد العالم المدركة حسياً، والتفكير الذي يتعامل مع المجردات والرموز.

2- يساعد الحاسوب في نمو القدرة على التفكير المنطلق، إذ يتيح للذهن التعامل مع عدة بدائل محتملة في الوقت نفسه.

3- يساعد الحاسوب في تنمية التوافق العضلي والحركي والذهني. (حسين، 2000).

4- يساعد الحاسوب في تقديم برامج إثرائية في المناهج كافة.

5- تقديم التغذية الراجعة للطفل المبدع؛ مما يجعله أكثر ثقة وأكثر رضا عن ذاته. (العزة، 2000).

6- بالإضافة إلى إمكانية استخدام العديد من البرامج الإذاعية من خلال الحاسوب، والتي يمكن أن تساعد في تنمية الإبداع.

- أما بالنسبة للانترنيت: فقد بينت كثير من الدراسات أن الدور الذي يقوم به في

تشجيع البحث، وإثارة الدافعية للتعلم يوفر جواً تعليمياً حراً، وغير مقيد بزمان ومكان؛ مما يجعل التعليم مفتوحاً وممتعاً، ويشجع الطلبة على إبراز قدراتهم وإبداعاتهم. (سعادة، السرطاوي، 2003، ص226).

وبما أن التعليم أصبح يركز على اكتساب الطالب مهارات البحث الذاتي، والاتصالات، ويشجع على بلورة مواهبه، وتفجير طاقاته، وتنمية إبداعاته ؛ لذا يعد الانترنيت وسيلة هامة لتفاعل الطالب مع العملية التعليمية، وليس متلقياً فحسب، بالإضافة إلى جعله مبتكراً خلاقاً منتجاً ؛ حيث يمكن عن طريق (الانترنيت) إشراك الطالب في المعلومات، وإتاحة الفرصة أمامه كي يفكر، ويبتكر، وينتج شيئاً جديداً. (دروزة، 2000، ص207).

4- **دور المعلّم في استخدام أساليب تدريسيّة تساعد على تنمية الإبداع:**

من الأساليب التي ثبت فاعليتها في تنمية التفكير الإبداعي لدى التلاميذ الأساليب الآتية:

أ- **استخدام نشاطات مفتوحة النهاية:** فالنتائج والإجابات غير المعروفة تتيح الفرصة أمام التلميذ كي يجتهد، ويفترض، ويختبر ؛ ليصل إلى النتيجة، ويتأكد من صحتها، وكل هذا يسهم في توفير مناخ إيجابي للإبداع عند التلاميذ، فهناك نشاطات متعددة في مختلف المواد الدراسية يمكن أن تحفز التلميذ للعمل على الوصول إلى نتائج بالاعتماد على جهده، والوصول إلى حلول للمشكلات التي ينبغي عليه حلها.

ب- **استخدام طريقة التقصّي والاكتشاف:** وهذه الطريقة تسهم في جعل التلميذ يتعلم ذاتياً، ويتحلى بسلوك الباحث، من حيث تحديد المشكلة، ووضع الفروض، واختبارها للتأكد من صحتها، والوصول إلى نتائج يمكن تعميمها.

ج- **استخدام الأسئلة المتباعدة:** فمثل هذه الأسئلة يمكن أن تفسح المجال أمام التلميذ

للتفكير باتّجاهات مختلفة، كما تهيئ له الجو للانفتاح العقليّ، واستخدام القدرات الإبداعيّة، ومن تلك الأسئلة: ماذا يحدث لو انعدمت الجاذبية الأرضية ؟

د- **الألغاز الصوريّة:** ويتمثل هذا الأسلوب بقيام المعلم بعرض صورتين متماثلتين، مع وجود بعض الفوارق، ويطلب من تلاميذه بيان أوجه الاختلاف بين الصورتين، أو عرض صورتين مختلفتين، مع وجود بعض أوجه التشابه، ويطلب من تلاميذه تحديد تلك الأوجه.

هـ- **الألعاب العلميّة:** وتعمل هذه الألعاب على تنشيط العقل، وإثارة التفكير، وإيجاد الحلول، ومن بين الأمثلة على تلك الألعاب: تحويل شكل مؤلف من سبعة مربعات إلى خمسة مربعات بتغيير موقع ثلاث أضلاع فقط من مكانها، وتستخدم في هذه اللعبة أعواد الثقاب.

و- **جلسات عصف الدماغ:** وفي هذا الأسلوب يقوم المعلم بطرح سؤال على التلاميذ الذين يقومون بتقديم الإجابات والأفكار دون خضوع تلك الإجابات للتقويم ؛ لأن انتقاد الأفكار عند طرحها قد يؤدي إلى الإحباط، ويمنع من توليد أفكار جديدة، وتعتمد جلسات عصف الدماغ على مبدأين، هما: تأخير النقد إلى ما بعد استكمال توليد الأفكار، زيادة عدد الأفكار المطروحة يؤدي بالنهاية إلى توليد أفكار تتصف بالأصالة والجدة. (هويدي، 2002، 225 - 227).

الخاتمة:

وفي الختام لابد من الإشارة إلى عدد من النقاط، من أبرزها:

• أن تنمية التفكير الإبداعي لدى الطلبة أصبح مطلباً تربوياً ملحاً.

• لا يمكن تنمية التفكير الإبداعي في جو يعتمد الرتابة والنمطيّة ؛ وبالتالي لابد من سيادة مناخ مدرسي جديد يسهم في تفتيق القدرات الإبداعيّة لدى الناشئة.

- للمعلم دور كبير في تسهيل النمو الإبداعي لدى التلاميذ ؛ وهذا يستدعي العمل على إعداد معلمين مبدعين قادرين على كشف قدرات التلاميذ الإبداعية، ورعايتها في المجالات المختلفة.

- هناك أساليب تساعد على تنمية الإبداع، وعلى المشرفين والموجهين اعتمادها، والتشجيع على استخدامها.

- هناك وسائل تقنية حديثة يمكن أن تسهم في تنمية المهارات الإبداعية للتلاميذ كالحاسوب والانترنت، وعلى المدارس تشجيع استخدام مثل تلك التقنيات.

- اعتماد المتعلم على نفسه يكسبه الخبرة في حل المشكلات التي تواجهه، ويفتق لديه قدرات إبداعية كامنة.

- توفير جو مدرسي حر وديمقراطي تحترم فيه شخصية الطفل يساعد على تفجير طاقات الطفل الإبداعية.

وأخيراً يمكن أن نقول: أن النقاط السابقة تستدعي إعادة النظر في العملية التربوية برمتها من حيث المناهج، والوسائل والتقنيات، والطرائق والأساليب، وأنماط التقويم، واختيار المعلمين وإعدادهم وتدريبهم.

مراجع البحث

المراجع العربية:

أبو سنة، منى، ووهبة، مراد (1999): الإبداع في التعليم، القاهرة: دار قباء للنشر والطباعة والتوزيع.

بلقيس، أحمد، ومرعي، توفيق (دون تاريخ نشر): الميسر في علم النفس، عمان: دار الفرقان.

جمال الدين، هناء، وعبد السميع، داود (1997): أثر الكمبيوتر على تنمية مهارات التفكير الابتكار لدى التلاميذ، مجلة تكنولوجيا التعليم، العدد4،

حروان، فتحي عبد الرحمن (1998): الموهبة والتفوق والإبداع، العين: دار الكتب الجامعي.

الحارثي، إبراهيم أحمد (2001): تعليم التفكير، الرياض: مكتبة الشقيري.

حسين، محمد عبد الهادي (2001): أثر برنامج باستخدام الحاسب الآلي في تنمية التفكير الابتكاري لدى الأطفال، رسالة دكتوراه غير منشورة، القاهرة جامعة عين شمس.

حجازي، سناء محمد نصر (2001): سيكولوجيا الإبداع، القاهرة: دار الفكر العربي

علي، حوارنه، وإبراهيم، القاعود (1996): أثر التعليم بواسطة الحاسوب في تنمية التفكير الإبداعي، جرش للبحوث والدراسات، العدد الأول.

خير الله، سيد، والكناني، ممدوح (1983): سيكولوجيا الإبداع بين النظرية والتطبيق، بيروت دار النهضة العربية.

الخطيب، فريد (2000): التفكير الإبداعي وماهيته، رسالة المعلم، (40) عمان: وزارة التربية والتعليم الأردنية.

دروزة، أفنان نظير (2000): النظرية في التدريس وترجمتها عملياً، عمان: دار الشروق.

زهران، حامد (1990): علم النفس النمو، القاهرة: عالم الكتب.

سعادة، جودت، والسرطاوي، عادل فايز (2003): استخدام الحاسوب والانترنيت في ميادين التربية والتعليم، الأردن: دار الشروق.

الشامي، جمال الدين محمد (2001): المعلم وابتكار التلاميذ، الإسكندرية، دار الوفاء للطباعة والنشر.

العزة، سعيد حسني (2000): تربية الموهوبين والمتفوقين، عمان دار الشروق.

عيسى، حسن أحمد (1993): سيكولوجيا الإبداع بين النظرية والتطبيق، مصر، المركز الثقافي في الشرق الأوسط.

عيسوي، عبد الرحمن (دون تاريخ نشر): سيكولوجيا الإبداع، بيروت، دار النهضة العربية.

عاقل، فاخر (1983): الإبداع وتربيته، بيروت، دار العلم للملايين.

غانم، محمود محمد (2001): التفكير عند الأطفال تطوره وطرق تعليمه، عمان، دار الفكر.

قطامي، يوسف وقطامي، نايفة (2001): سيكولوجيا التدريس، الأردن، دار الشروق.

قطامي، نايفة (1996): التفكير الإبداعي، عمان: منشورات جامعة القدس.

القذافي، رمضان، (1996): رعاية الموهوبين والمبدعين، دار صفاء للنشر والتوزيع، عمان.

الملا، بدرية، والمطاوعة، فاطمة (1997):دراسة لمجموعة من العوامل التي تعيق تعليم مهارات التعبير الإبداعي على المرحلة الإعدادية، مجلة مركز البحوث التربوية، العدد 12.

هويدي، زيد (2002): مهارات التدريس الفعال، العين، دار الكتاب الجامعيّ.

المراجع الأجنبية:

Caballere, J. (1995) promoting creative confrontation Journal of computer Assisted learing.

Reprinted (1950). Teaching creatie art in schools, Rosalind and orttureceott, london, Evans Brottsers limited montague House, Russell square, W.C.T.

ROSS Elinor (1998). Patter ways to think; :strategies for Developing independent learning K-8, Expanded Professional version. Christopher -Gordon Publishers Inc.

الفصل الخامس

أثر أسلوب حل المشكلات في تنمية القدرات الإبداعية لدى تلاميذ الصف السادس الابتدائي

لقد تزايد خلال العقدين الماضيين الاهتمام بتنمية القدرات الإبداعية لدى المتعلم وضرورة البحث عن أساليب تسهم في تنمية تلك القدرات، لذا تعددت المداخل والأساليب التي تحقق ذلك الهدف، ويعد أسلوب حل المشكلات من أبرز الأساليب التي من خلال يمكن للمتعلم أن ينظم عملياته العقلية في معالجة الموقف المشكل، وخاصة المشكلات التي لم يسبق له المرور بها، لأنه يشجع المتعلم على الاكتشاف ومواجهة المشكلات المختلفة في الحياة، كما أنه يمكن تطبيقه في المواقف الحياتية كافة، وانتقال أثر التدريب عليه من موقف لآخر.

ويرى بعض الباحثين أن الاهتمام بأسلوب حل المشكلات بدأ على يد جون ديوى (1910م) من خلال كتابه كيف نفكر، ثم زاد الاهتمام بصورة واضحة عام 1945، وذلك من خلال العددي من الدراسات التي قام بها ورثيمر (Wetheemer: 1945)، والدراسات التي قام بها جراهام والز (Garaham Wallas)، إذ حدد في كتابه فن التفكير مراحل حل المشكلات، ثم تم تبني هذا الأسلوب كثير من المنظمات والمراكز التي تهتم بتنمية القدرات الإبداعية في الولايات المتحدة الأمريكية وغيرها من الدول (Ching & Ruey: 2002, p35).

وبالرغم من إجماع الباحثين على أن هذا الأسلوب بدأ الاهتمام به حديثاً إلا أن المتأمل في السنة النبوية يجد أن هذا الرأي يحتاج إلى إعادة نظر، لأنه سيجد نفسه أمام

عدد من المواقف التي استخدم فيها الرسول ﷺ أسلوب حل المشكلات عندما تواجهه أو تعرض عليه مشكلة ما، ومن ذلك أنه ﷺ استخدمه عندما ظهرت مشكلة سماع الأذان، إذ أن المسلمين كانوا يتحينون الصلاة ويقدرون لها، فهمهم الأمر فبحثوا لهم عن شعار يميزهم في عبادتهم عن غيرهم من الأديان، فاجتمع الرسول ﷺ مع صحابته ﷺ لدراسة المشكلة، فبدأت الاقتراحات «عن أبي عمير بن أنس عن عمومه له من الأنصار قال: اهتم النبي ﷺ كيف يجمع الناس، فقيل له انصب راية عند حضور الصلاة، فإذا رأوها آذن بعضهم بعضاً، فلم يعجبه ذلك، قال: فذكر له القنع يعني الشبور، وقال زياد: شبور، اليهود فلم يعجبه ذلك وقال: ومن أمر اليهود قال: فذكر له الناقوس فقال: هو من أمر النصارى، فانصرف عبد الله بن زيد بن عبد ربه وهو مهتم لهم رسول الله، فأرى الآذان في منامه، قال: فغدا على رسول الله ﷺ فأخبره: فقال له يا رسول الله إني لبين نائم ويقظان إذ أتاني آت فأراني الأذان، قال وكان عمر بن الخطاب رضي الله عنه قد رآه قبل ذلك فكتمه عشرين يوماً، قال: ثم أخبر النبي ﷺ فقال: ما منعك أن تخبرني، فقال: سبقني عبد الله بن زيد فاستحيت، فقال رسول الله ﷺ: قم فانظر ما يأمرك به عبد الله بن زيد، فأفعله قال: فأذن بلال... ». (رواه أبو داود، وأصله في الصحيحين).

يتبين من هذا الحديث حرص الرسول ﷺ على تدريب صحابته على حل المشكلات التي تواجههم عن طريق توفير بيئة مشجعة للتفكير تسمح بإعطائهم فرصة للتفكير والاستماع بإنصات لجميع وجهات النظر والحلول المحتملة للمشكلة وإن كانت متباينة دون توجيه نقد لصاحبها؛ لأنه استمدها من ديانات أو مجتمعات مغايرة للمجتمع الإسلامي، إلى أن استطاعوا الوصول إلى حل جديد للمشكلة لم يسبق إليه أحد، ويتناسب مع معتقدهم وهويتهم، ولاشك بأن هذا يمثل حلاً إبداعياً للمشكلة.

واليوم ينظر التربويون إلى أسلوب حل المشكلات باعتباره «طريقة تمكن الطلاب من تعلم مفهومات علمية جديدة وباعتباره طريقة تتحدى أبنيتهم المعرفية السابقة،

وتتحدى الأطر المرجعية المعتادة من خلال طرح مشكلات جديدة في مواقف جديدة تجبر الطلاب على التفكير المتشعب Divergent thinking والتعمق ومراجعة مفهوماتهم السابقة في ضوء ذلك مما يؤدي إلى تنمية القدرات الإبداعية، وتنمية الثقة بالنفس، وتنمية روح المغامرة وحب الاستطلاع والسعي لارتياد المجهول». (الحارثي: 2000، 92). كما «أن أسلوب حل المشكلات يعطي للطلاب دوراً أكثر فاعلية للمشاركة في جميع أوجه الحياة في هذا العالم المتغير».(Britz, 1993, 12).

ويرى خير الله، والكناني (1983، 215) «أن أسلوب حل المشكلات ليس إلا نوعاً من التعلم يشبه في طبيعته الأنواع الأخرى التي تتضمن علاقات معقدة، ويخضع للقوانين نفسها التي تخضع لها، فالفرد الذي يعمل على حل مشكلة لديه دافع لمواجهة المشكلة بحيث يحق أهدافه، ويتعلم الحل بما يتفق مع قانون الأثر أو التعزيز، وحل المشكلات في الأساس عبارة عن بحث عن معلومات خاصة بمشكلة لا يتوافر حلها، وإعادة ترتيبها وتقويمها، وهو يستلزم اكتشافاً للعلاقات بين الوسائل والغايات أكثر مما تستلزم أشكال أخرى من التعلم، والاختلاف في الدرجة لا في النوع».

وينادي كل من جاك (Gack: 1986, 100) وكرلك (Krelik: 1977: 52) بضرورة التدريب المبكر للمتعلم منذ الصغر على أسلوب حل المشكلات لأنه يساعده على مواجهة التحديات ويمكنه من تحقيق التوافق في حياته وتحقيق أهدافه.

وتأتي هذه الدراسة للكشف عن أهمية التخطيط المبكر لتدريب التلاميذ على أسلوب حل المشكلات، وأثره في تنمية قدراتهم الإبداعية، وخاصة بعد تزايد التوصيات في العالم العربي التي تنادي بذلك مثل: دراسة قناوي: (1993م)، ودراسة يوسف وفخرو: (1996م).

1- إن تنمية القدرات الإبداعية أصبح من الأهداف العامة لمشاريع تطوير التعليم في كافة الدول العربية، وقد تسهم هذه الدراسة في الكشف عن فاعلية هذا الأسلوب في تنمية القدرات الإبداعية لدى التلاميذ.

2- إن هذه الدراسة تتناول تنمية قدرات التلاميذ في مرحلة عمرية هامة إذ تعد مرحلة الطفولة المتأخرة من أهم مراحل حياة المتعلم من حيث أنها مرحلة أساسية في تشكيل عقله وشخصيته، لذا يجب البحث عن أفضل الأساليب التي تحقق تنمية قدراته الإبداعية.

3- تحديد مستوى القدرات الإبداعية لدى تلاميذ الصف السادس بعد تدريبهم على أسلوب حل المشكلات.

4- تعد هذه الدراسة مكملة لسلسلة الدراسات التي تهدف إلى الكشف عن السبل التي تساعد في تنمية القدرات الإبداعية لدى التلاميذ.

أسلوب حل المشكلات:

يعرفه فرج، وآخرون (1999، 80) «بأنه إحدى طرق التعليم الذي يأخذ فيها المتعلم دوراً نشطاً وفعالاً حيث يواجه بموقف محير أو أسئلة جديدة تتحدى تفكيره، وتتطلب حل، فيفكر ويستخدم أساليب الملاحظة وفرض الفروض والتجريب... الخ في سبيل التوصل إلى تفسيرات وحلول مقبولة تدعمها الأدلة والوقائع بالنسبة لهذه المشكلة، وذلك تحت إشراف وتوجيه المعلم».

وتعرفه الناشف (1999، 73) «بأنه طريقة علمية منظمة تتكون من سلسلة من الخطوات تستخدم لحل المشكلات بأنواعها المختلفة، وتستخدم هذه الطريقة في التعامل مع جميع أنواع العلوم حتى يكون استخدمها ضرورياً ومفيداً، وفي المواقف الصفية وغير الصفية، أي في الحياة اليومية».

ويقصد به في هذه الدراسة أنه أسلوب يعتمد على النشاط الذهني المنظم للطالب يبدأ باستثارة تفكير الطالب بوجود مشكلة ما تستحق التفكير والبحث عن أكثر قدر من الحلول المحتملة وفق خطوات علمية للوصول إلى الحل الأمثل للمشكلة، من خلال ممارسة عدد من الأنشطة التعليمية التي يمكن أن تسهم في تنمية القدرات الإبداعية لدى المتعلم.

القدرات الإبداعية:

تحددت القدرات الإبداعية في هذه الدراسة بـ (الطلاقة، والمرونة، والأصالة، والإضافة أو التوسيع).

الطلاقة: وتشير هذه المهارة إلى قدرة الفرد على إنتاج أكثر عدد ممكن من الأفكار عن موضوع ما في فترة زمنية معينة.

المرونة: وتشير إلى قدرة الفرد على تغيير تفكيره بتغير الموقف الذي يمر فيه بحيث تصدر منه استجابات متعددة لا تنتمي إلى فئة واحدة، أي أن يسلك الفرد أكثر من مسلك للوصول إلى كافة الأفكار أو الاستجابة المحتملة.

الأصالة: وتشير هذه المهارة إلى قدرات الفرد على إنتاج أفكار أو حلول جديدة غير مألوفة للمشكلة، أي أن الفرد الذي يتصف بهذه المهارة لا يكرر أفكار الآخرين.

الإضافة: وتشير هذه المهارة إلى قدرة الفرد على إعطاء إضافات وزيادات جديدة لفكرة معينة. وعليه يوصف التلميذ ذو القدرة على التفاصيل بأنه الذي يستطيع أن يتناول فكرة أو عملاً ثم يحدد تفاصيله، كما يمكنه أن يتناول فكرة بسيطة أو مخططاً بسيطاً لموضوع ما ثم يقوم بتوسيعه ورسم خطواته التي تؤدي إلى كونه عملياً.

الإطار النظري والدراسات السابقة:

إن المتتبع لأسلوب حل المشكلات يجد نفسه أمام نماذج عدة تعرض خطوات أسلوب حل المشكلات وقد يعود ذلك إلى اختلاف المشكلات من حيث الشكل ودرجة التعقيد، وقبل أن نستعرض هذه النماذج ينبغي أن نحدد الشروط التي ينبغي توافرها لتحقيق الحل الإبداعي للمشكلة، وهذه الشروط هي:

- أن يفكر الفرد في أكثر عدد ممكن من الحلول.
- أن يكون الحل غير تقليدي.

- أن يكون لدى المفكر درجة عالية من الدافعية.

- أن يكون صبوراً.

- أن يفكر في اتجاهات متعددة. (Stein: 1975, 35).

وقد ظهرت نماذج عدة تعرض خطوات أسلوب حل المشكلات، نذكر منها: الخطوات الخمس لحل المشكلة التي حددها جون ديوي (1910) في كتابه كيف نفكر (?How we think)، وهذه الخطوات هي:

1- **التعرف على أنه توجد مشكلة:** الوعي بصعوبة ما - الإحساس بالفشل - الحيرة.

2- **تحديد المشكلة:** توضيح وتعرف يتضمن تصميم الهدف للبحث ثم تعريفه بالموقف الذي يمثل المشكلة.

3- **استخدام الخبرات السابقة:** مثل المعلومات المناسبة وحلول معروفة أو أفكار لبناء فروض مقترحة.

4- **اختبار صحة الفروض (الحلول الممكنة):** وقد يعاد صياغة المشكلة إذا كان ذلك ضرورياً.

5- **تقويم الحل:** ويتضمن اشتقاق النتائج العامة بناءً على البرهان، ويتضمن ذلك أيضاً إسهام الحل الناجح في فهم الشخص وتطبيقه من أمثلة أخرى لنفس المشكلة. (البكر: 2002، 271 - 272).

في حين حدد برتز (Brits: 1993) خطوات حل المشكلة بما يلي:

- التعرف على المشكلة.

- إنتاج الحلول باستخدام أسلوب العصف الذهني.

- تحديد الحل الأمثل.

- التأكد من ملائمة الحل للمشكلة.

ووفقاً لقطامي (1990، 595) فقد طور جستن نموذجاً للتدريب على حل المشكلات ووضعه بالصورة التالية:

تحديد المشكلة	:	(1)	حدد المشكلة بالضبط.
الهدف	:	(2)	قرر الهدف.
تأخير الاندفاع	:	(3)	فكر قبل أن تعمل.
توليد البدائل	:	(4)	فكر في عدد من الحلول التي يمكن أن توصل إلى الحل.
تأمل النتائج	:	(5)	فكر في أشياء مختلفة بعد كل حل.
التنفيذ	:	(6)	عندما تعتقد بأنك قد توصلت إلى حل جيد فعلاً قم بتجريبه.
الإعادة	:		إذا لم يكن الحل الأول الذي تم اختياره جيداً. فحاول أن ترجع إلى البداية.

وقدم المفتي (1993، 69) نموذجاً لحل المشكلات تكون من المراحل التالية:

- تحديد أبعاد المشكلة بدقة.
- التركيز على أكثر عناصر الموقف ارتباطاً بالمشكلة.
- إعادة صياغة المشكلة.
- إدراك علاقات جديدة بين العناصر.
- إعادة تنظيم العلاقات.
- إصدار العديد من الحلول المرتبطة بالمشكلة.
- تقديم حلول متنوعة للمشكلة.
- الوصول إلى حلول جديدة للمشكلة.
- نقد وتقويم هذه الحلول.

111

أما كلنتن، وفخرو (2000، 24 - 25) فقد حددا خطوات حل المشكلات بست مراحل هي:

1- الإحساس / الشعور بالمشكلة/ الفوضى.

2- حصر / تجميع المعلومات عن هذه المعضلة/ المشكلة.

3- تحديد المشكلة.

4- تجميع الفكر.

5- حصر الحلول.

6- قبول الحل.

ويمكن القول: أن أسلوب حل المشكلات في الموقف التعليمي يسير وفق الخطوات الآتية:

1- **الشعور بالمشكلة:** وهذه الخطوة مهمة لنجاح هذا الأسلوب، وتعد من الصعوبات التي تكتنف أسلوب حل المشكلات، إذ أن المعلم قد يختار مشكلة سطحية لا تحتاج إلى تفكير كثير من الطلاب. لذا ينبغي أن يختار من المشكلات ما يتناسب مع مستوى الطلاب العقلي، كما ينبغي أن تثير المشكلة تفكير الطلاب، وتدفعهم إلى البحث عن حلول لها.

2- **تحديد المشكلة:** وقد حددت قطامي (2001: 275) مؤشرات تحقق هذه الخطوة واستيعاب طبيعتها ومكوناتها بالآتي:

● فهم الطلبة للمشكلة.

● قدرة الطلبة على تحليل عناصر المشكلة.

● تحقيق المعيار على صورة أداء من قبل الطلبة.

● تفصيل العوامل إلى عناصرها ضمن المشكلة.

ويمكن أن يقبل المعلم الادعاءات الآتية كمؤشر على تحقيق الطلبة للمهارة، وهي:

- أن يختصر المشكلة بكلمات محددة ودقيقة.

- أن يحدد الكلمات المفتاحية التي تشكل مكونات أساسية للمشكلة.

- أن يعدد العناصر في المشكلة.

- أن يعدد مشابهات هذه العناصر في قضايا موازنة.

3- **توليد الحلول المحتملة للمشكلة:** يقوم الطالب في هذه الخطوة بذكر أكثر عدد ممكن من الحلول المتنوعة غير التقليدية، والتعرف على العلاقات التي بينها، ثم تحديد وصياغة عدد منها بصفتها الحلول المحتملة للمشكلة. وعادة ما تتأثر هذه الخطوة بمقدار المعرفة والخبرات السابقة لدى الطلاب، وأيضاً تتأثر بمدى ممارسة الطلاب لهذا الأسلوب. وفي هذه الخطوة يتدرب الطلاب على مهارات التفكير الإبداعي الأساسية. الطلاقة (القدرة على الإتيان بحلول متعددة)، والمرونة (القدرة على توليد بدائل متنوعة والنظر للمشكلة من زوايا مختلفة)، والأصالة (القدرة على إدراك علاقات جديدة، والإتيان بحلول غير تقليدية)، والتفاصيل (القدرة على إضافة تفاصيل للحلول المحتملة)، والحساسية تجاه المشكلات. وينبغي على المعلم أن يوجه انتباه الطلاب إلى ضرورة استخدام جميع المعلومات المعطاة، والخبرات لحل المشكلة.

4- **اختبار الحلول للوصول إلى الحل الأمثل:** وهذه الخطوة تتطلب من الطلاب جمع الأدلة والمعلومات التي تؤيد أو ترفض الحلول التي سبق تدوينها في الخطوة السابقة، وذلك من أجل الوصول إلى الحل الأمثل للمشكلة. ولتنمية مهارات الطلاب في هذه الخطوة، فإن المعلم يطرح عليهم السؤال التالي: هل يمكن التحقق من صحة الحل؟

5- **اختبار الحل الأمثل والتحقق منه:** يقوم الطالب في هذه المرحلة باختبار صحة الحل

أو الفرض الذي توصل إليه والتأكد من مناسبة لحل المشكلة سواءً طريق التجريب أو الملاحظة أو أي أداة أخرى مناسبة.

«وتشكل هذه المراحل نوعاً من التفكير المنطقي في العمليات التي قد يمارسها الفرد لدى معالجة مشكلة معينة، ويمكن الاستفادة منها بإلقاء مزيد من الضوء على استراتيجيات حل المشكلة، بحيث تغدو أقرب للدراسة والفهم، غير أن المتعلم لا يتبع هذا التسلسل بالضرورة عند مواجهة وضع مشكلة، فقد تتداخل هذه المراحل فيما بينها، وتتأثر ببعضها البعض. إن حل المشكلة الناجح يتوقف في جميع الأحوال على توافر شرطين أساسيين، هما الهرمية، أي: الانتقال من المشكلات السهلة إلى المشكلات الأصعب، أو من الحلول البسيطة إلى الحلول المركبة، ومبادئ الاكتشاف، أي: محاولة المتعلم الجادة في البحث عن العلاقات والمبادئ والقواعد والقوانين التي تبطن الحل المرغوب فيه، وتمكن من الوصول إليه.

تأثر تعلم حل المشكلة - كما هو الحال بالنسبة لتعلم المفاهيم - بعدد من العوامل المتنوعة، بعضها يتعلق بطبيعة المشكلة ذاتها، كسهولتها أو صعوبتها أو وضوحها أو مدى توافر المعلومات حولها، وبعضها يتعلق بالمتعلم ذاته، كخبراته السابقة أو قدراته أو أساليب تفكيره أو دافعيته أو مدى ألفته بطبيعة المشكلة أو مدى قدرته على المثابرة وتحمل الغموض.. الخ. إن تفاعل هذين النوعين من العوامل يؤثر في الاستراتيجيات التي يمارسها المتعلم في حل المشكلة التي تواجهه؛ لذا يجب أخذها في الاعتبار عند التدريب على حل المشكلة في الأوضاع المدرسية العادية». (نشواتي: 1986، 454- 455).

ويتطلب تنفيذ هذا الأسلوب وضع الطلاب في مواقف ومشكلات تهمهم ومرتبطة بواقعهم، وفي الوقت نفسه تتحدى تفكيرهم وتدفعهم إلى البحث وجمع المعلومات اللازمة، والتحقق من صحتها من أجل إيجاد حل لها.

وللمعلم دور كبير في إمكانية تحقيق الأهداف المرجوة من استخدام هذا الأسلوب.

إذ ينبغي على المعلم أن يشعر الطلاب بحرية التفكير، وبالأمن النفسي والجسدي من العقاب، كما ينبغي عليه أن يدربهم على كيفية تحديد المشكلة المطروحة بصورة دقيقة، وكيفية صياغة الفروض المناسبة، وتوجيههم نحو الاستفادة من جميع المصادر المتاحة للوصول إلى أكثر عدد ممكن من الحلول مع تجنب التقليد، لأننا لا نعلم أي الحلول أنسب من غيرها قبل القيام بتحليلها واختبارها والمفاضلة بينها.

وعند الحديث عن أسلوب حل المشكلات لابد من التفريق بين أسلوبين لحل المشكلات شاع استخدامها في العملية التعليمية بمفهوم واحد، وهما:

- أسلوب حل المشكلات بطريقة مألوفة.
- أسلوب المشكلات بطرق إبداعية.

فهذان الأسلوبان يختلفان عن بعضهما في الهدف، وفي كيفية تناولها، وفي النتائج المرجوة منها. فأسلوب حل المشكلات بطرق إبداعية يهدف إلى الوصول لحلول جديدة لم يسبق إليها أحد من قبل، كما أن هذا الأسلوب يتطلب تمكن الطالب من مهارات التفكير الإبداعي الأساسية (الطلاقة، والمرونة، والأصالة، والتفاصيل) لكي يستطيع الطالب أن يحدد المشكلة ويدرك أبعادها ومتطلباتها والحلول الممكنة لها، كما أن النتيجة المتوخاة من هذا الأسلوب تتمثل في الوصول إلى حلول إبداعية. أما أسلوب حل المشكلات بطرق مألوفة فإن الهدف منه هو الوصول إلى حل مناسب للمشكلة ولا يشترط فيه الأصالة، كما أن الطالب لا يستخدم أثناء عملية التفكير كافة مهارات التفكير الإبداعي فقد يقتصر على مهاراتي الطلاقة والمرونة؛ لذا فإنه لا يشترط في الحلول التي يتوصل إليها أن تكون إبداعية، بل يمكن أن تقبل وتستحسن الحلول المنطقية وإن كان سبق التوصل إليها من قبل الآخرين مادام إنها تمثل حلاً مناسباً ومرضياً للمشكلة.

الدراسات السابقة:

نظراً لأهمية أسلوب حل المشكلات في تنمية القدرات الإبداعية لدى التلاميذ فقد تم الرجوع إلى تلك الدراسات سواءً العربية أو الأجنبية، وذلك لاستكشاف موقع هذه الدراسة من دراسات وأبحاث هذا المجال، وفيما يلي عرض لهذه الدراسات وفق التسلسل الزمني:

أجرى برودفيت Proudfit (1981) دراسة لمقارنة أثر طريقتين تدريسيتين على أداء تلاميذ الصف الخامس الابتدائي في عمليات حل المشكلات.

وتكونت عينة الدراسة من (24) تلميذاً من الصف الخامس الابتدائي تم تقسيمهم عشوائياً إلى مجموعتين على أن يسألوا أنفسهم مجموعة من الأسئلة وفقاً لنموذج بوليا: فهم المشكلة، تصميم خطة الحل، تنفيذ الحل، مراجعة الحل. المجموعة التجريبية الثانية وفيها يقوم الباحث بتدريب التلاميذ على حل أكبر عدد من المشكلات.

واستخدم الباحث أسلوب المقابلات الفردية للتلاميذ للتعرف على عمليات حل المشكلات لديهم.

ومن أهم النتائج التي توصلت إليها:

1- وجود فروق دالة إحصائياً بين المجموعة التجريبية والضابطة في أداء عمليات حل المشكلات لصالح المجموعة التجريبية.

2- لا توجد فروق دالة إحصائياً بين المجموعتين بالنسبة لفهم المشكلة.

وقام درويش (1983م) بدراسة هدفت إلى دراسة أثر برنامج للتدريب على حل المشكلات العامة بطريقة ابتكارية على تنمية القدرات الابتكارية، وتكونت عينة الدراسة من (236) طالباً من طلاب الصف الأول الثانوي، وتم تقسيمهم إلى مجموعتين تجريبية،

وضابطة، وتوصلت الدراسة إلى تفوق المجموعة التجريبية على المجموعة الضابطة في القدرات الإبداعية.

وسعت دراسة جور وسمرفيلد (Goor & sammehfeld, 1985)، إلى مقارنة أثر أسلوب حل المشكلات بين الطلاب المبدعين وغير المبدعين، وتكونت عينة الدراسة من (227) طالباً تم اختيارهم بطريقة عشوائية، وقد توصلت الدراسة إلى أن مستوى حل المشكلات يتأثر بالقدرات الإبداعية لدى الطلاب.

وقام عبد الرحمن (1985م) بدراسة لمعرفة مدى تأثير استخدام برنامج تدريبي على سلوك حل المشكلة في تنمية بعض قدرات التفكير الابتكاري وهي: الطلاقة والمرونة والأصالة والتفصيلات.

وتكونت عينة الدراسة من أربعة وتسعين طالباً، اختيروا عشوائياً من بين طلاب السنة الثالثة بالشعب الأدبية بكلية التربية - جامعة الأزهر.

وتحددت أدوات الدراسة فيما يلي:

1-   اختبار تورانس لتفكير الابتكاري باستخدام الصورة (ب).

2-   برنامج التدريب على سلوك حل المشكلة.

3-   مقياس المستوى الاقتصادي - الاجتماعي.

4-   استمارة جمع المشكلات.

وتوصلت الدراسة إلى وجود فروق ذات دلالة إحصائية بين المجموعة التجريبية وبين المجموعة الضابطة في القدرات الأربع للتفكير الابتكاري، وهي الطلاقة، والمرونة، والأصلة، والتفصيلات وكانت جميع هذه الفروق لصالح المجموعة التجريبية كما دل ذلك اختبار «ت».

وقام قناوي (1993م) بإجراء دراسة لمعرفة أثر بعض استراتيجيات التدريس العصف

الذهني - الحل الإبداعي للمشكلات - تآلف الأشتات في تنمية القدرات الإبداعية من خلال مادة اللغة العربية بالتعليم الأساسي. وقام الباحث بإعداد ثلاث وحدات متكاملة لطلبة الصف الثاني المتوسط، وقام بتدريسها بنفسه للمجموعات التجريبية الثلاث، وتوصلت الدراسة إلى فاعلية الاستراتيجيات الثلاث في تنمية التفكير الإبداعي لدى المجموعات، وأن إستراتيجية تآلف الأشتات كانت أكثر فاعلية من الإستراتيجيتين الأخريتين.

وهدفت دراسة إبراهيم (1996م) إلى معرفة أثر كل من استراتيجي المجموعات الصغيرة وحل المشكلات في مادة الكيمياء على تنمية التفكير الابتكاري والتحصيل الدراسي والاتجاه نحو المادة لدى طلاب الصف الأول الثانوي العام.

تكونت العينة من (240) طالباً بالصف الأول الثانوي العام بمدرسة ثانوية بمحافظ الشرقية، تم توزيعهم على ثلاث مجموعات بواقع (80) طالباً بكل مجموعة.

المراجع

البكر، رشيد. تنمية التفكير من خلال المنهج المدرسي. الرياض: مكتبة الرشد، ط1، 1422هـ - 2002م.

الحارثي، إبراهيم محمد. تدريس العلوم بأسلوب حل المشكلات بين النظرية والتطبيق. الرياض: مكتبة الشقري، ط1، 1421هـ 2000م.

الحامد، محمد. البكر، رشيد. الحارثي، مسلم، معاجيني، أسامة المشروع المتكامل لتنمية الإبداع في المنهج المدرسي. الرياض: وزارة التربية والتعليم. مركز التطوير التربوي، 1422هـ 2001م.

خير الله، سيد محمد. الكناني، ممدوح. سيكولوجية التعلم بين النظرية والتطبيق. بيروت: دار النهضة العربية، 1983م.

درويش، زين العابدين. تنمية الإبداع. القاهرة: دار المعارف، 1983م.

الشرقاوي: أنور. الابتكار وتطبيقاته. القاهرة: مكتبة الأنجلو المصرية، 1999م.

قطامي، نايفه. تعليم التفكير. عمان: دار الفكر. ط1، 1421هـ ـ 2001م.

قطامي، يوسف. تفكير الأطفال تطوره وطرق تعليمه. عمان: الأهلية للنشر والتوزيع. ط1، 1990م، 1410هـ

قناوى، شاكر. تأثير بعض استراتيجيات التدريس في تنمية القدرات الإبداعية من خلال مادة اللغة العربية بالتعليم الأساسي، رسالة دكتوراه غير منشورة، معهد الدراسات والبحوث التربوية، جامعة القاهرة، 1993م.

كوسه، سوسن عبد الحميد. فاعلية استخدام برنامج معد لتنمية التحصيل والتفكير للبنات جدة، 1421هـ

نشواني، عبد المجيد. علم النفس التربوي. بيروت: مؤسسة الرسالة. ط3، 1986م، 1407هـ

Britz, j. (1993) problem solving in Early childood class rooms. Eric.

Ching, W. Ruey, Y. (2002) The effects of creative problem solving training on creativity, Black well publishersltd. P: 35.

Gick, M. (1986) Prodlem solving strategies, Educational Psychologist, 2-99.

Goor, A. Sommer feld,R. (1985). Acomparison of problem solving processes of creative and – Non – creative students. Journal of Educational psychology. Vol. 77. No,4. PP,495.

Krelik, S. (1977) problem solving some considerations. Arithmetic Teacher, P: 52.

Proudfit, A. (1981) the Examination of problem solving phocesses by fifth – grade children and Effect on problem solving per for mance. Vol. 41,No3, P:3932A.

Stein, M. (1975) simulating creativity, New York: Academic press. P: 35.

الفصل السادس

أهم نظريات الإبداع

أولاً: أهم نظريات الإبداع

ثانياً: التفكير الابتكاري للمتفوقين وعلاقتها بالإنجاز والتحصيل الدراسي التي تؤثر في نمو مواهبه في البيئة الليبية.

إن الطلاب الموهوبين والمتميزين لا تخلو منهم أي صفوف دراسية في مدارسنا؛ مما يستوجب الاهتمام بهم ورعايتهم، عن طريق إشباع حاجاتهم وتوفير إياهم البرامج الدراسية، المتسمة بالإثراء، واستخدام الطرق التعليمية المناسبة معهم، من أجل مساعدتهم على التفتح والنمو والتطور، حتى لا يقعون ضحية سوء الفهم ويعانون العديد من المشكلات النفسية والانفعالية، سواء في البيت أو المدرسة.

لا شك أن العديد من الدول العربية قد قطعت أشواطا هامة في تعميم التعليم وتطويره من الناحية الكمية، وقد أن الأوان أن تتوجه جهودها ونحن في مستهل الألفية الثالثة إلى التطوير النوعي للنظام التعليمي، حتى يؤدي رسالته على أفضل وجه. بحيث ينصب الاهتمام على مشاكل الفروق الفردية بين الطلاب وأخذها بعين الاعتبار في المخططات التربوية والتعليمية؛ عن طريق التصدي لتكييف المقررات والبرامج الدراسية بشكل أو بآخر، كي تستجيب لمختلف فئات الطلاب الذين نصفهم عادة تحت اسم: «الفئات الخاصة».

فعلى الرغم من أهمية الجهود التي تبذلها بعض الدول في هذا المجال، فإنه لا يزال الاهتمام بهذه الفئات الخاصة في بدايته. فهو اهتمام كثيرا ما يوجه إلى فئات الطلاب الضعفاء أو الذين يعانون صعوبات في التعلم، أو الذين يصنفون عادة في خانة «فئات ذوات الحاجات الخاصة». أما الطلاب الموهوبون أو المتفوقون فإن الاهتمام بهم ومساعدتهم ما يزال محتشما، أن لم نقل منعدما، في بعض الدول. وقد لا يتجاوز مستوى الإعجاب والتشجيع بمكافآت مادية تقديرية رمزية في نهاية العام الدراسي؛ في أحسن الأحوال؛ بدعوى أن المتفوقين لا يحتاجون إلى مساعدة، وأنهم قادرون على التفوق في التحصيل الدراسي، بمجرد التركيز والاعتماد على جهودهم الذاتية، ودون ما مساعدة، من قبل المدرسين أو الأخصائيين النفسيين.

وفي حالات كثيرة فإن التلاميذ الموهوبين كثيرا ما لا تكتشف مواهبهم ما لم يظهروا تفوقا في المجال الدراسي. ذلك أنه لا تبدل أي جهود تذكر لاكتشافهم. مما يؤدي إلى الخلط بين التفوق المدرسي والاقتدار الشخصي. وتبعا لذلك فإن الموهوبين لا يجدون اهتماما ورعاية تذكر، مما يعرض مواهبهم إلى الانطفاء، وبذلك تضيع طاقاتهم ولا يستفيد المجتمع من مواردهم التي تعتبر أفضل رأس مال في عالم اليوم.

إن هناك العديد من الموهوبين والمتفوقين من الأطفال والمراهقين الجالسين على المقاعد الدراسية في مدارسنا، دون الاعتراف بضرورة إشباع حاجاتهم. وقد نفذ صبر العديد منهم وسئم انتظار زملائه ليتعلموا المهارات والمفاهيم التي قاموا هم بإتقانها قبل زملائهم منذ سنتين أو أكثر (Gary A. Davis & Sylvia B. Rimm, 1994).

إن بعض الموهوبين يجدون النظام المدرسي نظاما مملا، فيقومون باختلاق الأعذار أو التظاهر بالمرض للتهرب من تفاهاته وبساطته، التي كثيرا ما يرون أنها لا تفيدهم. والبعض الآخر يشعر بضرورة إخفاء أو التستر على براعتهم ومهارتهم، تجاه زملائهم، الذين لا يكنون لهم الود ولا يهتمون بهم. أما البعض الآخر من هؤلاء الموهوبين، فإنهم يغادرون المدارس، كلية إذا كانوا قادرين على القيام بذلك. وهناك فئة أخرى من

الطلاب الموهوبين، قد تتحمل المدرسة، غير أنها في الوقت ذاته تعمد إلى إشباع حاجاتها العقلية والإبداعية أو الفنية خارج التعليم النظامي؛ وهي الفئة المحظوظة، التي وجدت تفهما لإشباع حاجاتها في الوسط الأسري.

إن الأطفال الموهوبين والمتفوقين كغيرهم من الأطفال يعانون العديد من المشكلات التي يعاني منها الأطفال العاديين؛ ولكنهم فضلا عن ذلك يعانون من مشكلات أخرى ناتجة عن تميزهم عن أقرانهم العاديين. ولقد عبرت «هولينجوريت» التي تعتبر الحاضنة والأم لحركة تعلم الموهوبين والمتفوقين في أمريكا عن واقع هؤلاء الأطفال تعبيرا بليغا، عندما وصفتهم بأنهم «أكتاف صغيرة تحمل عقولا كبيرة». وقولها كذلك: «أن الجمع بين عقل الراشد وعواطف الطفل في جسم طفولي، معناه مواجهة صعوبات معينة» (Hollingworth, 1942).

التاريخ معرض لأحوال الأمم، ضعيفها وقويها. وبدراسة التاريخ نتعرف على منابع القوة والضعف. يعلمنا التاريخ أن أهم منابع القوة قيام عدد من أبنائها بتحمل مسؤولية التغيير، فالنقلة الحضارية تتطلب أشخاصاً غير عاديين من حيث الملكات الفردية الذهنية للتفكير في قضايا الأمة وابتكار حلول لها. والمقدرة على ابتكار الحلول يتطلب برنامجاً علمياً يستنفر مهارات التفكير وينميها، لكنه في الوقت ذاته يبدأ بتناول النفس البشرية فيصقل فيها المهارات الحياتية من اكتشاف المرء للطاقات الخاملة فيه فينشطها. لذا تتطلب النقلة الحضارية تقديم برنامج لرعاية فئة خاصة من براعم الأمة. هذه البراعم هي التي تعرف بفئة «الموهوبين». وقد اهتمت عدد من الدول العربية - على تفاوت في تاريخ البداية - بهذه الفئة أسوة بما يتم في الدول المتقدمة.

إن موضوع اكتشاف المتفوقين وحسن استثمارهم أصبح يعد الشغل الشاغل للعديد من الدول المتقدمة في العصر الحديث مما جعلها ترصد الأموال الضخمة في البحث عنهم ورعايتهم وحمايتهم وتشجيعهم بل بذلت المساعي الجبارة لاستقطاب المواهب من الدول الأخرى ومنحتهم أجزل الحوافز، ووفرت لهم فرص الابتكار

والإبداع في مختلف المجالات، لاحظ تانينتبام (Tannenbaum) ضرورة رعاية الموهوبين إكراما للأمة وضرورة للبقاء والاستمرار وأكد علي ضرورة معاملة هذه الفئة من الأطفال كما تعامل الموارد البشرية الطبيعية المغمورة في أنحاء بلدان العالم. حيت أن للأطفال الموهوبين طاقات كامنة. ولاعتبارات أخلاقية تظهر الحاجة إلى تطبيع هذه الطاقات وتدريبها ليكونوا قادة المستقبل، مع تهيئة الظروف المناسبة لإظهار السلوك التنافسي الإيجابي ليشعر فيه الطالب بالربح والخسارة، ومناقشة إبداعات الطلاب وتحديد مستواه باستعمال اختبارات تحديد المستوى للأطفال الموهوبين (محمود 1994، ص 80-81).

ونحن لازلنا فيه لا نولي رعاية للموهوبين واكتشافهم الأهمية الكافية الأمر الذي أدي إلى انطفاء هذه الشعلة لدي الكثير من أبنائنا. في حين أننا لا نعرف علي وجه الدقة عدد الأطفال ذوي المواهب الممتازة في الجماهيرية لأن اغلب التقديرات تؤكد بأنه يوجد من بين عدد تلاميذ المدارس بالجماهيرية والبالغ عدهم (10606067) تلميذ وتلميذة أن هناك حوالي 1% أو 2% منهم من الموهوبين ومعني هذا أن جيشاً عظيماً يتراوح بين (11000-22000) طفل يمكن اعتبارهم من ذوي المواهب المتوسطة أو الممتازة والتي قد يصل أحد أصحابها في يوم من الأيام إلى مرتبة بما بلغه المخترعين أو الفنانين أو العلماء أو الأطباء. إن هذا الرقم يوضح فداحة وخسارة المجتمع في اثمن عناصره البشرية. هذا إلى جانب أننا في إهمالنا لاكتشاف الموهوبين ورعايتهم ما يجعلنا نسيء إليهم وذلك عندما نساوي بينهم وبين إقرانهم من العاديين في فصول الدراسة، لأننا بذلك نحرمهم من فرص الارتقاء إلى اعلي مستوى يمكنهم أن يصلوا إليه. وبالتالي فنحن في فرص استثمار قدراتهم لصالح الفرد والجماعة وسوف نتناول في هذا الفصل بالدراسة والتحليل أحد الموضوعات التربوية ذات الأهمية البالغة وذلك من ناحيتين:

الأول: مفهوم الإبداع وأهم نظرياته.

ثانياً: معرفة التفكير الابتكاري للمتفوقين وعلاقتها بالإنجاز والتحصيل الدراسي التي تؤثر في نمو مواهبه في البيئة الليبية.

ثالثاً: هي ما يرجى من تطبيق هذه المعرفة بما يحقق مزيدا من التنبؤ بالمواهب واكتشافها والتحكم في العوامل البيئية التي يمكن أن تشجع علي نموها في المدارس الليبية.

والدين الإسلامي يدعو إلى التفكير، فهو لا يعرف الكهانة ولا الوساطة بين الخالق والمخلوق ولذلك الخطاب في الإسلام يتجه إلى العقل، وإذا ذكر العقل في الإسلام فإنما يذكر في المقام التعظيم والدعوة إلى وجوب العمل به، وفي القرآن الكريم آيات كثيرة تحث المؤمن على التفكير وتحكيم عقله كقوله تعالى: إن في السماوات والأرض لآيات للمؤمنين (3) وفي خلقكم وما يبث من دابة آيات لقوم يوقنون (4) واختلاف الليل والنهار وما أنزل الله من السماء من رزق فأحيا به الأرض بعد موتها وتصريف الرياح آيات لقوم يعقلون (5) (الجاثية3 - 5).

فالإسلام يشجع أبناءه علي التفكير في مخلوقات الله، وفي معجزاته العظيمة، لكي يزداد أيمان المسلم رسوخاً، ولكي يستند اعتقاده في الله تعالى ورسوله الكريم علي أسس من العقل، إلى جانب الإيمان القلبي. فالإسلام لا يخاف من العقل وأعماله. كما كانت تخاف الأديان السابقة منه، بل أن القرآن يلوم الناس علي عدم استخدام العقل إن شر الدواب عند الله الصم البكم الذين لا يعقلون (22) (الأنفال22).

فللعقل دوره في الإسلام في الأيمان، وفي منهج الحياة ونظامها. ومهمة الرسول ﷺ أن يبلغ، وأن يوضح وأن ينبه العقل إلى تدبر دلائل الهدى(عميرة 1401هـ ص22) فرسالة الإسلام توقظ العقل وتوجهه، وتخاطبه، وتوضح له طريق النظر الصائب. يهتم القرآن الكريم، الذي هو دستور المسلمين الخالد، بتربية العقل الإنساني، وتنمية قدراته ومصدر اهتمام الإسلام بعقل الإنسان أنه مناط التكاليف، وعليه فهم الشريعة وتطبيقها، وإذا اختل العقل وفقد قواه فقد سقطت التكاليف عن صاحبه. بل أن الإسلام قد

حرص علي أن يظهر العقل من رواسب الماضي من المعتقدات والتصورات التي لم تقم علي يقين وإنما قامت علي مجرد الظن والتقليد

التعليم والإبداع:

طبيعة العصر تتسم بالسرعة الفائقة في تطور وتراكم المعلوماتية الأمر الذي يجعل إعداد وتدريب العناصر البشرية ذات القدرة العادية أمراً ذا مردود قليل، وتحتاج إلى زمن أطول مما تسعفنا به سرعة التقدم في الأجهزة والمعدات وهذا ما يفرض الحاجة إلى قوي بشرية متفوقة قادرة علي سرعة الاستيعاب لاختزال الزمن وسرعة الاستجابة لمتطلبات العصر وهذا ما يتحقق باكتشاف القوى الحية المتفوقة في الجيل الجديد ورعايتها. وفي الواقع، فان كل دولة، تحاول أن ترعي أبنائها من الطلاب المتفوقين وتضع لهم برامج خاصة، ، تتناسب مع قدراتهم العقلية وتتعامل مع درجة استعداداتهم وميولهم، ويمكن أن تبصر هؤلاء الطلاب المتميزين بأهمية حياتهم المستقبلية وحياتهم العملية، مما يدفعهم إلى المزيد من الإنجاز الأكاديمي وبشكل فعال.

إن النظام التعليمي الحالي في الجماهيرية قائم في جوهره الأساسي علي الاهتمام المتوسط من الطلبة ولم تأخذ بعين الاعتبار المتفوقين والموهوبين فمعظم مدرا سنا ومناهجنا وأساليب التدريس كلها موجهه علي تحصيل مادة علمية بطريقة نظرية خالصة يقاس النجاح فيها بمدي تحصيل الطالب من هذه المادة الأمر الذي جعل مدارسنا تفشل غالباً في مواجهة حاجات الأفراد والمجموعات والموهوبون مجموعة من تلك المجموعات المهملة. وأن هذا النظام التعليمي قد تجاهل الخامات الدفينة وسبب لنا إهدار عناصر القوى البشرية وكذلك يجب أن يستهدف ذلك التغيير الإنسان وتنمية قدراته واكتشاف مواهبه وتعديل البرامج الدراسية شكلا ومضموناً وإيجاد مناخ تربوي يساعد علي تفتح القدرات وتنميتها إلى جانب ذلك توجيه الاهتمام بصورة فعالة إلى العناصر المتفوقة من أبناء ليبيا من حيت اعتماد وسائل الكشف عنهم ومعرفة سماتهم الشخصية وتوفر

الرعاية اللازمة لإنماء مواهبهم وبجدية وفاعلية وهذا ما يؤكده أهمية البحث والحاجة إليه. بالإضافة إلى قلة الأبحاث والدراسات التي تناولت التفكير الإبداعي وعلاقته بالإنجاز العلمي وتختلف البرامج التربوية والتعليمية الخاصة بالطلبة المتفوقين دراسياً عن تلك البرامج التي تقدم للطلبة العاديين، نتيجة لاختلاف أهداف البرامج الخاصة بكل فئة منهم، كما أن الآراء اختلفت حول البرامج التي يفترض تقديمها للطلبة المتفوقين أنفسهم نظراً لاختلاف الفكرة التي تقوم عليها هذه البرامج. وأن أصواتاً تتعالى هذه الأيام وتنادي بضرورة إصلاح نظم التعليم عندنا، إلا أن الإصلاح لصالح المتفوقين لم يكن مطروحاً بصورة فعاله حتى الآن(عبد الستار إبراهيم 1979. ص175 يشهد العالم اليوم ثورة علمية ومعرفية هائلة دفعت الإنسان للبحث عن أفكار جديدة قادرة علي مواجهة متطلبات العصر ومواكبة تطوراته السريعة مما فرض علي التعليم أعباء أساسية ومهمة فأصبح لزاماً علي المؤسسات التعليمية عدم نقل المعارف والمهارات فقط بل تعلم سبل التفكير والإبداع. إن المؤسسة المدرسية التي ننشدها في عالم اليوم مطالبة بأن توفر على الأقل الحد الأدنى من الشروط التي تحفظ للأمة أبناءها الموهوبين والمتفوقين، لكي لا يتحولوا إلى عاجزين متدني التحصيل. إن عليها أن تلعب دور المساهم في تطوير تعليم الموهوبين والمتفوقين لا أن تساهم في مشكلة تدني تحصيلهم الدراسي؛ خاصة وأن العديد من الأنظمة التربوية منذ العقود الأخيرة من القرن العشرين، في العديد من دول العالم، تميزت بالرهان على التربية المتسمة بالجودة؛ لما للموارد البشرية بشكل عام من أهمية في التطوير المجتمعي؛ وهذا ما أدى في العقود الأخيرة، إلى ظهور العديد من الدراسات النفسية والتربوية، لفتح آفاق جديدة للتعامل مع المتعلمين.

إن التربية والتعليم يؤديان دوراً أساسيا في تكوين إنسان هذا العصر حيث ظهرت في الحضارة اليونانية العناية بالمتفوقين خاصة عندما دعي أفلاطون إلى ضرورة الاهتمام بذوي القدرات العقلية العالية من حيث اكتشافهم وتربيتهم وأعدادهم ليكونوا قادة في

الأمور التي تحتاج إلى تفكير وتدبر. وقد ورد الكثير من الآيات القرآنية والأحاديث عن الاهتمام بالمبدعين وبذل المسلمون جهوداً للكشف عن النابغين والموهوبين في شتي المراحل العمرية المختلفة فقد كان الأئمة في المساجد والمعلمون في الكاتتيب جادين في البحث عن المتميزين من طلاب العلم الذين يتعلمون علي ا يديهم واعتمدوا للكشف عن أولئك التلاميذ علي تقديرهم للنباهة والتميز وبرز علماء وفلاسفة مسلمون أكدوا علي أهمية الاهتمام بهذا الجانب ومن أولئك العالم الاجتماعي أبن خلدون(1) وفي القرن التاسع عشر بدء الاهتمام العالمي بالمتفوقين فقد نبه جيلفورد علي ضرورة الاهتمام بذوي القدرة علي الابتكار من خلال ندائه الشهير عام 1956م الذي وجهه للمربين الأمريكيين وقد تبع ذلك نهوض الجامعات ومراكز البحث وكل العاملين في علم النفس والتربية لدراسة هذه الظاهرة وتفسيرها، ودراسة طرق الكشف عن المتفوقين وإجراء التجارب لتطوير أساليب التربية المناسبة لهم. ، وقد جاء هذا الاهتمام بذوي القدرات الابتكارية أيضا كرد فعل لإطلاق الروس للقمر الاصطناعي في العام 1957وتفوقهم في مجال الفضاء، كما تم أعادة النظر في التعليم في المدارس والجامعات الأمريكية عندما صدر تقرير سنة 1983 بعنوان «أمة معرضة للخطر» وذلك نتيجة لغزو المنتجات اليابانية للأسواق الأمريكية (زحلوق، 1986، ص95).

وقد استمر هذا الاهتمام من قبل علماء النفس والتربية وبخاصة منذ النصف الثاني من القرن العشرين فقد تشعب الاهتمام بالتفكير الابتكاري وتنوعت مناهج البحث فيه وظهرت أنواع من التخصصات في تناوله فقد اهتم (gaifod) وهو رائد في مجال الابتكار واختباراته وكذلك العالي (torranes) بمظاهر السلوك الابتكاري لدي الأفراد فضلاً عن إسهاماته في عدد من الدراسات والاختبارات والبحوث في هذا المجال (الحناوي 1996ص46) لما عني بالابتكار لدي المراهقين كلا من «Jackson. Koetzels» في جامعة شيكاغو (خليفة2000، ص48)

واهتم معهد بحوث كفاءة الجماعة في جامعة النيوى بالظروف التي تزيد من

السلوك الإبداعي لدي أعضاء الجماعة وقد انتشر في أواخر القرن العشرين الاهتمام بالتربية الإبداعية ومن ابرز الجهود ((معهد التربية الإبداعية التابع لجامعة «وتالو» في نيويورك (البغدادي 2001، ص12).

وقد أنعكس هذا الاهتمام العلمي في عدد كبير من البحوث والدراسات في مختلف البلدان العربية. حيت ثم القيام بعدد من الأنشطة من بينها عقد حلقات دراسية في عدد من الدول العربية ففي عام 1969 عقدت حلقة دراسية في القاهرة وكان موضوع اهتمامها تربية الموهوبين والمعوقين في البلاد العربية. وعقدت الحلقة الدراسية التي أقامتها الجامعة العربية في الموضوع نفسه في الكويت في العام 1973وفي عام 1984في بغداد عقدت ندوة لرعاية الطلبة الموهوبين بدول الخليج. كما عقدت في البحرين الحلقة الدراسية عن تأهيل المعلم لرعاية المتفوقين في دول الخليج. وفي العام 1986 (زحلوق1996ص93) كما عقد المؤتمر العلمي العربي لرعاية المتفوقين في عمان خلال المدة من21 تشرين أول 2 تشرين الثاني عام 2000 تحت شعار التربية الإبداعية أفضل استثمار للمستقبل. وقد شارك في أعمال المؤتمر لجنة من القيادات التربوية وأساتذة الجامعات والمربين في كل من مصر، والعراق، والسعودية، والكويت، والبحرين، والإمارات العربية المتحدة وفلسطين ولبنان فضلا عن الأردن ومن أهم أهداف المؤتمر الإطلاع علي آخر التجارب العربية والدولية وتوثيق الصلات العلمية والتربوية بين المهتمين من مختلف الدول العربية، والتعريف بحاجات هؤلاء المتفوقين ومشكلاتهم وأساليب رعايتهم ووضع البرامج الخاصة التي تساعد المعلم علي تنمية التفكير العلمي الإبداعي لديهم وتوظيف تكنولوجيا المعلومات والاتصالات لتعليمهم (المجلس العربي للموهوبين والمتفوقين2000 ص1).

كما عقد مؤتمر الإبداع والمبدعين والتربية بجامعة حلب من 29 /11 إلى غاية 2004/12/1 ف ويظهر الاهتمام بهذه الشريحة أيضاً من خلال البحوث التي تناولتهم وما أكدته الدراسات.

كما شهد القرن العشرين في ليبيا مراجعة شاملة للنظام التربوي، غايتها الارتقاء بالعملية التربوية لتتمكن من مواجهة متطلبات العصر السريع الشامل الذي يشهده العالم وقد أشار الكتاب الأخضر ((أن التعليم الإجباري تجهيل إجباري) القذافي ص 184)) يدعو إلى حرية التعليم ولا يعني إهمال تعلم المتفوقين ولا يعني إعطاء كل الأفراد نفس التعليم بل تعني إتاحة الفرصة لكل في المجتمع لأن ينمو إلى أقصى ما تؤهله له إمكاناته واستعداد ته، مادامت هناك فروق واضحة بين التلاميذ في إمكاناتهم وقدراتهم، فلابد، من تزويد المتفوقين بالبرامج التي تمكنهم من الانطلاق وتنمية هذه الإمكانيات والقدرات وقد ظهر الاهتمام بالمتفوقين في ليبيا عام 1973حيث قام المسئولون عن التربية والتعليم ببعض الخطوات منها:

1) استبدال حصة الأشغال اليدوية المقررة بالمدارس إلى حصة لتنمية مواهب الطلبة ورعايتها

2) فتح ملف خاص بكل طالب، يحفظ، في المدرسة التي ينتمي إليها، تدون فيه مواهبه للاستفادة منها في المستقبل، علي أن يحظر تسليم هذا الملف.

3) إصدار القرار رقم 92هـ /1973 والذي يقضي بتشكيل لجنه يناط بها دراسة تنمية مواهب الطلبة بالمدارس في جميع أنحاء الجمهورية وأن من أهم البرامج التي ظهرت في التسعينات تمثل في مركز الفاتح للمتفوقين بمدينة بنغازي الذي أنشئ في 1994/11/28 ومن هذا المنطلق أعلاه كان الاتجاه ينمو نحو تنفيذ برامج جديدة تستهدف تنمية التفكير الابتكاري ودافعية الإنجاز فبدأت تظهر متغيرات جديدة لها علاقة وثيقة بالابتكار ودافعية الإنجاز ويرجع الفضل إلى (هنري موراي) في إدخال مفهوم الحاجة للإنجاز أي التراث السيكولوجي منذ عام 1938م ويتركز تعريف مونري علي تحقيق الأشياء التي يراها الآخرون صعبة والسيطرة على البيئة والتحكم في الأفكار، سرعة الأداء والاستقلالية والتغلب علي العقبات وبلوغ معايير الامتياز ومنافسة الآخرين والتفوق عليهم والاعتزاز بالذات وتقديرها

بالممارسة الناجحة للقدرة. وقد نبه (بلوم bloom) أن للعوامل الشخصية والدافعية أهمية في تحديد الإنجاز الابتكاري (سعيد1990ص81).

فعملية الابتكار لا يمكن أن تتم بمعزل عن سياقات العمليات النفسية ومن أهمها دافعية الإنجاز وأن الفرد كي يستطيع أنجاز أنشطة ابتكارية لابد له من طاقة دافعية كامنة وقد لاحظت (كوكس m. cox) وهي واحدة من الذين يعملون مع (تيرمان) أهمية العوامل الشخصية فهي تري من خلال بعض دراساتها أن الذكاء المرتفع لا المرتفع جداً مع درجة عالية من المثابرة يحققان الابتكار أكثر مما لو كان الذكاء مرتفع جداً مع درجة منخفضة من المثابرة. (روشكا 1989 ص17)

إن مراجعة الدراسات الميدانية التي بحثت في العلاقات الارتباطية بين التفكير الابتكاري والجوانب النفسية والوجدانية أكدت علي وجود علاقة ارتباط موجبة بين القدرة علي التفكير الابتكاري التوافق النفسي والاجتماعي كدراسة (جابر.1980. ص195) ودراسة (الميناوي1990، ص124) ودراسة (خليل 1992. ص283) أشارت نتائج دراسة كل من (الدليم 1999، ص 24) وإسماعيل 1984، ص28). (وغندور وموسى1990، ص38)

أي وجود علاقة موجبة بين القدرة علي التفكير الابتكاري ودافع الإنجاز فالعملية الابتكارية يقف خلفها العديد من الدوافع كدافع الإنجاز أو تقدير الذات وتحقيق الذات فالتعبير عن الذات وتحقيقها يؤدي إلى السعي نحو الأصالة والتفرد. (الكناني. 1988. ص315).

ولقد أشارت نتائج الدراسات أن المتفوق دراسياً قد تميز العادي من طلاب المرحلة الثانوية بارتفاع مستوى المثابرة والتعميم والاكتفاء الذاتي وكما أشارت النتائج إلى أن الطلبة المتفوقين دراسياً قد تميزوا عن إقرانهم العاديين في التحصيل الدراسي بارتفاع درجة ذكائهم وتقبلهم لمطالب الدراسة والمثابرة والاتزان (عبد الغفار، 1967)

وأشارت دراسة (سيد خير اللـه، 1973)، إلى التفوق الشخصي واجتماعي وعلاقته بالتحصيل الدراسي لتلاميذ المدرسة الابتدائية ومن نتائج هذه الدراسة علي وجود ارتباط موجب ودال بين التوافق والتحصيل. ودراسة (عبد الرحمن سليمان 1988) حول العلاقة بين دافع الإنجاز وبعض المتغيرات وكذلك التخصص الدراسي لدي طلاب الجامعة ومن نتائج هذه الدراسة أن الدافع للإنجاز ذو علاقة دالة مع متغيرات الحالة الاجتماعية والجنس وكذلك المعدل التراكمي. وفي دراسة كل من (حسن مصطفي ومحمد السيد عبد الرحمن1989) حول بعض متغيرات شخصيته للمتفوقين والمتأخرين دراسياً من طلاب مرحلة التعليم الأساسي وفي دراسة (مرزوق عبد المجيد أحمد 1990) حول أساليب التعليم ودافعية الإنجاز لدي الطلاب المتفوقين والمتأخرين دراسياً. وكذلك دراسة (عبد اللطيف، 1991) حول تقبل التلاميذ للمساعدة من أقرانهم المتفوقين واثر ذلك علي التحصيل الدراسي. وتأتي أهمية البحث الحالي من أهمية موضوع التفكير الابتكار ي والذي أصبح اللغة السائدة في العصر الحديث فقد انتقل اهتمام علماء النفس في دراسة الشخص الذكي إلى دراسة المبتكر والعوامل التي تسهم في ابتكاره وكيفية تنمية الابتكار الفردي والجماعي ودور مؤسسات التربوية في تشجيع الابتكار ونموه كما تحول الاهتمام من التعليم المعرفي الذي يعتمد علي حشو المعلومات إلى التعليم الابتكاري الذي يعتمد علي تعلم التفكير وطرق ومواجهة المشكلات وتقديم الحلول الابتكارية وذلك لما لقدرات التفكير الابتكاري من دور مهم في تطوير المجتمع الحديث(عباده2001. ص37) ويري (الفنيش1983) أن الهدف من التربية يجب أن يكون منصباً على تنمية القدرة علي التفكير الابتكاري وتعزيز ها بكل الوسائل والأنشطة الممكنة التي يمارسها المتعلم (الفنيش 1986. ص13) ويؤكد الباحثون وجود حاجة ماسة لتنمية الابتكار لدى الطلبة وليس من وسيلة إلى ذلك إلا التربية والتعليم (الغنام، 1975، ص87) لذلك برزت الدعوة إلى تنمية التفكير الابتكاري بإعادة تخطيط البرامج الدراسية التي تساعد الطلبة في إثارة التفكير الابتكاري عن طريق تقدم برامج دراسية إبداعية.

وقد أشار الكثير من الباحثين إلى أن هناك ارتباطاً بين دافع الإنجاز الدراسي والتفكير الابتكاري لدى الطلبة كما أشار (منسى1991) بأن تورانس (torrance1969) قد أوصى بأن يكون مقاييس التفكير الابتكاري موضع اهتمام المربين عند اختيار طلاب المدارس لتأكيده على أن دافع الإنجاز الدراسي يعد أحد المتغيرات التي ترتبط بالتفكير الابتكاري والتحصيل الدراسي، كما في دراسة (ساوفدوزوبينى1981) (saunders. yaany)، مسعود (1985) (القطاونة) 2003 (ماريا 1980) (تمام 1992) (ابوقمر 1996) (المليكي 2001) حضاونه (1984).

فإن ذلك يدعو إلى استكمال عملية البحث بالتعرف علي التفكير وعلاقته بدافع الإنجاز الدراسي لدي الطلبة الليبيين كما يستمد البحث الحالي أهميته من أهمية تنمية التفكير الابتكاري التي تعد حاجة ملحه عن حاجات المجتمع الحاضرة والمستقبلية وتأتي أهمية هذا البحث عن طريق المساهمة العلمية الفاعلة في إضافة بعض الحقائق عن التفكير الابتكاري وعلاقته بالإنجاز الدراسي في مجتمع من المجتمعات كالمجتمع الليبي ويكتسب البحث أهميته من أهمية الفئة المستهدفة فيه وهم الطلبة (المتفوقون) التي تقع أعمارهم من (12 إلى 18سنة) حيث يعد هذا العمر محرجاً بالنسبة لهم فهم يمرون في فترة نمو سريعة.

الفصل السابع

التفوق العقلي والابتكار في التعليم

الابتكار والتفكير:

وهى القدرة العقلية العامة والرغبة في العمل الجاد والإنتاج على مستوى عال من الابتكارية المقاسة بتوليد الأفكار. (Wolf 199p. 55) والابتكار هو حصيلة تفاعلات بين الأشخاص والعمليات التي تتم بين الفرد وذاته. (العبيدي 1993، ص 13).

التفكير:

يقول أهل اللغة: أن المعنى اللغوي للتفكير هو إعمال العقل في المعلوم للوصول إلى المجهول أي لمعرفة المجهول و«فكر في الأمر» تعني أعمل العقل فيه، ورتّب بعض ما يعلم ليصل به إلى ما لا يعلم. و«الفكر» أيضًا يأتي بمعنى إعمال العقل في العلوم للوصول إلى المجهول (المعجم الوسيط، مادة فكر).

ويرى كيربي وغودباستر (Kirby & Goadpaster, 1995) أن الطريق الأسلم لتعريف التفكير هو تعريفه عن طريق نتاجاته ومخرجاته التي تتجلى في أسلوب التعامل مع الناس. وحسب هذا الفهم فإن التفكير هو نشاط الدماغ الذي يمكن التعبير عنه شفويًا أو كتابيًا أو حركيًا، بالكلام المقروء أو المسموع، أو بالرسومات أو الإشارات. وأما تعليم التفكير في التفكير. فكيف نفكر في تفكيرنا؟

إن هذا السؤال يمكن أن يدخلنا في حلقة مفرغة إذا لم نكن على حذر؛ فالتعرف

135

على العقل بالعقل يشبه محاولة رؤية العين بالعين فالعين ترى جميع الأشياء إلا نفسها، ولا يمكن أن ترى نفسها إلا عن طريق المرآة.

فما مرآة التفكير؟ لقد ذكرنا أنفًا أن التفكير - حسب تعريف كيربي وغودباستر - يعرف بنتاجاته ومخرجاته. فإذا استطعنا إخراج التفكير على شكل كلام مكتوب على الورق أو مسموع، أو إذا عبرنا عن تفكيرنا بالرسومات أو الحركات فإنه من الممكن رؤيته ومناقشته وتعديله أو تغييره. فإن التعبير عن التفكير بالطرق المختلفة يسمح لنا برؤيته. فإذا أخرجت أفكارك وعبرت عنها بأي طريقة يفهمها الآخرون واستمعت إلى رأي غيرك فإنك تستطيع أن ترى أفكارك وتكتشف أن كانت جيدة أم لا، أو أن كانت تصلح للحياة الواقعية أم لا. وفي ضوء ذلك يمكنك تعديلها أو تغييرها أو تثبيتها. فمرآة الفكر هي الكتابة أو التحدث أو الرسم أو أداء حركات معينة. فالطريقة إلى تعليم مهارات التفكير هي إخراج التفكير وجعله في متناول الآخرين. فإن إخراج التفكير بإحدى الأشكال التي ذكرناها سالفًا هو العملة المتداولة لتعليم مهارات التفكير (الحارثي، 2001: 47 - 51). وسوف يقتصر البحث في هذا المقام على أحد أنواع التفكير المهمة وهو التفكير الإبداعي.

التفكير أمر مألوف لدى الناس يمارسه كثير منهم، ومع ذلك فهو أكثر المفاهيم غموضا وأشدها استعصاء علي التعريف ومرد ذلك إلي أن التفكير لا يقتصر علي مجرد فهم الآلية التي يحصل بها. بل هو عملية معقدة متعددة الخطوات، تتداخل فيها عوامل كثيرة تتأثر بها وتؤثر فيها فالتفكير عملية ذهنية لها أركان وشروط وتدفعها دوافع ومثيرات، وتقف قي طريقها العقبات والتفكير هو نشاط يحصل في الدماغ بعد الإحساس بدافع معين، مما يؤدي إلى تفاعل ذهني مابين قدرات الذكاء وهذا الإحساس والخبرات ومما يحصل ذلك بناء علي دافع لتحقيق هدف معين بعيدا عن تأثير المعوقات.

الابتكار:

يشير والاس (Wallas, 1970) إلى عملية الابتكار (الإبداع)علي أنها: «عملية تفكير موجه بشكل عام نحو تحقيق هدف خاص هو حل مشكلة، وبلوغ الذروة في توليف الأفكار التي تحل محل تلك المشكلة أو تقدم حلولاً لها». تشير بعض المراجع إلى أن بعض الباحثين يرون بأن ثمة فروقًا بين الإبداع والابتكار، ويرون أن الإبداع يتناول الجانب النظري والأدبي بينما الابتكار يتناول الجانب التطبيقي والعلمي، وبمعنى آخر أن أية فكرة أصيلة جديدة فهي فكرة مبدعة، ولكن إذا تحولت هذه الفكرة إلى واقع حقيقي ملموس فإنها تتحول إلى ابتكار (الحمادي، 1999، ص35). وفيما يبدو أن التفريق المشار إليه لا يتجاوز الأطروحات النظرية؛ حيث توجد قرائن يدل مجموعها على أن المفهومين (الإبداع، والابتكار) يصيران عمليًا إلى شيء واحد

الإبداع:

ورد في لسان العرب تعبير بدع الشيء يبدعه بمعنى أنشأه وبدأه، وأبدع الشيء بمعنى اخترعه على غير مثال. أما من الناحية الاصطلاحية فليس هناك اتفاق واضح بين المتخصصين في تحديد المقصود بالإبداع وكيفية تنميته ورعايته نظرًا لاختلاف المدارس النظرية التي تناولت هذا المصطلح.

وتشير المراجع المختلفة إلى أن الإبداع بمفهومه الكلاسيكي يشير إلى أحد مفاهيم علم النفس المعرفي، إذ يظم سمات استعدا دية معرفية وخصائص انفعالية تتفاعل مع متغيرات بيئية لتثمر ناتجًا غير عادي تتقبله جماعة ما في عصر ما لفائدته أو تلبيته لحاجة قائمة (جروان، 1889). أما الإبداع بالمفهوم التربوي فقد عرفه تور نس (Torrance) بأنه عملية تساعد المتعلم على أن يصبح أكثر حساسية للمشكلات وجوانب النقص والثغرات في المعرفة أو المعلومات واختلاف الانسجام، وتحديد مواطن الصعوبة وما شابه ذلك، والبحث عن حلول، والتنبؤ، وصياغة فرضيات واختبارها، وإعادة

صياغتها، أو تعديلها من أجل التوصل إلى نتائج جديدة ينقلها المتعلم للآخرين. (الحارثي، 1999).

يرى دافيز Davis الإبداع أنه « نمط حياة وسمة شخصية، وطريقة لإدراك العالم، فالحياة الإبداعية: هي تطوير لمواهب الفرد واستخدام لقدراته، فهذا يعني استنباط أفكار جديدة وتطوير حساسية لمشاكل الآخرين». (عيس، 1994، ص20) ويعرف تورانس Torrance الإبداع بأنه «عملية تشبه البحث العلمي، فهو عملية الإحساس بالمشاكل والثغرات في المعلومات، وتشكيل أفكار أو فرضيات، ثم اختبار هذه الفرضيات، وتعديلها حتى يتم الوصول إلى نتائج ويتجلى الإبداع من خلال السلوك»، ويشمل السلوك الإبداعي فيما يشمل الاختراع والتصميم والاستنباط والتأليف والتخطيط. والأشخاص الذين يظهرون مثل هذه الأنواع من السلوك وإلى درجة واضحة هم الذين يوصفون بالمبدعين (عيس، 1994، ص31)

2 - المتفوقون عقلياً:

هو مستوى التحصيل الأكاديمي والأعمال المدرسية كعنصر أساسي في تحديد التفوق العقلي للفرد وهو الامتياز(ياسو، 1986، هواري، 1991، ص18)

وهم أشخاص لديهم استعدادات عقلية يمكنهم مستقبل حياتهم من الوصول إلى مستويات أداء مرتبطة في مجال معين من المجالات. من التحصيل الدراسي - التفكير الابتكاري. (أبو سماحة، 1996، ص 22).

3 - التفكير الابتكاري Creative Thinking

التفكير الابتكاري هو خلق أو ابتكار شي جديد يأخذ شكل ملموس فالعملية الابتكارية ضرورة أساسية سابقة لأي إنجاز أو أداء ابتكاري ولا يمكن لعملية الابتكار أن تكون منفصلة عن الدافعية والاستعداد والتمثل الفكري ودافع الإنجاز الدراسي نزعة عامة لدى الفرد لتحقيق النجاح أو الفشل

وقد تعددت واختلفت تعريفات الابتكار وذلك حسب مناحي الباحثين واهتماماتهم العلمية ومدارسهم الفكرية (الدريني، 1982، ص 162)

لمفهوم الابتكار تاريخ طويل إذ يرجع إلى المصطلح اللاتيني ingenious الذي يعنى الصفات المميزة للفرد وهى متولدة من كلمة genius بمعناها الأصلي وهو العبقري أو الفرد الذي تبرز عنه عبقرية الإبداع الأصيل، وقد تبلور هذا المفهوم في عصر النهضة بأوربا ليعنى قدرة الإنسان على إبداع ما هو فريد من نوعه أو خارق للعادة الأمر الذي يدفع الإنسان إلى ابتكار ما لم يعرف من قبل، الاهتمام خاصة بما هو طريف أو غريب أو جذاب (Wahba, 1974, P. 607).

1- ويرى العالم «هويكنز» أن الابتكار هو الذات في استجابتها عندما تستثار بعمق وبصورة فعلية

2- يرى العالم «لالاند» أن الإبداع والابتكار هو إنتاج شيئا ما علي أن يكون شيئا جديدا في صياغته وان كانت عناصره موجودة من قبل كإبداع أعمال الفن أو التخيل الإبداعي، والاختراع هو أحد جوانب الإبداع وهو بوجه خاص إدماج لوسائل من أجل غاية معينة والاختراع بهذا المفهوم هو بعكس الاكتشاف الذي لا يطلق إلا علي اكتساب معرفة جديدة لأشياء كان لها وجود من قبل، سواء كان هذا لوجود ماديا أو كان نتيجة لمعلومات سبق وجودها

3- يرى بول تورانس أن الابتكار هو عملية يصبح فيها الفرد أكثر حساسية للمشكلات وأوجه النقص وفجوات المعرفة الناقصة وعدم الانسجام تتجدد فيها الصعوبة ويبحث عن الحلول ثم يكون بوضع تخمينات وصياغة الفروض من النقائص ويعيد اختيارها. ثم يقدم نتائجه في نهاية الأمر. فتارة يعرف الابتكار بأنه استعداد أو قدرة على إنتاج شيء جديد ذي قيمة، وتارة أخرى لا يرى فيه استعداد أو قدرة بل علمية يتحقق النتاج من خلالها (روشكاء، 1989، ص 19)، وتارة ثالثة يعرف بناء على سمات الشخصية التي يتصف بها الشخص المبتكر (الدريني، 1982،

ص 162). إلا أن معظم الباحثين يرون في التفكير الابتكاري تحقيقاً لإنتاج جديد ذي قيمة وفائدة من أجل المجتمع (روشكا، 1989، ص 19)، فمفهوم الابتكار يتطلب تحديدا للإنتاج وما يتصف به من صفات. فيعرفه(جيلفورد)بأنه تفكير في نسق مفتوح يمتاز الإنتاج فيه بخاصية فريدة هو تنوع الإجابات المنتجة التي لا تحددها المعلومات المعطاة.

وبذلك يكون هذا التعريف قد تضمن خلق أو ابتكار شيء جديد يأخذ شكل إنتاج ملموس أو شكل متميز بصفات تفكير تغايري تتنوع فيه الإجابات المنتجة في سعى نحو الاختلاف والتفكير في اتجاهات متعددة وليس في الاتجاه الواحد الذي تفرضه روجرز (Rogers) عام 1954 الذي وصف الابتكار بأنه ظهور لإنتاج جديد نابع من تفاعل الفرد وما يكسبه من خبرات (الدرينى، 1982، ص 162) أما إبراهيم (1978) فيعرفه بأنه:

قدرة الفرد على التفكير في نسق مفتوح وعلى إعادة وتشكيل عناصر الخبرة في أشكال جديدة (فنية، أو علمية، أو على إنتاج عدد كبير من الأفكار الأصيلة غير العادية، وبدرجة عالية من المرونة في الاستجابة (الأشول، 1978، ص 227).

أما عاقل (1991) فيعرفه بأنه تقديم استجابات جديدة غير شائعة، أو غير عادية ولكن مناسبة (عاقل، 1991، ص 69). وعرفة درفدهل. (Drevdahil) بأنه القدرة على استجابات جديدة بشكل متميز بحيث يكون الإنتاج ذا قيمة وغير معروف بشكل مسبق، وقد يأخذ الإنتاج عملاً فنياً أو أدبياً أو علمياً وربما صيغة منهجية أو إجرائية (ح 400، 1966، rench)

كما عرّفه كل من عدس وقطاعي (1996 بأنه إنتاج شيء جديد أو التفكير المغاير، أو الخروج عن المألوف (عدس وقطامي، 1996، ص447) في حين عرّفه الداريني (1996) بأنه قدرة الفرد أو الجماعة على الإنتاج المتسم بالجدة والطلاقة والأصالة

والتفاصيل والحساسية للمشكلات، وهو استجابة لموقف أو مثير ويمثل شكلاً من أشكال التفكير والإنتاج الفكري (الداريني، 1996، ص 19). أما (المعاضيدي، 1998) فيعرفه بأنه الإنتاج الفكري الذي يقوم به الفرد والذي يميزه عن التفكير الاعتيادي بأصالة الإنتاج وطلاقته ومرونته، وقدرة الفرد على تغيير الحالة الذهنية مع تغير الموقف المطلوب (المعاضيدي، 1998، ص 20). في حين عرفته السرور (1998) بأنه إنتاج الجديد النادر المفيد فكرا وعملا، وهو يعتمد على الإنجاز الملموس. (السرور 1998، ص 14). يلاحظ من هذا النوع من التعريفات تأكيدها على أهمية توافر خصائص معينة في الإنتاج الإبداعي مثل الأصالة والجدة والمنفعية، فالإنجاز الابتكاري لا بد أن يتصف بالفائدة والقيمة الاجتماعية للفرد والمجتمع، فليس بالضرورة أن يكون العمل الإبداعي عبقرياً، ولكن ينبغي أن يظهر العمل الإبداعي الأصالة الكافية والأهمية الجديدة بالمعرفة. (عدس وقطامي، 1996، ص 447). وهناك من يؤكد على كون الابتكار عملية، وأصحاب هذا الاتجاه يرون أن الابتكار ما هو إلا محصلة تفاعلات بين الأشخاص والعمليات التي تتم بين الفرد وذاته (خليل، 1992، ص 13). فالعملية الابتكارية ضرورة أساسية سابقة لأي إنجاز أو أداء ابتكاري فهي تتضمن كافة النشاطات النفسية والمعرفية والدافعية التي تحدث داخل الفرد والتي تمكنه من الوصول إلى النتاجات أو الإنجازات الابتكارية (قطامي وآخرون، 1995، ص 10). فقد عرفه النجار (1960) بأنه تفكير يخلق شيئاً جديداً، ويتحرى وضعيات جديدة ويتوصل من خلاله إلى حلول جديدة لمشكلات قديمة أو يولد أفكاراً مبتكرة (النجار 1960، ص 246). كما عرفه (تورانس) بأنه عملية يصبح خلالها الفرد حساساً لإدراك المشكلات والاختلال في المعلومات والعناصر المفقودة وعدم الاتساق، ثم البحث عن المشكلة وتحديدها، ووضع الفروض واختبارها ثم الحصول على النتائج وربما إجراء تعديلات حولها وإعادة اختبار الفرضيات (Khatena,1982, p. 53). في حين عرفته عبيد (2000) بأنه القدرة على اكتشاف علاقات جديدة أو حلول أصيلة تتسم بالجدة والمرونة (عبيد، 2000، ص 95). أما من حيث أن الابتكار سمة شخصية، فيري أصحاب هذا

الاتجاه أن معني الابتكار يتحدد في ضوء سمات الشخص المبتكر والتي تميزه بدرجة كبيرة عن غيره من الأفراد غير المبتكرين. ومن أشهر هذه التعريفات تعريف سيمبسون 1922 بأنه «المبادأة التي يبديها الفرد في قدرته على التخلص من السياق العادي للتفكير وأتباع نمط جديد من التفكير»، كما أشار سيمبسون إلى انه «يجب أن نهتم عند بحثنا عن المبتكرين بنمط العقول التي تبحث وتركب وتؤلف فمصطلحات حب الاستطلاع والخيال، والاكتشاف والاختراع هي مصطلحات أساسية في مناقشة معني الابتكار (الدر يني، 1982، ص 162). بينما نجد أن (روشكا، 1989) لم تقتصر على جانب دون آخر في تعريفها للابتكار وإنما عرفته تعريفا جامعاً بأنه وحدة متكاملة لمجموعة من العوامل الذاتية والموضعية التي تقود إلى إنتاج جديد وأصيل، وذي قيمة من قبل الفرد والجماعة (روشكا، 1989، ص 19). فالابتكار دالة لسمة شخصية، ومهارة عقلية يتمخض عنها نتاجا ت ابتكارية، فهو مزيج لعناصر وعمليات عقلية وشخصية وانفعالية واجتماعية متفاعلة (عدس وقطا مي، 1996، ص 447). كما لا يمكن لعملية الابتكار أن تكون منفصلة عن الدافعية، والاستعداد والتمثل الفكري، وعن حياة الأشخاص المبتكرين والشخصية بكل أبعادها (روشكا، 1989، ص 49). وهذا ما أكده جيرارد لما ذهب إليه بياجيه بقوله: (أن تصوراتنا المبدعة بكاملها ليست نتاجاً لدماغ معزول بل لدماغ مرتبط بالتفاعل مع الآخرين وبتاريخ الحضارة بكاملها» (روشكا، 1989، ص 94).

ولتحقيق أغراض البحث فقد توصلت الباحث إلى اشتقاق تعريف بما يتناسب والاتجاه التفاعلي التكاملي وهو: نشاط دهني راق يمتاز الإنتاج فيه بالأصالة والمرونة والطلاقة، والناجم عن حصيلة تفاعل القدرات العقلية والشخصية والاجتماعية والظروف والإمكانيات البيئية. أما إجرائياً فيقاس التفكير الابتكاري من خلال استجاباته على الاختبار المعد لقياس التفكير الابتكاري.

النظريات التفكير الابتكاري في هذا المجال:

تنوعت النظريات التي قيلت بالتفوق العقلي وتعددت، ويعود السبب إلى التنوع والاختلاف في وجهات نظر المفكرين والعلماء في أصل التفوق وأسبابه، فمنهم من فسره بأنه غير عادي ومنهم من افترض انه يتمثل في تكوين علاقات أو ارتباطات بين المثيرات والاستجابات، ونجد آخرين فروه من خلال المذهب الإنساني مؤكدين على دور الخبرة الذاتية التي يمر بها الفرد ودوافعه لتحقيق ذاته، كما نجد أن بعضهم أكد على أهمية الاستعدادات والقدرات التي يمتاز بها الفرد المتفوق فضلاً عن دور المناخ الاجتماعي والنفسي... ، وغيرها من التفسيرات.

أهم النظريات في التفكير الابتكاري من وجهة النظريات النفسية

وفي ضوء ما ورد في أعلاه يمكن استعراض وجهات النظر التي تم من خلالها دراسة وتفسير عملية التفوق وهي:

نظرية التحليل النفسي Psychoanalytic Theory:

ركز المحللون النفسيون على أهمية العوامل الدافعية في عملية التفوق فهم يرون أن المتفوق عقلياً لا يختلف في قدرته عن الشخص الاعتيادي، ولكنه يختلف بما لديه من دوافع، فقد فُسرت ظاهرة التفوق العقلي من خلال مفاهيم عديدة أهمها: التسامي(sublimation)، والتعويض (compensation)، والعمليات الشعورية (cessesu / unastasi, A,1958, p. 417) وهناك اتجاهان أساسيان في نظرية التحليل النفسي هما:

1- الاتجاه التقليدي ويمثله فرويد.

2- الاتجاه الحديث ويمثله تلاميذ فرويد وأتباعه أمثال بونغ، وأدلر، كارن هورني مرادف لمفهوم التسامي أو الإعلاء، فالدافع الجنسي يتم إعلاؤه عند كبته وصراعه مع جملة من الضوابط الاجتماعية. ويوجه هذا الدافع إلى دافعية مقبولة اجتماعياً إذ

يتسامى نحو أهداف وموضوعات ذات قيمة اجتماعية إيجابية (روشكا، 1989، ص 24) كما يري فرويد أن هناك أوجهاً متعددة من الشبه بين التفوق والمرض النفسي، فالعلاقة بينهما تكمن في أن كلاً منهما ينتج عن إطلاق الطاقة من الدافع الغريزي، فالتفوق عند فرويد لا يختلف كثيراً عن الاضطراب النفسي فهو نتيجة صراع نفسي يبدأ عند الفرد منذ الأيام الأولى من حياته، وهو بمثابة الحيلة الدفاعية لمواجهة الطاقات الليبيدية التي لا يقبل المجتمع التعبير عنها (عبد الغفار، 1997، ص 79)، فالمتفوق إنسان تسيطر عليه الإحباطات، وعندما يعجز عن التعبير عن غرائزه الجنسية يتجه إلى الإعلاء أو التسامي بديلاً لما فقده في الواقع (إبراهيم 1987، ص 360). أما وجه الاختلاف بينهما كما جاء في نظر فرويد فهو: أن التفوق تعبير عن حيلة دفاعية تسمى بالإعلاء يعبر الفرد من خلالها عن طاقاته الجنسية في صورة يقبلها المجتمع، لكنه يعبر عن طاقاته تلك في المرض النفسي على شكل أنماط سلوكه غير مقبولة (أبو طالب، 1995، ص 9). ومن جهة أخرى نجد أن أدلر يرفض وجهة نظر فرويد في تفسير التفوق على أساس الإعلاء أو التسامي، ويفسره على أساس عقدة الشعور النقص التي تدفع بالمتفوق إلى مواجهة هذا الشعور عن طريق عملية التعويض (Compensation)، وهذا ما يميز المتفوق على العصابي الذي يتخذ من هذا النقص حجة لعدم بذل الجهد، ويضخم لنفسه وللآخرين ما كان يمكن أن يقوم به لو لم يلحق به ما أصابه (سعد، 1990، ص 182).

في حين نجد كوبي (S. L. Kubie) وهو من الممثلين المعاصرين لهذه النظرية، قد أستبدل مفهوم اللاشعور بمفهوم ما قبل الشعور، إذ أشار أن التفوق هو نتاج نشاط لما قبل الشعور (روشكا، 1989، ص 24).

كما أشار إلى أنه من الصعب عدُّ الهو بمحتوياته اللاشعورية مصدراً للتفوق، فهذه المحتويات تتصف بالتكرارية القسرية (Repetitive Compulsive) بطبيعتها، وهذه الصفة تتنافى مع طبيعة المتفوق التي تستلزم حرية الحركة، والتخلص من القوى المسيطرة، لذا

يري كوبي في منطقة ما قبل الشعور مصدراً أساسياً للتفوق.(عبد الغفار، 1977، ص 182)

إن تفسير المحللين النفسيين للتفوق وتأكيدهم دور العمليات اللاشعورية في الإنجاز والأعمال الإبداعية لا ينطبق على كل الأفراد المبدعين، فعملية التعويض تساعدنا على فهم دافعية بعض العباقرة وهؤلاء عددهم قليل جداً مقارنة بالعدد الكلي من المتفوقين في مجال الفن والعلوم، وحقول أخرى من المعرفة، لذا يجب القول أن كثيراً من التفسيرات التحليلية النفسية لعملية التفوق، وطبيعة التفوق غير واضحة (Anastasi, 1958, P. 418) تفسير التفكير والابتكار والإبداع من وجهه نظر نظريات المدارس النفسية.

النظرية السلوكية:

ينطلق السلوكيون في تفسيرهم للتفوق وفق المسلمات الأساسية لاتجاههم الذي يفترض أن السلوك الإنساني في جوهره يتمثل في تكوين علاقات أو ارتباطات بين الميراث والاستجابات، علماً أن هذه العلاقة من حيث آليتها لا تزال غير واضحة وغير متفق عليها من قبل ممثليها (روشكا 1989، ص 23). فالارتباطيون يختلفون فيما بينهم في الظروف التي تؤدي إلى حدوث هذه الارتباطات فمنهم من يري أن للظروف دوراً مهماً في تكوين الارتباطات بين المثيرات والاستجابات وتقويتها، ففي حين أن ثورندايك وسكنر يؤكدان أهمية الثواب ودوره الذي يعقب الاستجابة في تقوية ارتباطها بالمثير الذي أدي إليها، نجد أن واطسون وجثري وميدنيك يبرزون دور الاقتران الزمني في تقوية هذه الارتباطات (أبو طالب، 1995، ص 84). فالنظرية الارتباطية لميدنيك (Mednic) تُعد من أشهر النظريات التي حاولت تفسير التفوق وعملياته، إذ تري أن التفوق ما هو إلا تنظيم للعناصر المترابطة في تراكيب جديدة (روشكا، 1989، ص 22)، أي الوصول إلى تكوينات جديدة من عناصر ارتباطية.

تتوافر فيها شروط معينة، أي أن يتم تكوين ارتباطات بين عدد من المثيرات والاستجابات لم يكن بينها فيما سبق أية علاقة ارتباطية، وكلما تباعدت هذه العناصر المكونة للارتباط الجديد بل ذلك على ارتفاع مستوى التفوق لدى الفرد، فمدينك يؤكد بذلك أصالة الاستجابة في مدى ندرتها، وفائدتها بين الناس (عبد الغفار، 1977، ص183).

إلا أن هذه النظرية واجهت انتقادات كثيرة إذ وجد كروبلي (Croply) أن هذه النظرية غير كاملة وغير مناسبة في تفسيرها للتفوق (عبد الغفار، 1977، ص188)

إذ إن ممثلي هذه النظرية حاولوا دراسة التفوق على اعتبار أن النشاط والسلوك الإنساني هو في الجوهر تكوين علاقات بين المثيرات والاستجابات وهي بذلك أسقطت الفرد من اعتبارها بوصفه عنصر مهما، إذ بد ى بمظهر سلبي، لذا فقد أضاف أوزكود (C. E Oagood) إلى هذه النظرية ما يسمى العمليات الوسيطية إذ أِشار إلى أن ما بين المثير والاستجابة تتدخل جملة من العناصر المختلفة التي اسماها بالعمليات الوسيطية (روشكا، 1989، ص24)

النظرية السلوكية المتبناة في علم النفس السوفيتي - سابقا:

افترض علماء النفس السوفييت أن المتفوقين عقليا أطفال أسوياء، وهم نابهون، ولابد من تزويدهم بوسائل ثقافية مناسبة التفوق يمكن أن يتفوق في ميدان خاص من ميادين النشاط الاجتماعي شرط أن يجد المناخ الفكري المناسب، وأن يستفيد من ميكانزمات دماغه إلى أقصى درجة من الكفاية.

ويعتقد (لوريا) أن التفوق العقلي موجود عند جميع الأسوياء من البشر الذين يعيشون في ظروف اجتماعية متشابهة، وأن المهم هو عملية تشخيص التفوق، وتهيئة الظروف التي تساعد على تطوير هذه الإمكانات، وإيصالها إلى أرقى المستويات (صالح، 1988، ص 30 - 31).

النظرية الإنسانية:

يرجع هذا الاتجاه إلى مجموعة من العلماء أمثال: (ماسلو وروجرز) وآخرين الذين يؤكدون أهمية الطبيعة الإنسانية التي تنطوي على حاجات الاتصال الدافئ المملوء بالثقة والعاطفة والاحترام المتبادل في صيرورة دائمة التطور، كما يؤكدون احترام الإنسان وعدّه قيمة القيم بأهدافه، وحب إطلاعه وإبداعه وتفوقه (روشكا، 1989، ص 26 - 27). ويأتي هذا الاتجاه كرد فعل لاتجاه النظرية السلوكية بكونها آلية طرحت الفرد من نظريتها وعدت نشاطه بمثابة رد فعل لما يواجهه من مثيرات، ورد فعل للنظرية التحليلية النفسية الممثلة بفرو يد الذي بنى نظامه على الشخص المريض، فأصحاب النظرية الإنسانية يرون أن الأفراد جميعاً لديهم القدرة على التفوق والابتكار وأن تحقيق هذه القدرة يتوقف إلى حد بعيد على المناخ الاجتماعي الذي يعيشونه فإذا كان المجتمع حرا خاليا من الضغوط وعوامل الكفء فإن ما لدى الفرد من طاقات ابتكارية ستزدهر وتتفتح وتتحقق، وفي هذا تحقيق لذاته، فتحقيق طاقات الفرد الابتكارية هو تحقيق لذاته أو وصوله إلى مستوى مناسب من الصحة النفسية السليمة

كما يشير أصحاب هذا المذهب إلى أن هناك نوعين من التفوق ، نوع يؤدي إلى الإنتاج الابتكاري، ونوع آخر لا يرتبط بإنتاج معين وإنما يتعلق بابتكاريه تحقيق الذات أو بعبارة أخرى الابتكار كأسلوب تحقيق الفرد لذاته، وهنا يصبح وصوله إلى مستوى مناسب من الصحة النفسية السليمة. (عبدالغفار، 1977، ص 88 - 192)

فالأفراد الذين يحققون ذواتهم هم أكثر كفاية في إدراكهم للواقع وأكثر ارتباطاً في علاقاتهم به ويتقبلون الذات والآخرين ويركزون في مشكلة ما، كما يتصفون بالتلقائية والحاجة إلى الخصوصية وبالاستقلال في علاقاتهم بالبيئة والثقافة، ولديهم اهتمامات اجتماعية وعلاقات شخصية حميمة ويميزون بين الوسائل والغايات، ولديهم حب الفكاهة والمرح ويتسمون بالإبداعية والأصالة (سعيد، 1990 ص 180 - 181).

فتحقيق الذات يعني الشحنة الدافعة نحو التفوق والإبداع الذي يمتلكه كل

إنسان، والذي يشتق وفق ما يراه ممثلو هذا الاتجاه من الحصة النفسية للإنسان، فهو بالنسبة (لروجرز)التعبير المليء بالإنسانية، وبالنسبة لماسلو فهو (الصحة نفسها)، فالتفوق بالنسبة لهؤلاء هو العلاقة بين الفرد السليم والوسط المشجع والمناسب (روشكا، 1989، ص 23).

إن أصحاب هذا المذهب الإنساني الذين تحدثوا عن التفوق لم يتعاملوا معه على أساس أنه عملية عقلية معينة تؤدي إلى ناتج معين، وإنما نظروا إليه نظرة رومانسية إلى حدٍ كبيرة، ووجدوا فيه معاني أن تحققت يكون فيها تحقيق الإنسانية الفرد. إذ كان اهتمامهم بحياة الإنسان وظروفه التي تؤدي إلى حياة أفضل أكثر من اهتمامهم بعملية التفوق وما تؤدي إليه هذه العملية من إنتاج ما في مجالٍ معين (عبد الغفار، 1977، 192)، وعلاوةً على ما تقدم فقد اعتمد أًصحاب هذا المذهب في بحثهم على التحليل الظاهري أكثر من اعتمادهم على الأساليب التجريبية الدقيقة في البحث(أبو طالب، 1995، ص 94).

النظرية الجشطالتية:

تركز اهتمام هذه المدرسة على الإدراك الحسي (Perception) وهذا الإدراك ليس إدراكاً لجزئيات أو عناصر تجمع بعضها إلى بعض لتكوين المدرك الحسي، وإنما هو إدراك للكليات، إذ تأخذ جزيئاته بالتمايز والاتضاح داخل إطار هذا الكل الذي تنتمي إليه (صالح، 1988، ص 21).

وأصحاب هذه النظرية يرون أن التفكير لدى المتفوق عقلياً يبدأ عادةً من مشكلة ما والتي تمثل جانباً غير مكتمل، وعند عملية صياغة المشكلة والحل يجب أن يؤخذ الكل بعين الاعتبار، أما الأجزاء فيجب تدقيقها في ضمن إطار الكل (روشكا، 1989، ص 23). فالتفكير الأصيل لدى علماء الجشطالت ينزه إلى القيام بعمليات تنظيم وإعادة تنظيم المجال أكثر من كونه انعكاسا للخبرات السابقة إذ يحتل الإدراك دوراً مهماً في

شكل ومحتوى عمليات التنظيم، وإعادة التنظيم، وما التفكير الإبداعية إلا إعادة بناء الموقف المشكل (موقف المشكلة) الذي يحدد اتجاه عملية إعادة البناء (السيد، 1990، ص 605). والفرد من وجهة نظر عالم النفس - ليفين - يعيش في مجال سلوكي وهو ذلك الحيز الذي يتعلق مباشرة بالذات وما حولها من موضوعات تثير فيه نوعاً من الدوافع التي ينجم عنها توترات تبقى مستمرة إلى أن تنتهي بإكمال وإشباع حاجات هذه التوترات. فالتفكير المنتج ينبع من الاستجابة إلى القوى يتألف منها هذا المجال ويتعمد على مجموعة من العوامل بعضها داخلي في الشخص نفسه، وبعضها الآخر خارجي (صالح 1988، ص 23).

وقد ميز فريايمز (Wertheimer) بين الحلول التي تأتي صدفة أو القائمة على أساسي التعلم وبين الحلول التي تتطلب حدسا وفهما للمشكلة، وراء إلى أن الحلول الإبداعية هي التي تظهر فجأة على أساس من الحدس وليس على أساس السير المنطقي (التعلم)، وعلى الرغم من ذلك فلم تخلو هذه النظرية من الصعوبات التي أهمها أن الحدس لا يشكل أكثر من وجه من وجوه عملية الإبداع، فهو الإشارة التي تسبق الحل الذي يكون مبهما محتفظاً بطابع شبه غامض (روشكا 1989، ص 23). فضلاً عما تم استعراضه من نظريات بحثت في التفوق العقلي، هناك اتجاهات نظرية متفرقة في أدبيات علم النفس يمكن أن نشير إلى أهمها وهي:

4 - دافع الإنـجاز الدراسي:

فقد عرف اتكنسون Atkinson (1964) دافع الإنجاز الدراسي بأنه نزعة عامة لدي الفرد لتحقيق النجاح، وتجنب الفشل(Atkinson، 6419، P244)، كما عرف بأنه: السعي وراء التفوق وتحقيق الأهداف السامية والنجاح في المهام الصعبة(دافيدوف، 1983، ص464) وعرفته قطامي (1994) بأنه استعداد ثابت نسبياً يحدد مدي سعي الفرد

ومثابرته في سبيل بلوغه أهدافه، وما يترتب عليه في ذلك المواقف التي تتضمن تقويم الأداء في ضوء مستوي محدد للاجتياز(قطامي، 1994، ص24)

وهناك الكثير من التعريفات التي لم يرد الباحث ذكرها إذا اشتقت من التعريف الأساسي لماكليلاند واتكنسون كتعريف (Good، 7319، p375)، و(الحنفي، 1978، ص 1)، و(قشقوش والمنصور، 1979، ص 45)، و(الأشول، 1987، ص 33)، و(الحوراني، 1991، ص 112).

أما دافع الإنجاز في الجانب التحصيلي فقد قصد به الحامد (1996) تلك القوي التي تثير وتوجه سلوك الطالب نحو عمل يرتبط بتحصيله الدراسي. (الحامد، 1996، ص 131). وعرف الكناني (1979) بأنه عملية النزوع لأداء المهمات المدرسية بصورة جيدة أو التباري للوصول إلى معيار الجودة في العمل المدرسي (الكناني، 1979، ص 28). كما عرفه العبيدى2004) بأنه عملية التباري لبلوغ معايير الامتياز في المجال الدراسي(العبيدي، 2004) ولأغراض البحث الحالي فقد تبني الباحث التعريف النظري الذي اعتمده مقياس دافع الإنجاز للسعدي، 1981، والمطور أساساً من الكناني (1979) بأنه: التباري للوصول إلى معيار الجودة في العمل المدرسي، أو عملية النزوع لأداء المهمات المدرسية بصورة جيدة (الكتاني، 1979، ص 28). ويتم قياسه إجرائياً من خلال مجموع الدرجات التي يحققها المبحوثون نتيجة استجاباتهم لفقرات المقياس المستخدم في البحث الحالي ولإغراض البحث الحالي فان المتفوقين عقليا هو كل طالب أو طالبة في الصف التاسع من التعليم الأساسي سواء أكان من برامج المتفوقين أو المتواجدين في المد ارس الاعتيادية بدون برامج حصل علي نسبة فوق 95% في اختبار المصفوفات المتتابعة والمعد للبيئة (الصفدى 1973).

وحصل في دراسته علي معدل 90% فما فوق الثلاثة صفوف دراسية سابقة وهى السابع والثامن والتاسع. (محمد جاسم ولي، 2004 ، ص260).

يعد موضوع الدافعية من أكثر موضوعات علم النفس أهمية ودلالة سواء أكان

على المستوي النظري أم التطبيقي. فمن الصعب التصدي للعديد من المشكلات السيكولوجية من دون الاهتمام بدوافع الكائن الحي التي تقوم بالدور الأساسي في تحديد سلوكه كماً وكيفاً، فدراسة دوافع السلوك تزيد مفهوم الإنسان بنفسه ولغيره من الأشخاص(السيد وآخرون 1990، ص418) فمفهوم الدافعية مثل غيره من المفاهيم السيكولوجية الأخرى (كالإدراك، والتذكر والتعلم). فهو بمثابة تكوين فرضي يستدل عليه من سلوك الكائن الحي، ويستخدم لتحديد اتجاه السلوك وشدته(السيد وآخرون، 1990، ص419) وفي ضوء التعريف في أعلاه يري ماكليلاند في الدافعية بأنها عبارة عن وظيفة لحاصل ضرب (الدافع × التوقع × الحافز)، إذا تتوقف قوتها على هذا الحاصل. فالدافع استعداد للسعي نحو إشباع معين ويمثل طاقة للتوصل إلى فئة معينة من الحوافز، والدافع من الخصائص العامة والثابتة نسبياً التي توجد جذورها في خبرات الطفولة، أما التوقع فهو عملية معرفية تستثار بمؤشرات أو علاقات في موقف ما، وتبين أن أداء فعل معين سوف يؤدي إلى نتيجة معينة، فعملية التوقع عملية ذاتية يقوم من خلالها الشخص بوزن احتمالات نتائج الفعل، أما النجاح أو الفشل، في حين يمثل الحافز الجاذبية النسبية لهدف خاص يقدمه الموقف، أو عدم الجاذبية لحدث يحدث نتيجة لفعل معين (جلال، 1985، ص 430). أما دافع الإنجاز بشكل عام فعلي الرغم من أن دراسته ترتبط بنظرية ماكيلاند واتكنسون وزملائهم وتلاميذ هما. إلا انه من الثابت أن هنري موراي عام 1938 يعد أول من قدم هذا المفهوم في دراسة «ديناميات الشخصية» وذلك بوصفه أحد متغيراتها الشخصية (الشايب، 1991، ص 61).

الطلبة المتفوقين هم الطلبة الناجحون بدرجات عالية مما يدل علي مستواهم التحصيلي الأكاديمي وهو عنصر أساسي في تحديد التفوق للفرد وهو الامتياز. أما الطلبة العاديين، هم الطلبة الذين مستوى تحصيلهم الأكاديمي متوسط في المدارس الاعتيادية.

هناك العديد من الدراسات التي تناولت الموهبة والموهوبين محاولة تحديد معني

واضح لمصطلح (الموهوب) لأهمية هذا التحديد، ولكن الاختلاف لازال واضحاً بين الباحثين بل وحتى بين العلماء المتخصصين في تعريف «الموهوب» إذ يوجد أكثر من تعريف بحسب المقاييس التي يستند إليها الباحث في وضعه: فمنهم من يسميه موهوباً «ماريان شيفيل» ومنهم من يسميه عبقرياً (Hllngworth, 1958) وفريق ثالث يسميه لامعاً «Havighurst, 1955, pp. 33» وهناك من يسميه متفوقاً Termen 1925 حتى أن أبراهام (1958) ذكر أن أحد طلبته قد جمع أكثر من (113) مصطلحاً أو تعريفا للموهوب خلال بحثه الدراسي وذلك لأن المواهب كثيرة ومتنوعة يصل عددها إلى (120) (الخالدى، 1975) نوعاً أو أكثر، وإن كل إنسان سوي لابد وان يكون لديه واحدة من هذه المواهب سواء يتسر له أن يكتشفها في حيينها أو بقيت كامنة غير مكتشفه، فإنه يجب أن تهيء عقل الفرد وروحه بعملية نحو ليس لها نهاية أنها لا تستطيع أن تقنع بتلك العملية التي عفي عليها الزمن، وأعني بها حشو أدمغة الطلاب حتى بتلك العملية التي ربما تلقى قبولاً أكثر، وأعني بها تدريبهم كما تدرب الحيوانات، أن مسئولية المدارس والكليات أن تغرس في طلابها اتجاهات إيجابية نحو التعلم، والقدرة علي الإبداع والابتكار والتميز. فالتعليم (المخزني) (بالو فرايري1980) يرتكز في تقليل القدرة الإبداعية عند الطلاب وتحويلهم إلى مخازن يقوم فيها الأساتذة بدور المخزنين للمعلومات.

إن التعليم ما هو إلا عملية أعادة صنع من أجل تحويل الكينونة إلى صيرورة فالطريقة الإلية تؤكد الكينونة فحسب. فالطلاب في الواقع يدركون أن الواقع عملية حركية مستمرة فتخذ طريقها نحو التغير المتصل فالتفكير بدون معرفة الحقائق يظل فراغاً وخيالياً «ولكن» المعلومات وحدها يمكن أن تشكل عقبة في وجه التفكير تماماً مثل عدم وجودها فالتعليم في جوهره تطوير ذهن الطالب بمساعدته علي اكتساب ملكات عقلية تكون منها قدرة من القدرات التي تؤلف عدَة الإنسان العاقل الفاعل وتولد كفاءات عليا علمية وتكنولوجية وفكرية وإنسانية لتستطيع مجاراة التقدم ومقابلة المجتمعات الأخرى سوى في ساحات الكفاح أو في مجالات التعاون والتبادل

أو في سبل الخلق والإبداع، فالتفكير عملية ذهنية يتفاعل فيها الإدراك الحسي مع الخبرة والذكاء لتحقيق هدف، ويحصل بدوافع وفي غياب الموانع.

يعود الاهتمام بالتفكير الإبداعي الابتكاري إلى زمن قديم منذ بدء بروز الحضارة الصينية والإغريقية والرومانية والعربية والإسلامية ففي الصين ظهر الاهتمام بالمتفوقين في عام (2200) قبل الميلاد المسيحي إذ وضعوا نظام دقيق لاختيار الأطفال المتفوقين وإعداد البرامج التعليمية المناسبة لهم كي يتسنى لهم الالتحاق بالأعمال الإبداعية، وفي الحضارة اليونانية ظهرت العناية بالمتفوقين خاصة عندما دعي (أفلاطون 420 قبل الميلاد المسيحي) إلى ضرورة الاهتمام بذوي القدرات العقلية المرتفعة من حيث اكتشافهم وتربيتهم، وإعدادهم ليكونوا قادة في الأمور التي تحتاج إلى تفكير وتدبر، ولم يكن الأمر في ظل الحضارة الإسلامية بأقل من ذلك، وكذلك في حضارات العصور الوسطى. لقد ظهر الاهتمام بالمتميزين منذ العصور القديمة وحتى عصرنا الحاضر وذلك نلحظه من خلال مراجعة التاريخ في أيام ازدهار الحضارة الإغريقية وحضارة الرومان والحضارة العربية الإسلامية. (العبيدي، 1990، ص 19).

إن في السجل التاريخي أمثلة لما جاد به العظماء الأوائل في نتاج إبداعي ما زالت آثاره شاخصة حتى يومنا هذا (الزوبعي، الكناني، 1995، ص1).

إن وفرة المتفوقين والموهوبين في أي بلد أو مجتمع أمراً مهماً لحاضره ومستقبله. فالثروة البشرية لدى كل أمة من الأمم مصدر قوتها وتقدمها والرأسمال الذي لا يعوض ويمثل المتفوقين خلاصة تلك الثروة. (الحوراني، 1991، ص3).

ومن هذا المنطلق فإن موضوع التفوق في العصر الحاضر يحظي بمكانة مهمة في عدد غير قليل من بلدان العالم - ومما يدلل على هذه المكانة تشكيل عدد من الجمعيات العلمية والوطنية والدولية التي تعقد العديد من المؤتمرات والندوات وحلقات البحث. إن المتفوقين والمبتكرين يمتازون عن أقرانهم بحب الاستطلاع والاستكشاف في مجالات المعرفة كافة وسرعة وسهولة التعلم وفهم الأفكار المجردة يصل للتعمق في مجال معين أو أكثر(العزة، 2000، ص130).

153

أولا: المفاهـيم

المتفوقين:

ذكر سيشل (Schall، 8519) أن هناك عدداً كبيراً من التعريفات التي أطلقت على الشخص الموهوب، فمن التعريفات التي اهتمت بالقدرة العقلية على أنها تميز الشخص الموهوب، وهناك بعضُ التعريفات التي جعلت من مصطلح النبوغ مصطلحاً مرادفاً للموهبة، والبعض من هذه التعريفات اكتفى بتعريف الشخص الموهوب بأنه الذي يحصل على نسبة ذكاء عالية تصل إلى 130 درجة أو أعلى وذلك بناءً على اختبار الذكاء، في حين أن البعض الآخر من التعريفات أعطى تصنيفات للشخص الموهوب مثل موهوب بدرجة قصوى وموهوب بدرجة أولى وموهوب بدرجة ثانية. وسوف يتم ذكر بعض التعريفات التي أُعْطِيَتْ للتلميذ الموهوب على النحو التالي:

عرفه العزة (2002م) بأنه الطفل الذي يُظْهِرُ قدرة متميزة بالمقارنة مع مجموعة الأطفال الذين هم في عمره تتجلى في الجانب العقلي، والجانب المهاري والجانب الإنجازي.

جاء في الدليل الميداني الخاص بمشروع أخصائي الموهوبين في وزارة التربية والتعليم في المملكة العربية السعودية (الإدارة العامة لرعاية الموهوبين 1423هـ) أن التلميذ الموهوب هو الذي يمتلك قدرات واستعدادات عالية تؤهله للأداء والإنجاز المتميزين. كما يشمل هذا التعريف التلميذ الذي يتميز في إحدى القدرات التالية، أو في بعضها سواء بشكل إنجازٍ ظاهرٍ أو استعدادٍ محتمل، وهذه القدرات هي: القدرة العقلية العامة والاستعداد الأكاديمي الخاص والتفكير الإبداعي والقدرة القيادية.

كما أشارت القواعد التنظيمية لرعاية الموهوبين في وزارة التربية والتعليم السعودية (1423هـ) في تعريفها للطلاب الموهوبين إلى أنهم الذين يتوافر لديهم استعدادات وقدرات فوق العادية أو أداء مميز يتميزون به عن بقية زملائهم في مجال أو أكثر من

المجالات التي يهتم بها المجتمع، بالإضافة إلى حاجتهم إلى رعاية تعليمية خاصة لا تتوافر في مناهج الدراسة العادية حظي المصطلح التفوق بقبول لدى الكثير من المتخصصين لسببين:

أ) **حداثة المصطلح:** حيث وضع في إطار نظري أكثر وضوحا من المصطلحات السابقة مما أضفى عليه تميزاً عنها.

ب) **شمولية المصطلح:** فقد امتد استخدامه ليشمل كثيراً من أوجه النشاط العقلي، ذلك أنه ظهر ونما في مرحلة من تاريخ علم النفس تميزت بالبحوث العلمية الجادة، والتصورات النظرية الجديدة عن طبيعة التكوين العقلي للفرد (محمد:1999،ص27)

الإنجاز الدراسي:

يرجع الفاضل إلى (موراي Murray) في إدخال مفهوم الدافعية للإنجاز إلى علم النفس منذ عام (1938) ويتركز تعريفه للدافعية للإنجاز علي تحقيق الأشياء التي يراها الآخرون صعبة والسيطرة علي البيئة، والتحكم في الأفكار وسرعة الأداء والاستقلالية والتغلب علي العقبات، وبلوغ معايير الامتياز ومنافسة الآخرين، والتفوق عليهم، والاعتزاز بالذات وتقديرها بالممارسة الناجحة للقدرة، كما افترض أن الدافع للإنجاز يتدرج تحت حاجة أكبر وأعم وأشمل هي الحاجة للتفوق(محمود 1988. ص8-9) ويعرفه (فريد نجار، 1960) هو إنجاز عمل أو إحراز التفوق في مهارة أو مجموعة من المهارات ويتفق مع ذلك (فاخر عاقل 1985 - منير البعلبكي 1990). ويعرفه (حسين قورة 1970) بأنه الإنجاز في مادة معينة أو مجموعة من المواد مقرراً بالدرجات طبقاً للامتحانات المحلية. ويعرفه (القاموس التربوي 1973) بأنه المعلومات التي اكتسبها التلميذ أو المهارات التي تمت لديه من خلال تعلم الموضوعات المدرسية ويتم قياس هذا التحصيل بالدرجة التي يحصل عليها الطالب في أحد الاختبارات أو بالدرجة التي يضعها له المعلم أو بكليهما معاً ويقصد به (جود، 1973) المعلومات التي اكتسبها التلميذ أو المهارات التي تمت لديه من خلال تعلم الموضوعات المدرسية ويتم قياس هذا التحصيل بالدرجة التي يحصل عليها التلميذ في أحد اختبارات التحصيل أو الدرجة التي

يضعها له المعلم أو بكليهما معاً. ويعرفه (أحمد خليل، 1990) قدرة الطالب على معرفة وفهم وتطبيق المعلومات العملية بكافة مستوياتهم وقدرتهم على فهم طرق التفكير العلمي أو استخدامها في حل المشكلات. ويذكر (السيد على شهده، 1977)، أنه يوجد نوعان من التحصيل الدراسي هما:

التحصيل الفوري: ويقصد به الدرجة التي يحصل عليها الطالب في الاختبار الذي يؤديه إثناء الحصة الدراسية عقب انتهاء المدرس من شرح الدرس، والمرتبطة أسئلته بموضوع الدرس الذي تم شرحه خلال الحصة.

والثاني هو التحصيل النهائي (المرجأ): ويقدر بالدرجة التي يحصل عليها الطالب في الاختبار التحصيلي الذي يجرى بعد انتهاء المدرس من شرح موضوع قوانين نيوتن للحركة والمتضمن لجميع الدروس وبعد أخبار التلاميذ بموعد الامتحان.

التعريف الإجرائي: الذي تلتزم به الدراسة هو «قدرة الطالب على معرفة وفهم وتطبيق المعلومات العلمية المتضمنة في الجانب العملي لمقرر تشغيل الأجهزة التعليمية واستخدامها وبذلك يكون التحصيل الدراسي الدرجة التي يحصل عليها الطالب في اختبار تشغيل الأجهزة التعليمية المعد لذلك».

إن الإنجاز التحصيل الدراسي يعتمد بالدرجة الأولي علي قدرات الطالب وما لديه من خبرة ومهارة وتدريب، وما يحيط به من ظروف، حيت لا يمكن أن تؤتى ثمارها ونتائجها في ميدان التحصيل والإنجاز والأداء إلا إذا اقترنت بدوافع قوية، فالدافع القوي يستطيع أن يدفع بالطالب نحو تحقيق أعلي درجات من الإنجاز والتحصيل، حيت أن هناك معادلة تقول أن الإنتاجية = القدرة × الدافع (عزت، 1986، ص436) بدا دافع الإنجاز في الخمسينات من هذا القرن، وأن جهود الباحثين في

تحليل استمرت دون انقطاع حتى الآن. بل لا تزال البحوث مزدهرة وأمتد الاهتمام بدافع الإنجاز في الوطن العربي في مرحلة السبعينات والثمانيات من هذا القرن فنشر الباحثون عدد من البحوث في دافع الإنجاز مثل تركن (1974) ودراسة عيد الفساد (1977) ودراسة قشقوش (1977) فما أحوج مدرا سنا في الجامعات وفي الكليات والمدارس الخاصة للإطلاع علي الجوانب المتعلقة بدافع الإنجاز الدراسي ومستواها لدى طلبة الكليات في الجامعات لتحقيق أعلي درجات الكفاية التعليمية والانجازية للطلبة في عدة المدارس والكليات (العبيدي، 2004، ص 296 - 297)

إن نظرية دافع الإنجاز تصب اهتمامها علي التفاعل بين الشخصية والبيئة كما هي مختصرة في معادلة (ليوين) المشهورة (B=pxe). إن الدافع للإنجاز هو هدف ذاتي ينشط السلوك بوجهه. ويعتبر من المكونات المهمة للنجاح المدرسي ويوصف الأفراد ذو دافع الإنجاز العالي بالفهم بأنهم يميلون إلى بذل محاولات جادة للوصول إلى قدر كبير من النجاح في كثير من المواقف (ص 300) بينما يرى اتكنسون (Atkinson) أن الدافعية للإنجاز عبارة عن استعداد ثابت نسبياً عند الفرد الدافع للنجاح مطروحاً منه الدافع بتجنب الفشل متفاعلاً مع احتمالات النجاح أو الفشل إضافة إلى قيمة الحافز الخارجي للنجاح أو الفشل(عبد اللطيف، 1990، ص، 112) ويعرف «ماكيلاند» الدافع للإنجاز بأنه الأداء في ضوء مستوي محدد للامتياز والتفوق أو ببساطة الرغبة في النجاح، فإن «اتكنيسون» يعرف الحاجة للإنجاز بأنها «هي المنافسة مع ومن أجل المستويات الممتازة». وقد تتخذ الحاجة للإنجاز شكلين رئيسين هما:

الأمل في النجاح والخوف من الفشل ويرى (يونج young) عام1961 أن الحاجة إلى الإنجاز تعني تخطي العقبات والحواجز كما تعني القوة والنضال من أجل عمل بعض الأشياء الصعبة بكل سرعة بقدر الإمكان.

الإنجاز والتحصيل الدراسي:

تعد دراسة الدوافع شيئاً عسيراً للغاية، بسبب صعوبة ملاحظاتها أو قياسها، وتعتبر دراسة الدوافع الإنسانية من بين أهم مواضيع علم النفس، وذلك لأنها تأخذ في نظر الاعتبار تلك القوى الخفية في سلوك الإنسان التي تدفعه إلى الحركة والنشاط والفعالية في جميع أطوار حياته. ويرى علماء النفس عامة أن أسباب النشاط النفسي نابعة من حاجات الفرد، فالفرد يتعلم التمييز بين الحسن والسي، وبين الناجح والفاشل من مثيرات بيئية بقدر ما تشع هذه الحاجات، وبهذه الكيفية يتم توجيه دوافع الفرد في المواقف الاجتماعية التي تتضمن النفوذ والثورة والمظهر والمكانة والتعاون (جليفورد 3:ص711) وبذل كل ما يمكنه في سبيل الاستفادة منها على نحو مقبول وبغير ذلك يضرب المدرس في بيداء مظلمة لا يمكن الاهتداء فيها، وبذلك يضل في تأدية واجبه، وتصبح جهوده سدى بذل من كد وعناء (تركي 1984).

وقد أظهرت العديد من الدراسات أن من كان لديه دافع قوى للإنجاز، يتعلم الاستجابات بصورة أسرع من أصحاب الدوافع المنخفض للإنجاز، ولكنه مع ذلك لا يمكن الحكم بأن الأفراد ذوي الدافع القوي للإنجاز، ويكون أداؤهم أفضل بطريقة تلقائية في كل الأعمال فإنهم قد لا يتفوقون في الأعمال الروتينية التي لا تنطوي علي شي من التحدي، ولذلك كان من اللازم أن يستثار عندهم الدوافع. وبعض الدراسات تؤيد أن ثمة نتائج عامة مؤداها ازدياد الأداء بزيادة مستوى الدافعية إلى أن تصل إلى مستوى عال جداً، إلا أن الازدياد الذي هو أكثر من المستويات العالية من الدافعية ينتج عنه أداء ضعيف، وينص قانون (ليركز - ودسن) علي انه كلما كانت المهمة صعبة بصورة أكثر تطلب مستويات دافعية أقل، ولكن تنتج الحد الأقصى من الأداء.

أهمية الإنـجاز والتحصيل والحاجة

اهتم المشتغلون بعلم النفس اهتماماً كبير بدارسة العوامل التي تؤثر في عملية

التعلم، ولاشك أن أنجاز هذه العوامل ضرورية لضمان الوصول إلى الأهداف التربوية بطريقة سهلة وسريعة، كما أن إهمال العوامل قد يكون سبباً في فشل الكثير من البرامج التعليمية، وفي ضياع كثير من الوقت والجهد بلا فائدة، ويرى علماء النفس أن التعلم يتحسن كمياً وكيفياً إذا ما اشتد دافع الفرد، بل أن هناك اتفاقاً على أن لا تعلم بدون دافع، وتؤكد الكثير من الدراسات أن الدرجات المتطرفة من الدافعية «قوة وضعف» قد تؤدي إلى نوع من التدهور والتأثير في الإنجاز والتعلم (أبو الحطب، 1989) وترى وجهه النظر الحديثة في علم النفس، أن الدافع لا يثبت السلوك، وإنما يستثير الفرد للقيام بالسلوك وأن أفضل درجة من الاستثارة هي الدرجة المتوسطة إذ أنها تؤدي إلى إنجاز أفضل وأن الدافعية تملي علي الفرد أن يستجيب لموقف معين ويهمل المواقف الأخرى. أي أن الدافع يملي نوعاً من الاتجاه العقلي علي الفرد، بحيث يختار الفرد الاستجابة المفيدة وظيفياً له في عملية توافقه مع العالم الخارجي كما أن الدافع يوجه السلوك وجهة معينة ليزيل حالة التوتر، ونستطيع القول أن التعليم لا يمكن أن يكون مثمرا. إلا إذ هدف إلى غرض (قصد) أي لابد أن يكون هناك قصد في عملية التعلم، وأتضح من دراسة أجراها جنكز 1933، أن بعض المفحوصين كانوا يحددون أنفسهم قصداً، وعلي أساسه يتعلمون ويكون التعلم أكفأ كلما تحدد الهدف (عبد النافع، 1975) فالسلوك الإنساني سلوك قصدي يسعى من خلاله إلى تحقيق هدف معين وان هناك سببا أو عدة أسباب تدفع الإنسان إلى القيام بالسلوك المعين دون غيره في موقف من المواقف إذا عرفنا دوافع الفرد وميوله واتجاهاته، وما يسعى إلى تحقيقه من أهداف، أي معرفة حالة الفرد الداخلية وكذلك معرفة المنبهات البيئية وأثرها في جهازه العصبي هذه العوامل كلها تقع ضمن ما نسميها بالدوافع. وقد أشار كل من (بول توماس يونك1961)، و (ونالد لتدزلي 1973) إلى الوظيفتين الأساسيتين للدافعية:

1-   الوظيفة التنشيطية (Energizing//function) أو الوظيفة التحريكية (/ Arousing function) حيث أن الدوافع تنشط السلوك نتيجة الحيرة العامة لتزايد النشاط البدني أو النفسي، حينما يكون الشخص «مدفوعاً أي يسلك تحت تأثير دافع معين».

2- الوظيفة التوجيهية (Regulative Function) حيث أن النشاط الإنساني الواعي هو نشاط موجه نحو هدف معين (Goal - Directicl Activity) فلا دافعية بدون هدف بوجه السلوك وجهة معينة. وإن جعل الإنسان بدوافعه الخاصة مصدر لكثير من متاعبه ومشكلاته ومعتقداته الباطلة واندفاعا ته وأزماته النفسية، بل أن كثيرا من الضروب والتخبط التي يتورط فيها الفرد ترجع إلى عجزه عن تحديد الإغراض والبواعث التي تحركه تحديداً تاماً ومعرفة الإنسان لدوافعه الحقيقية «لا الدوافع التي يزعمها أو يتوهمها» تعينه على ضبطها وتوجيهها والتحكم فيها أو إرجاع إشباعها أو تحرير السلوك الصادر عنها (عزت1989) ويرى باندورا أن عملية الدافعية تتأثر بكل من التعزيز الخارجي والتعزيز البديل والتعزيز الذاتي.

إن الدافع للإنجاز، هو هدف ذاتي ينشط السلوك بوجهه، ويعتبر من المكونات المهمة للنجاح المدرسي، ويوصف الأفراد ذو دافع الإنجاز العالي بالفهم بأنهم يميلون إلى بذل محاولات حادة للوصل إلى قدر كبير من النجاح في كثير من المواقف، وقد بينت دراسة (oak. laud. 1969) أن الطلبة العالي الإنجاز الدراسي يعتبرون أكثر تنظيماً وواقعية وتعاون وامتثالا للعرف من الطلبة المنخفض الإنجاز، ويتأثر الإنجاز بممارسات التنشئة، ولهذا نلاحظ أن هناك فروقاً واضحة بين شرائح المجتمع، وكذلك الفروق الثقافية المختلفة، وذلك لاختلاف التنشئة (لازوروس ريتشارد) أن الطلبة، كما نعلم يختلفون بعضهم عن بعض في الدوافع، وهذه الفروق ترتبط بالجنس والاختصاص والمرحلة والسكن، ولكي تقوم الجامعة بأداء المهمات الأساسية التي تكلف بتأديتها كان من الواجب عليها تكثيف جهودها، من أجل تحقيق الوظائف والمهمات المنوطة بها، وهنا كان لابد من الاهتمام بدوافع الطالب الذي يعتبر محور العملية التعليمية والإنجاز الدراسي (Academic Achievement) وهنالك عدد من التعاريف للإنجاز الدراسي منها:

أ - عرفه معجم علم النفس؛بأنه: معرفة أو مهارة مكتسبة، وهو خلاف القدرة على اعتبار الإنجاز أمر فعلي، وليس إمكانية[1].

ب - وتعرفه موسوعة علم النفس والتحليل النفسي؛ بأنه: بلوغ مستوى من التحصيل المقننة أو تقديرات المدرسين أو الاثنين معاً[2].

ج - وتعرفه موسوعة علم النفس؛ بأنه: ما أحرزه المرء وحصله في أثناء التعلم والتدريب والامتحان والاختبار في تفوق[3].

3- دافع الإنجاز الدراسي (Motivation) Academic Achievement

هناك العديد من التعاريف لدافع الإنجاز الدراسي منها:

أ- يعرفه عبد الغفار 1984؛ بأنه تهيؤ ثابت نسبياً في الشخصية، يحدد مجرى سعي الفرد ومثابرته في سبيل تحقيق أو بلوغ نجاح يترتب عليه نوع من الإشباع، وذلك في المواقف التي تتضمن تقويم الأداء في ضوء محدد للامتياز، ويقاس بالاختبار المستخدم في الدراسة[4].

ب- وعرفه ماكليلاند McClelland: بأنه الرغبة في أداء العمل المدرسي بصورة جيدة.

ج- ويعرفه الأستاذ المشرف الدكتور /محمد جاسم العبيدي؛ تعريفاً إجرائيا بأنه، مقدار الرغبة والنزوع في بذل جهد لأداء الوجبات والمهمات الدراسية بصورة جيدة.

---

(1) قاموس التربية، ص62، المكتبة العربية /بيروت.

(2) معجم علم النفس، 1980، ص13.

(3) موسوعة علم النفس.

(4) الدكتور محمد جاسم العبيدي - بحث عن التعلم والانجاز، 2000.

161

دافع الإنـجاز والحاجة للإنـجاز.

يعتبر العالم مرى (Murray) أول من استخدم اصطلاح الحاجة للإنجاز، حيث ورد بين عدد من الحاجات بلغت ثمان وعشرين حاجة في كتاب استكشاف الشخصية الذي ظهر سنة1988. وهذا الكتاب خلاصة لنظريته في الشخصية ولبحوثه التي بدأها سنة 1980 مع تلامذته وزملائه في جامعة هارفارد وقد اتبع الأسلوب التجريبي وكان من أهم أدوات القياس التي بنيت عليها دراسات مري وجماعته في هذه الفترة(اختبار تفهم الموضوع) الذي قاموا بإعداده لغرض هذه الدراسات هو وسيلة إسقاطية يطلب فيها من المفحوص أن يؤلف قصة استجابة رغباته ومخاوفه وذكرياته التي قد لا يريد التحدث عنها أو الإفصاح عنها في الأحوال الاعتيادية وقد اخذ ادوار دس (EDWARDS) سنة 1954 أوصاف الحاجات لدى مري وبنى منها سلسلة من العبارات الو صفية التي استخدمها بدوره كاختبار يجيب عنه الفرد بانطباق الأوصاف علي نفسه أو عدم انطباقها ويبحث هذا الاختبار المطور في الحاجة للإنجاز بالإضافة إلى الحاجات الأخرى. إلا أن محاولات جديدة لصورة تعرض عليه وتؤدي هذا الاستجابة إلى أن يكشف من خلالها عن لقياس هذه الحاجة عن طريق التخيل قد بذلت من قبل آخرين. وتبلورت هذه المحاولات علي أيدي ماكللاند (MC Lelland) وزملائه في جامعة وسليان(WESLEYAN) في الفترة بين سنة 1947وسنة1953عند ظهرت بحوثهم في كتاب بعنوان دافع الإنجاز.

ويمكن تلخيص مجموعات البحوث في دافع الإنجاز تاريخياً إلى أربعة مجموعات.

1- مجموعة بحوث في بناء المقياس وثباته وصدقه.

2- مجموعة بحوث في الدافع كعامل مؤثر في الأداء لفعاليات سلوكية مختلفة تمثل التحصيل المدرسي ومستوى الطموح والتذكر والتأثير الاجتماعي.

3- مجموعة بحوث في العمليات الدافعية كإيجاد دور الدافع في مواقف الإنجاز التي تتطلب الاختبار والتوقع أو الحكم المسبق علي النتائج ولما كانت مثل هذه المواقف

تتضمن احتمالات النجاح والفشل والأمل والخيبة، فقد صار ضرورياً أن يدرس الجانب التجنبي للسلوك في مواقف الإنجاز.

4- مجموعة بحوث في دراسة الفرد المنجز - التي عاصرت بحوث المجموعة الثالثة - وفي هذا الحقل يدرس أصل الدافع ومحدداته التكوينية والثقافية والاجتماعية ودور (الأنا) فيه ودوره في السلوك الاقتصادي.

الانـجاز الدراسي وإعطاء الدرجات:

لقد وجد ماكللاند أن التدريب علي إعطاء الدرجات لدافع الإنجاز أمر سهل ويمكن تعلمه في مدة بسيطة بحيث يحصل الحكام علي اتفاق في تقديراتهم يقارب 0.90 وهو ثبات عادل للحكام. أما محاولة إيجاد الثبات الداخلي فلم تحظ بنفس التوفيق. فقد وجد أن الصور المختلفة تختلف في ثباتها الداخلي ونظراً لما لدافع الإنجاز من أهمية في بناء المجتمع نجد أن هناك الكثير من الدراسات والبحوث قد أجريت بعد الحرب العالمية الثانية في الدول الأوربية وأمريكا، بحيث تكونت مدرسة كاملة من علماء النفس في هذه الدولة. كما أن مؤسسة فورد في جامعة مشيغان قامت من عام 1956-1972.

ببحث تبلور عن مشروع حول دينامية الشخصية وعن تطوير برنامج يدرس دافع الإنجاز. إن لموضوع دافع الإنجاز أهمية في هذه المرحلة التي تهدف إلى تأكيد شخصية الفرد ووجوده العلمي والحضاري في المحافل الدولية فما أحوجنا نحن في ليبيا إلى إجراء المزيد من الدراسات والبحوث حول مستوى دافع الإنجاز الدراسي لدى طلبة الكليات لمعرفة مستوى هذا الدافع وتحقيقه.

الفصل الثامن

دراسة عن طلبة الثانوية المتفوقين المشمولين ببرامج التي أعدت لرعايتهم في الجماهيرية

تناول الدراسة الطلبة المتفوقين المشمولين لبرامج الثانوية التي أعدت لرعايتهم في الجماهيرية وتتوزع البرامج التربوية إلى أصناف ثلاثة هي:

1- برنامج العزل الكلي أو المد ارس الخاصة بالمتفوقين:

ويمثله مركز الفاتح للمتفوقين (بنغازي) مثالاً لذلك وهي مدرسة مستقلة مختلطة أنشئت عام 1994 وقد كانت مدة الدراسة فيها أربع سنوات يلتحق بها الطلبة المتفوقون والمتفوقات في الشق الثاني من التعليم الأساسي ولغاية الصف الثاني ثانوي بفرعية العلمي والأدبي. ومنذ ثلاثة أعوام سبقت بدأت المدرسة باستقبال الطلبة من الصف العاشر الأساسي ولغاية نهاية الصف الثالث ثانوي بفرعية العلمي والأدبي. ويمثل هؤلاء الطلبة عينة متجانسة تخضع لبرنامج إثرائي خاص بهم لرعايتهم على حسب ما تتطلب قدراتهم، حيث تقدم المناهج المقررة من أمانة التعليم بطرائق وأساليب جديدة بالإضافة إلى مسافات دراسية أضافية في موضوعات متعددة، وبرنامج شامل للأنشطة التربوية في مختلف المجالات العلمية والثقافية واجتماعية والفنية والرياضية والتربية القيادية وخدمة المجتمع. (السرور1998، ص86)

2 - **برنامج المد ارس النموذجية أو العزل الجزئي:**

وهي صفوف سميت بالمراكز الريادية (المدارس النموذجية) ويشمل هذا البرنامج الطلبة المتفوقين بداءً من الصف التاسع الأساسي يخضعون في الصباح للبرنامج الدراسي الاعتيادي مع الطلبة الاعتياديين، والذي أعدته أمانة التعليم، ثم ينتقلون في الفترة المسائية إلى المراكز النموذجية ليتلقوا البرامج الإثرائية الخاصة بهم طيلة أيام الأسبوع ثلاثة أيام للذكور، وثلاثة أيام للإناث، بواقع ثلاثة ساعات يومياً ويهدف هذا البرنامج إلى تعميق وعي الطلبة بالمعارف الأساسية من خلال برامج إثرائية في اللغات والعلوم والرياضيات والحاسوب، كما يهدف إلى إبراز مواهب الطلبة ورعايتها وتهيئه الأجواء الملائمة لتطويرها، وتنمية قيادات واعية في شتى المجالات الاجتماعية والاقتصادية والعلمية والفنية والسياسية. وتتبع هذه المراكز مؤسسات حكومية وأهلية، فمركز الفاتح للمتفوقين بنغازي تشرف عليه اللجنة الشعبية العامة للتعليم ترعي مصالح المتفوقين حيث ثم إنشاؤه في عام 1994جنباً إلى جنب مع رعاية أمانة اللجنة الشعبية العامة للتعليم التي قامت بإنشاء أربعة مراكز نموذجية عام 1994 موزعة علي مناطق مختلفة من الجماهيرية في طرابلس. وشمالها. وشرقها ووسطها[1].

3 - **البرنامج التربوي الاعتيادي (بدون عزل) المدارس الاعتيادية**

ويتناول الطلبة المتفوقون في المدارس الاعتيادية ويوزع هؤلاء على مدارس الجماهيرية الاعتيادية ويتم هذا في هذه المدارس تدريس الطلبة وفق المناهج الاعتيادية الذي أعدته أمانة التعليم في الجماهيرية لكافة الطلبة سواء متفوقين أو اعتياديين (غير متفوقين).

(1) تقرير اللجنة الشعبية التعليم في شعبية طرابلس /مكتبة أمانة التعليم زاوية الدهماني /طرابلس 2002.

أولاً: عينة الدراسة:

اختيرت عينة البحث بصورة مقصودة إذ بلغ حجمها (210) طالباً وطالبة من الطلبة المتفوقين الملتحقين في برامج المتفوقين وفي المدرسة الخاصة بالمتفوقين (مركز الفاتح للمتفوقين بنغازي) (برنامج العزل الكلي) والمراكز النموذجية (عزل جزئي) فضلاً عن المتفوقين الذين يتم اختيارهم من المدارس الاعتيادية بواقع 70 طالباً وطالبة لكل برنامج وثم استبعاد 18 طالباً وطالبة لعدم أكمال متطلباتهم الإجابة الخاصة بأدوات الدراسة وبذلك أصبح عدد أفراد العينة 192 طالباً وطالبة المتفوقين يتوزعون علي المدرسة كمدرسة خاصة بالمتفوقين بنغازي عزل كلي وبواقع (64) طالب وطالبة وعلى ثلاثة مراكز ريادية (نموذجية) في سبها، طرابلس، وغريان. أما عينة الطلبة المتفوقين في المدارس الاعتيادية فقد تمت أساسا اختيار مجموعة من المدارس وبصورة عشوائية تتضمن الصف التاسع والعاشر من مختلف مناطق الجماهيرية في الشمال والشرق والجنوب. بالمناطق التي تتوافر فيها المراكز النموذجية، وكذلك في المناطق التي تتوافر فيها مركز بنغازي. وقد اختيرت عينة البحث من هذه المدارس بناء علي عدد من المعايير هي: (درجاتهم في التحصيل الدراسي لثلاثة صفوف سابقه. ودرجاتهم على اختبار القدرة العقلية العامة) سنرد في موقع آخر من هذا الفصل؟ وقد بلغ عدد أفرادها (64) طالب وطالبة. وتشير الجداول (1) (2) (3) إلى التوزيع التفصيلي لعينة البحث من الطلبة المتفوقين في الصف التاسع من التعليم الأساسي.

الجدول (1)

توزيع عينة الطلبة المتفوقين في برنامج العزل الجزئي
المراكز الريادية (المدارس النموذجية)

المركز الريادى	موقعه في الجماهيرية	الصف	المتفوقون		المجموع
			ذكور	إناث	
مركز طرابلس	شمال	التاسع	10	2	12
مركز سبها	جنوب	التاسع	19	13	32
مركز غريان	وسط	التاسع	10	10	20
المجموع			39	25	64

الجدول(2)
توزيع عينة البحث ضمن مجموعات البحث الثلاث

نوع البرنامج	الصف الدراسي	الطلبة المتفوقون		المجموع
		ذكور	إناث	
مدرسة بنغازي عزل كلي	العاشر	32	32	64
المراكز النموذجية عزل جزئي	العاشر	39	25	64
المدارس لاعتيادية	العاشر	31	33	64
المجمــوع		102	90	192

الجدول(3)

توزيع عينة الطلبة المتفوقين في المدارس الاعتيادية (بدون عزل)

المدرسة	المدينة	الصف	ذكور	إناث	المجموع
غريان	غريان		--	2	2
سبها	سبها		3		3
طرابلس	طرابلس		--	7	7
بنغازي	بنغازي		4		4
علي بن أبي طالب	غريان		1		1
الفاتح	بنغازي		--	8	8
خديجة	غريان		8		8
فلسطين	طرابلس		7		7
عائشة	سبها		--	5	5
الشرارة	سبها		--	6	6
القدس	سبها		3		3
ابن زيدون	طرابلس		5		5
القادسية	طرابلس		--	5	5
المجموع			**31**	**33**	**64**

وقد كانت عملية اختيار الطلبة المتفوقين من المدارس الاعتيادية ومركز بنغازي والمراكز الريادية (المدارس النموذجية) تخضع لمحكين هما:

1- التحصيل الدراسي العام لثلاث صفوف سابقة وهي الصف السابع والثامن والتاسع للتعليم الأساسي بحيث تتجاوز 90% (كمعدل عام).

2- (الذكاء: وقد تم تطبيق اختبار المصفوفات المتتابعة (لرافن) لقياس الذكاء العام، واختير الطلبة الذين تجاوزت درجاتهم المئينية فوق 95% علي ذلك الاختبار. وقد أشارت (السرور، 1998) من خلال مراجعتها لفاعلية صدق وثبات اختبار المصفوفات المتتابعة في دراسات متعددة، أن هذا الاختبار يعد أحد المؤشرات للتعرف علي المتفوقين، كما أنه يخلو من البعد اللفظي ويعتمد علي التمييز الشكلي (السرور1998، ص117). فهو لا يعتمد على اللغة إلا في مجال إلقاء التعليمات بأسلوب التفاهم اليومي (عبيد، 200، ص136) قام الباحث بمكافئة العينة كاملة في المناخ الثقافي الأسرة، المستوي الاقتصادي الأسرة (ملحق1) اللذين أعدتهما (علي، 1995) على عينة البحث في المجموعات الثلاث. بعد أن تم عرضه علي مجموعة من الخبراء المتخصصين في المجال النفسي والتربوي في البيئة الليبية.

وفي أدناه تفاصيل تطبيق المقياسين في البحث الحالي:

أ- المناخ الثقافي الأسرة:

لأغراض الدراسة قام الباحث بأتباع الخطوات نفسها التي اتبعها المقياس الأصلي لغرض تحويل البيانات الخاصة بالمؤشرات إلى تقديرات رقمية. ويتضمن المقياس المجالات الآتية:

1- المستوى التعليمي للوالدين: ويتناول ثمانية بدائل تتدرج في مستواها من الأمية وحتى الدرجات الجامعية العليا بحيث يأخذ الأمي (درجة واحدة) في حين يأخذ الحاصل علي الدرجات الجامعية العليا (ثمان درجات).

2- أدوات الثقافة داخل المنزل، ونشاطات الأسرة الثقافية ويتكونان من أربع عشرة نقطة. لكل نقطة البديلان (نعم:لا) تعطي درجة واحدة (لنعم) ويعطي الصفر للبديل (لا) وفي ضوء ذلك بلغت أقصي درجة يمكن أن يحصل عليها الطالب في هذا المقياس (30) درجة ثم تقسيمها علي ثلاثة مستويات (عال، وسط، متدني) إذن من حصل علي (10) فما دون يقع ضمن المستوي الأدنى ومن (20، 11) للمستوي المتوسط؟ ومن (30، 21) للمستوي الثقافي العالي كما يتضح في الجدول (5، 4) الذي سيرد لاحقاً.

جدول(4)

اختبار مربع كاى لعينة البحث من الطلبة المتفوقين في المناخ الثقافي الأسري

المستوى / الفرع	التكرارات			المجموع	قيمة مربع كاى	
	عالي	وسط	متدني		المحسوبية	الجدولية
الطلبة المتفوقين في مدرسة بنغازي	20	36	8	64		
الطلبة المتفوقين في المراكز الريادية	14	44	6	64	85 .5	48 .9
الطلبة المتفوقين في المدارس الاعتيادية	10	43	11	64		
المجموع	44	123	25	192		

جدول(5)

اختبار مربع كاي لعينة البحث من الطلبة المتفوقين في المستوى الاقتصادي الأسري

قيمة مربع كاي		المجموع	التكرارات			الفرع
الجدولية	المحسوبية		متدني	وسط	عالي	المستوى
		64	16	42	6	الطلبة المتفوقين في مدرسة بنغازي
49. 9	82 .1	64	13	46	5	الطلبة المتفوقين في المراكز الريادية
		64	19	39	6	الطلبة المتفوقين في المدارس الاعتيادية
		192	48	127	17	المجموع

يشير الجدولان إلى أن القيمة المحسوبة هي أقل من القيمة الجد ولية، بمعني أنه لا توجد فروق ذات دلاله إحصائية في المناخ الثقافي الأسري، وفي المستوى الاقتصادي الأسرى يين مجموعات الدراسة الثلاثة عند مستوي (0.05) (*).

(*) مع العلم أن الطلبة المتفوقين في مركز الفاتح في بنغازي والمراكز الريادية (النموذجية) قد ثم اختيارهم مسبقاً من أمانة التعليم استناداً إلى محكي التحصيل العام، واختبار الاستعداد الأكاديمي في كل من اللغة، والرياضيات، والعلوم، والمنطق، فضلاً عن عملية الاختبار الحالية التي قام بها الباحث.

ب - **المستوي الاقتصادي**

اتبع الباحث الخطوات نفسها التي اتبعت في المقياس الثقافي الأسرى بالنسبة لتوزيع الدرجات النهائية؟ واستخراج المستويات الثلاثة (العالي، والوسط؛ المتدني) للمستوي الاقتصادي؟ وقد تضمن هذا المقياس مؤشرات عديدة وهي:

1- **نوع السكن:** من حيث كونه ملكاً أم أيجار؟وتعطي الدرجة (1) في حالة كونه ملكاً؟ وصفراً في حالة الاستئجار.

2- **طبيعة السكن:** (مريح، غير مريح)؟ إذ أعطيت درجة (1) في حالة كونه مريحاً؟ وصفر في حالة كونه غير مريح.

3- **عدد الغرف:** ثم تصنيف هذا المتغير علي حسب استجابات أفراد العينة وبعد استخراج المتوسط الحسابي البالغ (5.4305)؟ بانحراف معياري (1.940) ثم تصنيف البيوت حسب عدد الغرف إلى أربعة أصناف إذ أعطيت (4) درجات في حالة توافر (7) غرف فأكثر؟ و(3) درجات إذا كانت عدد الغرف (5، 6) غرف ؟ ودرجتان في حالة كون العدد مابين (4، 3) غرف؟ (ودرجة واحدة) إذا كانت عدد الغرف مابين (1، 2).

4- **عدد أفراد الأسرة:** إذا أتبعث الخطوات السابقة نفسها في استخراج المتوسط الحسابي والبالغ (7.207)؟ بانحراف معياري قدره(2.188)وقد ثم تصنيف الأسر إلى أربعة أصناف فقد حصلت الأسرة التي يزيد عدد أفرادها على(10) أفراد على درجة واحدة؟ أما التي يبلغ عدد افرداها مابين (9.7) فتحصل علي درجتين؟ إما التي يبلغ عدد افرداها بين (6.4) أفراد فقد حصلت على ثلاث درجات؟ كما حصلت الأسرة التي بلغ عدد أفرادها (3) علي أربع درجات.

5- **الدخل الشهري:** صنفت الدخول إلى أربعة مستويات علي أساس المتوسط الحسابي

الذي يبلغ (543.388) دينارا ليبي وبانحراف معياري قدره (251.249).يضم المستوى الأول الأسر التي يبلغ دخلها الشهري (751) دينار ليبيا وأكثر وأعطيت أربع درجات، وأعطي المستوي مابين (750.501) دينارا ثلاث درجات؟ وبين (500.251) أعطي درجتان ؟أما المستوي الذي يقل عن (250) دينار فقد حصل على درجة واحدة.

6- **مهنة الوالدين:** تم ترتيب المهنة تنازلياً من أعلاها مكانة إلى اقلها مكانة؟ حيث أعطي علامة (6) درجات لأعلاها مكانة، ودرجة واحدة لأقلها مكانة بعد ترتيب المهن إلى ست مستويات.

7- **مؤشرات اقتصادية أخرى وتشمل:** ما تمتلكه الأسرة؟ إذا أعطيت (درجة واحدة) لكل مقتنى متوفر في الأسرة، ومن أجل الحصول علي التصنيف الثلاثي في للمستوي الاقتصادي بعناصره السبعة أعلاه، فقد عدت الدرجة النهائية القصوى التي يمكن أن يحصل عليها الطالب (34) درجة؟ وعدد من حصل بين (11.1) درجة ضمن المستوي الاقتصادي المتدني، ومن (24.12) ضمن المستوي المتوسط، وبين (34.25) ضمن المستوي الاقتصادي المرتفع. بعد استخراج درجات الطلبة في هذين المقياسين ثم تحليلها إحصائيا باستخدام (مربع كأي للمقارنة بين الاستجابات لعينات متعددة (عبد الجبار1983، ص191). ويشير الجدولان (4)، (5) إلى نتائج التحليل الإحصائي بالنسبة للمناخ الثقافي الأسرى، والمستوي للاقتصادي الأسرى علي التوالي.

ثانياً: أدوات البحث

اختبار رافن للمصفوفات المتتابعة صمم الاختبار أصلا من قبل العالم النفسي (رافن) (Raven) عام في انجلترا 1938 ليقيس به العامل العام للذكاء، وقد تم تنقيحه مرتين - التنقيح الأول عام 1947، والثاني عام 1956 وقد قدم (رافن) المعايير المئوية

(المئينات) percentile norns عام 1960 المراحل نصف سنوية للأعمار مابين (8 - 9) سنة وبمراحل خمس سنوات للأعمار مابين (20-65) (الدباغ وآخرون، 1983، ص23).

(أبوحطب، 1977، ص200 - 204) وقد عد معظم علماء النفس هذا الاختبار من الاختبارات الجيدة لقياس الذكاء العام (أبوحطب، 1977، ص200) (السرور، 1999، ص117) إذا بلغ معامل ارتباطه مع اختبارات (تيرمان - ميرل) < للذكاء> (0.86) (الدباغ وآخرون 1983، ص 23) وقد قامت دراسات متعددة بتقنين الاختبار علي بيئات مختلفة أجنبية وعربية نذكر منها: (دراسة ريهولدي1984) في الأرجنتين، دراسة يورك 1972 في أمريكا، دراسة كنيكل هو فر 1967 في تانزانيا، ودراسة كايل ودراسة ودوز 1976 في انجلترا، ودراسة ماجو ندار وناندي 1971، ودراسة راشا 1959 في الهند، ودراسة ريمولدي1947 في أسبانيا، ودراسة ريو 1961 في الاورغواى، ودراسة قامت من قبل جمعية الأبحاث التربوية 1978 في استراليا، ودراسة أبو حطب 1972، ودراسة الدباغ وآخرين 1983 في العراق (ودراسة الدباغ وآخرين 1983 ص23) ودراسة ابوحطب 1977 في السعودية (ودراسة ابوحطب 1977)، ودراسة عليان 1998 في فلسطين (عليان 1998) ودراسة الصفدي، 1973في الأردن (الصفدي، 1973) وقد قام الصفدي(1973) بتعريب وتطبيق الاختبار علي عينة من طلبة المدارس الحكومية والخاصة في منطقة عمان وضواحيها من البادية الأردنية بلغ حجمها (960) طالباً وطالبة ثم اختيارهم بالطريقة العشوائية، وقد كانت عملية تطبيقه تجري بصورة فردية وبصورة جمعية كما ثم استخراج معايير للاختبار في البيئة الأردنية وهي المئينات التي ثم استخدامها في الاختبار الأصلي لرافن. ويعطي الاختبار معايير خاصة به لكل فئة عمرية وهي عبارة عن درجات مئينية تناظر الدرجات الخام التي يحصل عليها الأفراد في الاختبار، وتقوم هذه المعايير علي الرتب عليها الأفراد في الاختبار، وتقوم هذه المعايير علي الرتب المئينية والتي علي أساسها قسم (رافن) مستويات الذكاء إلى خمس مراحل تختص المرتبة الأولي بالأذكياء المتفوقين جداً (ممتازون) وهم الذين تقع

درجاتهم فوق..... (95%) والمرتبة الثانية خاصة بذوي الذكاء فوق المتوسط وهم الدين تقع نتائجهم فوق المئيني 75% والمرتبة الثالثة تتناول متوسطي الذكاء، وهم الدين تقع نتائجهم بين الميئيتن (25-75%) وتختص المرتبة الرابعة بدوى الذكاء المتوسط وهم الدين تقع نتائجهم تحت المئيني (25%) ولغاية المئيني5%، أما الفئة الخامسة هم الدين تقع نتائجهم تحت المئيني الخامس في المرحلة العمرية نفسها (الدباغ وآخران 1983، ص 48) (الصفدي 1973، ص96) وقد تم استخراج دلالات صدق وثبات الاختبار في البيئة الليبية إذا بلغ معامل ثبات الاختبار بطريقة أعادة الاختبار لفئة الأعمار 14 سنة فما فوق 0.93، وللعينة 0.037 ويتفق هذا المعيار مع معاملات الثبات التي توصل إليها (رافن) نفسه والتي استخرجت بطريقة إعادة الاختبار كما استخرج الصدق التلازمي من خلال حساب معامل الارتباط بين درجات الطلبة علي اختبار رافن ودرجاتهم في النتائج والتقديرات المدرسية، وقد تراوحت معاملات الصدق 0.28 - 0.58 المعدل العام (0. 51)وهو معامل ايجابي يدل علي صدق الاختبار، وهذا يناظر معاملات الصدق التي استخرجت للاختبار في ثبات أخر (الصفدي 1973ص89 - 96) وقد استخدم هذا الاختبار كمحك لاختبار أفراد عينه البحث الحالي المتواجدة ضمن البرامج التربوية الثلاثة بعد أن تم عرضة علي مجموعة من المحكمين المختصين في مجال علم النفس وقد أشاروا جميعاً إلى قدرة الاختبار في الكشف عن الذكاء العام للفرد. (ملحق الخبراء). ثم اخذ الدراسات التي وردت عن تطبيق اختبار رافن في البيئات الثقافية المختلفة من دراسة الدباغ وآخران، ص23 لعام 1983 ودراسة الدكتور محمد جاسم عن اكتشاف الموهوبين 2004.

اختبار القدرة علي التفكير الابتكاري.

توصل العالم الأمريكي (بول تورانس)، وبعد جهود طويلة استمرت سبع سنوات متتالية من البحث والدراسة في مجال الإبداع إلى تصميم بطارية اختبارات لقياس التفكير الابتكاري وقد ظهرت أول مرة عام 1968. كما أجرى تورانس

ومساعدوه دراسات متعددة لتطوير وتعديل هذه الاختبارات إذا اقتصرت التعديلات على إجراء تطبيق وتصحيح الاختبارات التي استمرت لغاية عام 1973 (الشنطى 1983، ص8). وعلي الرغم من شيوع مقاييس الذكاء العام (التفكير التقاربي) في معظم دول العالم في عملية تصنيف الطلبة وتوزيعهم وإرشادهم، نجد أن مقاييس (التفكير التباعدي) استخدمت من أجل التعرف علي الطلبة المبدعين لرعايتهم وتقديم البرامج التربوية المناسبة لهم لتطوير قدراتهم وقبلياتهم (الشنطي 1983ص9). وقد استهدف (تورانس) من بنائه للاختبارات الوصول إلى مقاييس تساعده على انتقاء الطلبة الذين قد تكون لديهم قدرات إبداعية إذا توفر لهم الجو البيئي والثقافي والاجتماعي الذي ساعد علي نمو اهتماماتهم الإبداعية (الشنطي 1983 ص12). ويتكون الاختبار من صورتين اللفظية، وصورية، وقد تمتع الاختبار بصورته وبصيغته الأجنبية بدلالات متعددة للصدق منها: صدق المحتوى(content validity)، والصدق التلازمي باستخدام محك تقديرات المعلمين وذلك عام 1964 من خلال دراسة أجرها تور انس وجبت (Torrance. jupta) لمعرفة إمكانية المقياس في التفريق بين الطلبة ذوي التفكير الابتكاري العالي والطلبة ذوي التفكير الابتكاري المتدني، فضلا عن ذلك فقد تم استخدام نوع ثالث من الصدق التنبؤى (predictive validity) من خلال أكثر من دراسة: الأولي كانت عام 1972 وهي دراسة تتبعية أجراها تور انس واستمرت (12) عاما، والثانية دراسة كرويلي (cropiy) عام وهي أيضا دراسة 1974 تتبعية استمرت مدة خمس سنوات، وقد حسبت العلاقة الارتباطية بين درجات الطلبة علي المقياس ودرجاتهم علي محك الإنجاز (الشنطي، 1983، ص15، 14) كما تمتع الاختبار بصيغته الأجنبية بدرجة مناسبة من الثبات تراوح مابين (0.71-.0.93) لقدرات التفكير الابتكاري (الطلاقة، المرونة، الأصالة) من خلال استخدام طريقة إعادة الاختبار (tset. retest) بفارق زمني يتراوح من أسبوع إلى أسبوعين. فضلاً عما أشير إليه في أعلاه من مواصفات، فإن الاختبار.

1- يمكن تطبيقه علي جميع مستويات الدراسة من الروضة وحتى الدراسات الجامعية العليا.

2- كما يمكن استخدام صورتي المقياس معاً (اللفظية، والشكلية) ويمكن الانفراد بإحدى صورتيه. وتتكون الصور اللفظية من سبع اختبارات فرعية (نشاطات) يتطلب من المفحوص كتابة أسئلة أو وضع تخمينات للأسباب أو النتائج، أو اقتراح استخدامات بديلة للأشياء أو وضع افتراضات لمواقف غير محتملة بحيث تكون هذه الافتراضات غير شائعة. أما الصورة الشكلية فتتكون من ثلاثة اختبارات يتطلب من المفحوص رسم موضوعا وموضوعان علي خط مقفل أو خطوط ناقصة، أو خطوط مفتوحة علي أن تكون هذه الموضوعات غير مألوفة أيضاً وقد تم تطوير وتعريب هذه الاختبارات في البيئة الليبية من (الشنطي، 1983) وروعي أثناء ترجمة الاختبارات إلى اللغة العربية التقيد بالنصوص اللغوية، وعدم إدخال أية تعديلات على مواقف الاختبارات، كما تتسم استخراج دلالات صدق وثبات الاختبار من خلال تطبيقه علي عينه من طلبة المرحلة الأساسية في مراحلها وصفوفها كافة بلغ عددها (979) طالبا وطالبة يتوزعون حسب الجنس والمدرسة، والمستوي الدراسي. ثم سحب (282) استمارة من الاستمارات بصورة عشوائية من استمارات الطلبة ممن حصلوا علي درجات مرتفعة ومنخفضة على مقياس التفكير الابتكاري، وعلي قوائم تقديرات المعلمين واستخراج منها دلالات صدق وهما: الصدق التمييزي (Discrimination. validity) لمعرفة قدرة الاختبار علي التمييز بين الأفراد ذوي الدرجات المرتفعة والمنخفضة في السمة التي يقيسها الاختبار، فضلا عن الاتساق الداخلي (Homogeneity) للاختبار لمعرفة مدى قياس كل فقرة من فقرات الاختبار للجوانب التي يقيسها الاختبار، وقد كانت جميعاً ذات دلالة عند مستوي <0. 01 <0. 0> 05.

كما تم حساب معامل الارتباط بين الدرجات الكلية للإبداع والتي حصل عليها

الطلبة في صورة الألفاظ (أ) ودرجات قوائم تقديرات المعلمين حيث بلغ(0.703) وعلي الصورة الشكلية (أ) بلغ (0.675) عند مستوي دلالة <1.01) كما تراوحت معاملات الارتباط بين الدرجات الفرعية للقياس، والدرجة الكلية لكل اختبار من الاختبارات بصوريتها (0.465) و (0.764) بوسيط قدره (0.606)، أما بالنسبة لثبات الاختبار فقد بلغ بطريقه إعادة الاختبار للصور اللفظية (0.705) في حين بلغ للصور الشكلية (0.666) وجميعها دالة إحصائيا عند مستوى دلاله < 10.1 (الشنطي، 1983، ص37.46) واستخدام الاختبار في الأردن أيضاً للكشف عن القدرات الإبداعية قي عدة دراسات، فقد استخدم من قبل (الشنطاوي، 2000) و (مطالعة، 1998) و (الحصاونة، 1997)، و (الغول، 1996)، و (قطا مي وآخرون، 1995) و (درادكه، 1995)، و (حسين، 1995)، و (الهرس، 1986)، و (أبودرياس، 1986) ولأغراض تحقيق أهداف البحث فقد تبني الباحث هذا المقياس بصورته اللفظية لقياس التفكير الابتكاري (ملحق2) لتناسبه عند طلبة الصفوف العليا أكثر من الصورة الشكلية التي يكثر استخدامها مع الأعمار الأصغر بعد عرضه علي مجموعة من المختصين في مجال التربية وعلم النفس (انظر الخبراء في الملاحق).

3- مقياس دافع الإنجاز الدراسي: صمم المقياس بصورته الأصلية من قبل الكناني 1979 وثم إعادة بنائه من قبل الدكتور محمد جاسم ولي وهو لقياس دافع الإنجاز الدراسي لدي عينة من طلبة المرحلة الإعدادية في البيئة العراقية وقد اعتمد البحث الأصلي لبناء المقياس أسلوب الاختبار الإجباري مع الأخذ بعين الاعتبار عامل المرغوبية الاجتماعية، وذلك للتخلص من نقاط الضعف الرئيسية في استجابات الأفراد في مقاييس الشخصية، إذ يختار المستجيب إحدى الفقرات التي تكون أكثر انطباقا عليه ويترك الأخرى. ويتكون المقياس من (30) زوجا من الفقرات، كل فقرة من كل زوج من الفقرات تختلف إحداهما عن الأخرى، ففي الوقت الذي يمثل إحداهما دافع إنجاز دراسي عال، يمثل الأخر دافعاً أقل من ذلك، ويطلب

من المستجيب أن إحداهما ويترك الأخرى. وقد ثم مكافأة الفقرات من حيت المرغوبية الاجتماعية، من خلال اختبار عبارتين متساويتين أو متقاربتين إلى حد كبير من حيت درجة المرغوبية الاجتماعية، وفي الوقت نفسه فان هاتين العبارتين مختلفتان في درجة قياسهما لدافع الإنجاز الدراسي.

الصدق والثبات لمقياس دافع الإنجاز الدراسي:

وقد استخرجت دلالات صدق وثبات المقياس بصورته الأصلية. فقد كان معامل الارتباط للدرجات الكلية للمقياس ومعدل تقديرات المدرسين لدافع الإنجاز الدراسي للطلبة أنفسهم ذا دلاله إحصائية عند مستوي 0.01 كما بلغ معامل الثبات بطريقة التجزئة النصفية (0.93)بعد ما ثم تصحيحه بمعادل سيرملي بروان. ثم تطوير المقياس من قبل (السعدي 1981) وذلك من حيت الكيفية التي يجيب بها الطالب علي المقياس إذ قام بوضع سلم ثلاثي متدرج بجانب كل عبارة من عبارتي فقرات المقياس وذلك لضمان الدقة في الحصول علي إجابات أكثر تمثيلاً لما يحس به المستجيب وبذلك تمت المزاوجة بين طريقة ليكرت المستخدمة حالياً في المقياس وطريقة الاختبار الإجباري التي ثم بناء المقياس بصورته الأصلية علي أساسها (ملحق2) ثم عرض المقياس علي عينة من طلبة الصف الثالث ثانوي في سبها وذلك لمعرفة أفضلية صورتي المقياس، وقد أظهرت النتائج أفضلية الأسلوب الثاني أي (المقياس بصورته الثانية) وبنسبة مئوية قدرها 97% لدي البنين 96% لدي البنات. ولغرض تطبيقه في البيئة الليبية ثم استخراج دلالات صدق وثبات المقياس، فقد حصل المقياس علي صدق المحكمين من خلال عرضه علي مجموعة من المحكمين المختصين في علم النفس. (ملحق 6) بعدها ثم إعادة صياغة بعض الفقرات بما يتناسب والبيئة الليبية وقد تحقق من ثبات الاختبار، إذ ثم تطبيقه علي عينة من طلبة الصف التاسع الأساسي البالغ عددهم (40) طالباً وطالبة من غير عينة البحث، حيت ثم استخراج معامل الثبات بطريقة التجزئة النصفية وقد بلغ (0.945) بعد أن ثم تصحيحه بمعادلة سبيرمان بروان وهو معامل

180

مقارب لمعامل الثبات في صورته الأصلية كما ثم حساب الثبات بطريقة إعادة الاختبار علي عينة أخري من طلبة الصف الأول الثانوي ومن غير عينة البحت أيضاً والبالغ عددها (50) طالباً وطالبة، إذ بلغت المدة الزمنية بين التطبيق الأول والثاني أسبوعين وقد بلغ (0.645) وهو معامل مقارب لما جاء في بعض الدراسات الأجنبية وقد تبين الباحث هذا المقياس لقياس دافع الإنجاز الدراسي لدقة تنظيمه وأعداده بعد أن ثم التأكد من صدقه وثباته

الوسائل الإحصائية:

لغرض الوصول إلى تحقيق أهداف البحث وفروضه استخدام الباحث الوسط الحسابي والانحراف المعياري والوسائل الإحصائية الآتية سيبرمان لإيجاد الثبات والصدق.

معامل ارتباط بيرسون:

معامل الارتباط (قانون الوسط المبرمج لحساب الفروق قانون تحليل التباين لمعرفة متغير الجنس والبرنامج التربوي اختبار توكي (taktest) للمقارنة... للفروق بين متوسطات درجات الطلبة في دافع الإنجاز الدراسي في برامج التربوية الثلاثة اختبار(T. teat) لدلالة الفروق بين متوسطات درجات الطلبة المتفوقين في دافع الإنجاز الدراسي.

تحليل نتائج الدراسة ومناقشتها:

أولا- النتائج:

استهدف الدراسة الحالية دراسة قضية أساسية تناولتها العديد من الدراسات البحثية منذ العشرينات حتى الآن، وهى تتعلق بالطلبة المتفوقين والمقارنة بين ثلاث شرائح طلابية هي:

1- الطلبة المتفوقون المتواجدون في مدرسة خاصة بهم في بنغازي (نظام العزل الكلي).

2- الطلبة المتفوقون الذين يقضون يومهم الدراسي العادي في المدارس الاعتيادية مع الطلبة الاعتياديين ثم ينتقلون إلى المراكز الريادية الخاصة بالطلبة المتفوقين ليتلقوا البرامج الإثرائية التي أعدت لهم

3- الطلبة المتفوقون المتواجدون في المدارس الاعتيادية والذين لم يتلقوا أي نوع من الرعاية، وإنما يتناولون في دراستهم البرامج الاعتيادية التي أعدت للطلبة بشكل عام.

وتناولت المقارنة بين هذه المجموعات الثلاث كلا من التفكير الابتكاري، ودافع الإنجاز الدراسي. ومن خلال تطبيق أدوات البحث وهي: - مقياس تورانس للتفكير الابتكاري (الصورة اللفظية)؟ ومقياس دافع الإنجاز الدراسي، وبعد استخدام التحليلات الإحصائية اللازمة تم التوصل إلى النتائج التالية بناءً علي الفرضيات الصفرية، وعلي النحو آلاتي:

أولا: الفرضية الأولي:

لا توجد فروق ذات دلالة إحصائية في التفكير الابتكاري لدى الطلبة المتفوقين تعزى للجنس واختلاف البرامج التربوية للمتفوقين.

(عزل كلي/للمدارس النموذجية/ للمدارس العامة) وقد تضمن الجدول (7) نتائج تحليل التباين التنائي لدرجات الطلبة المتفوقين علي مقياس التفكير الابتكاري.

الجدول (7)

نتائج تحليل التباين التنائي لعينة البحث من الطلبة المتفوقين في التفكير الابتكاري تبعاً لمتغيري الجنس والبرنامج التربوي

مصدر التباين	مجموع المربعات	درجات الحرية	متوسط المربعات	القيمة الغائبة المحسوبة	القيمة الغائبة المجدولة	مستوى الدلالة
البرامج التربوية	107800.7	2	53900.33	35.991	3.04	0.05
الجنس	1640.773	1	1640.773	1.096	3.89	0.05
تفاعل الجنس × البرامج	20556.13	2	10278.06	6.863	3.04	0.05
الخطأ	278558.4	186	1497.626			0.05
الكلي	408556.003	191				

ويتضح من الجدول (7) أن قيمة ف لدرجات التفكير الابتكاري علي وفق متغير البرامج التربوية بلغت (35.991). إما قيمة الجدولية فقد بلغت (3.04) عند مستوى دلالة (0.05). وهذه النتيجة تعنى رفض الفرضية الصفرية فيما يتعلق بعدم وجود فروق دالة في درجات التفكير الابتكاري لدى الطلبة المتفوقين يعزى إلى اختلاف برنامجهم التربوي، وقبول الفرضية البديلة التي تعني وجود فرق ذي دلالة إحصائية عند مستوي (0.05) يعزى لاختلاف برنامجهم التربوي. ولمعرفة نوع البرنامج ذي الأثر الأكبر في التفكير الابتكاري أجريت المقارنات البعدية باستخدام اختبار توكي (test - Tuky) ويشير الجدول (8) إلى المتوسطات

الحسابية والانحرافات المعيارية لعينة البحث في البرامج الثلاثة، في حين يشير الجدول (9) إلى نتائج اختبار توكي (Tukytest) للمقارنات البعدية.

الجدول (8)

المتوسطات الحسابية والانحرافات المعيارية لدرجات عينه البحث في البرامج التربوية الثلاثة في التفكير الابتكاري

الفئة	الوسط الحسابي	الانحراف المعياري	العدد
الطلبة المتفوقين في المدرسة الخاصة بالمتفوقين	1719 .147	0321 .45	64
الطلبة المتفوقين في المراكز الريادية	3125 .114	5795 .44	64
الطلبة المتفوقين في المدارس الاعتيادية	3438 .89	5440 .27	64
	9427 .116	2426 .46	192

الجدول (9)

نتائج اختبار توكي(Tuky test) للفروق بين المتوسطات في التفكير الابتكاري

المقارنات بين	الفروق بين المتوسطين	القيمة الغائبة المحسوبة	الجد ولية	مستوى الدلالة
الطلبة المتفوقين في المدرسة الخاصة بالمتفوقين المراكز الريادية	32.8594	6.59	3.04	0.05 دالة
الطلبـة المتفـوقين المدرسـة الخاصـة بالمتفوقين والمدارس الاعتيادية	57.828	6.59	3.04	0.05 دالة
الطلبة المتفوقين في المراكز الرياديـة المدارس الاعتيادية	24.9687	6.59	3.04	0.05 دالة

ويشير الجدول (9) إلى أن هناك فروقاً دالة في متوسطات درجات الطلبة في التفكير الابتكاري ضمن مجموعات البحث الثلاث قيد الدراسة. ويعني ذلك أن الطلبة المتفوقين في المدرسة الخاصة (ذات العزل الكلي) هم أفضل في القدرة علي التفكير الابتكاري مقارنة بالطلبة المتفوقين في المراكز الريادية والمدارس الاعتيادية، كما أن الطلبة المتفوقين في المراكز الريادية هم أفضل في القدرة علي التفكير الابتكاري مقارنة بالطلبة المتفوقين في المدارس الاعتيادية. كما أشارت نتائج تحليل التباين الثنائي (جدول 7) إلى عدم وجود فروق دالة إحصائيا عند مستوي (0.05) في التفكير الابتكاري يعزى إلى متغير الجنس وحده. إذ بلغت القيمة الغائبة المحسوبة (1.096) وهي أقل من القيمة الغائبة الجد ولية والتي بلغت(3.89)، وأظهرت النتائج تأثيراً

لتفاعل الجنس والبرامج التربوية في التفكير الابتكاري إذا بلغت القيمة الغائبة المحسوبة (6.863)، في حين بلغت القيمة الجدولية (3.04) عند مستوي دلالة (0.05). ولمعرفة مصدر الفروق بين متوسطات درجات الطلبة في التفكير الابتكاري تبعاً لتفاعل الجنس والبرنامج التربوي، استخدمت طريقة شفهية (schffes / method) للمقارنة بين المتوسطات كما هو في الجدول (11) بينما يشير الجدول (10) إلى متوسطات وانحرافات درجات الطلبة في اختيار التفكير الابتكاري.

جدول (10)

المتوسطات والانحرافات المعيارية لدرجات الطلبة في التفكير الابتكار

الفئة	المتوسط الحسابي	الانحراف المعياري	العدد
الطلبة المتفوقين في المدرسة الخاصة بالمتفوقين			
ذكور	155.7813	46.8248	32
الإناث	138.5625	42.1380	32
الطلبة المتفوقين في المراكز الريادية			
ذكور	101.1282	40.3773	39
الإناث	134.8800	43.7296	25
الطلبة المتفوقين في المدرس الاعتيادية			
ذكور	88.0645	27.4286	31
الإناث	90.5455	28.0224	31

جدول (11)

نتائج قيمة اختبار نسبة الفروق بين المتوسطات لدرجات الطلبة في التفكير الابتكاري تبعاً لتفاعل الجنس والبرامج التربوية

المقارنة	الفروق بين المتوسطين	القيمة الغائبة المحسوبة	القيمة الغائبة الجد ولية	مستوي الدلالة
ذكور المدرسة الخاصة بالمتفوقين وإناث المدرسة الخاصة بالمتفوقين	17.2188	3.689	6.08	0.05 دالة
ذكور المدرسة الخاصة بالمتفوقين ذكور المراكز الريادية	54.6531	35.7231	6.08	0.05 دالة
ذكور المدرسة الخاصة بالمتفوقين ذكور المدارس الاعتيادية	67.7168	48.233	6.08	0.05 دالة
إناث المدرسة الخاصة بالمتفوقين إناث المراكز الريادية	3.6825	0.1271		0.05 دالة
إناث المدرسة الخاصة بالمتفوقين إناث المراكز الاعتيادية	48.017	25.0218	6.08	0.05 دالة
ذكور المراكز ريادية إناث الدارس الاعتيادية	33.7518	11.5930	6.08	0.05 دالة

ذكور مراكز ريادية ذكور مدارس اعتيادية	13.0637	1.9689	6.08	0.05 دالة
إناث المراكز الريادية إناث المدارس الاعتيادية	44.3345	21.331	6.08	0.05 دالة
ذكور مدارس اعتيادية إناث مدارس الاعتيادية	2.481	0.065	6.08	0.05 دالة

ويتضح من الجدول(11) الأتي:

1- لا يوجد فرق ذو دلالة إحصائية بين متوسطي درجات (ذكور المدرسة الخاصة بالمتفوقين وإناث المدرسة الخاصة بالمتفوقين) إذا بلغت قيمة.... المحسوبة (3.1689) وهي أصغر من قيمة.... الحرية البالغة (6.08) عن مستوي (0.05).

2- يوجد فرق ذو دلالة إحصائية بين متوسطي درجات ذكور المدرسة الخاصة بالمتفوقين وذكور المراكز النموذجية، إذا بلغت قيمة نسبته المحسوبة (35.723 وحتى أكبر من قيمة نسبته الحرجة البالغة (6.08) عند مستوى (0.05) ولصالح ذكور المتفوقين

3- يوجد فرق ذو دلالة إحصائية بين متوسطي درجات ذكور المدرسة الخاصة بالمتفوقين وذكور المدارس الاعتيادية إذا بلغت قيمة نسبته المحسوبة (48.233 وحتى أكبر بكثير من قيمة نسبته الحرجة البالغة (6.08) وهي أكبر بكثير من قيمة نسبته الحرجة البالغة (6.08) عند مستوي (0.05) ولصالح ذكور مدرسة اليوبيل.

4- لا يوجد فرق ذو دلالة إحصائية بين درجات متوسطي إناث المدرسة الخاصة بالمتفوقين وإناث المراكز النموذجية). لذا بلغت قيمة نسبته المحسوبة (0.127) وهي أصغر من قيمة نسبته الحرجة البالغة (6.08) عند مستوي (0.05).

5- يوجد فرق ذو دلالة إحصائية بين درجات متوسطي (إناث المدرسة الخاصة بالمتفوقين وإناث المدارس الاعتيادية، إذ بلغت قيمة نسبته المحسوبة (25.0218) وهي أكبر من قيمة نسبته الحرجة البالغة (6.08) عند مستوى (0.05) ولصالح مدرسة المتفوقين.

6- يوجد فرق ذو دلالة إحصائية بين متوسطي درجات ذكور المراكز النموذجية وإناث المراكز النموذجية، إذا بلغت قيمة نسبته المحسوبة (11.5930) وهي أكبر من قيمة نسبته الحرجة البالغة (6.08) عند مستوي (0.05) ولصالح الإناث.

7- لا يوجد فرق ذو دلالة إحصائية متوسطي درجات (ذكور المراكز الريادية، وذكور المدارس الاعتيادية)، إذا بلغت قيمة نسبته المحسوبة (1.9689) وهي أقل من قيمة نسبته (6.08) عند مستوي (0.05).

8- يوجد فرق ذو دلالة إحصائية بين متوسطي درجات (إناث المركز الريادية، وإناث المدارس الاعتيادية)، إذا بلغت قيمة نسبته المحسوبة (21. 331)وهي أكبر قيمة نسبته الحرجة البالغة (6.08) عند مستوي (0.05) ولصالح إناث المراكز الريادية.

9- لا يوجد فرق ذو دلالة إحصائية بين متوسطي درجات ذكور المدارس الاعتيادية، وإناث المدارس الاعتيادية إذا بلغت قيمة نسبته المحسوبة (0.065) وهي اصغر بكثير من قيمة درجة الحرية البالغة (6.08) عند مستوى (0.05).

ثانياً: الفرضية الثانية:

لا توجد فروق ذات دلالة إحصائية في دافع الإنجاز الدراسي لدى الطلبة المتفوقين تعزى لاختلاف الجنس والبرنامج التربوي (عزل كلى، وعزل جزئي، بدون

عزل)ولتحقيق الهدف الثاني، ثم استخدام تحليل التباين الثنائي (Two - way ANovA) وكانت النتائج كما في الجدول (12).

الجدول (12)

نتائج تحليل التباين الثنائي لعينة البحث من المتفوقين في دافع الإنجاز الدراسي تابعاً للجنس والبرنامج التربوي

مصدر التباين	مجموع المربعات	درجات الحرية	متوسط المربعات	القيمة الغائبة المحسوبة	القيمة الغائبة الجد ولية	مستوي الدلالة
البرنامج التربوي	20170.69	2	10085.34	13.958	3.04	0.05 دالة
الجنس	66.118	1	66.118	0.092	3.89	0.05 دالة
تفاعل الجنس مع البرنامج	206.833	2	1030.917	1.427	3.04	0.05 دالة
الخطأ	134393.8	186	722.548			
الكلـي	156692.441	191				

ويتضح من الجدول (12) ما يلي:

إن القيمة الغائية لدرجات دافع الإنجاز الدراسي وفقاً لمتغير البرنامج التربوي قد

بلغت (13.958) وهي أكبر من القيمة الغائبة الجد ولية البالغة (3.04) عند مستوي دلالة (0.05) وهذا يعني رفض الفرضية الصفرية الثانية وقبول الفرضية البديلة التي تعني وجود فروق ذات دلالة إحصائية عند مستوي (0.05) في درجات دافع الإنجاز الدراسي لدي الطلبة المتفوقين تعزي لاختلاف برنامجهم التربوي ولمعرفة نوع البرنامج ذو الأثر الأكبر في دافع الإنجاز الدراسي، أجريت المقارنة البعدية باستخدام اختبار توكي(Tukey test) ويشير الجدول (13) إلى المتوسطات الحسابية والانحرافات المعيارية لدرجات عينة البحث في دافع الإنجاز الدراسي.

الجدول (13)

المتوسطات الحسابية والانحرافات المعيارية لدرجات عينة البحث في البرامج التربوية الثلاث في دافع الإنجاز الدراسي

الانحراف المعياري	المتوسط الحسابي	العدد	الفئـة
28.4931	157.5125	64	الطلبة المتفوقين في المدارس الخاصة بالمتفوقين
26.4289	176.6750	64	الطلبة المتفوقين في المدارس الريادية
25.6256	181.2000	64	الطلبة المتفوقين في المدارس الاعتيادية
28.6486	171.7958	192	

أما الجدول(14) يشير إلى نتائج اختبار توكي(Turkey test) للمقارنات البعدية

الجدول (14)

نتائج اختبار توكي (Turkey test) للمقارنة البعدية للفروق بين متوسطات درجات الطلبة في دافع الإنجاز الدراسي في البرامج التربوية الثلاثة

المقارنة	الفروق بين المتوسطين	القيمة الغائبة المحسوبة	القيمة الغائبة الجد ولية	مستوي الدلالة
طلبة المدارس الخاصة المراكز الريادية	19.1625	5.70	3.04	0.05 دالة
طلبـة المدرسـة الخاصـة بـالمتفوقين وطلبـة المـدارس الاعتيادية	23.6875	7.051	3.04	0.05 دالة
الطلبة المراكز الريادية وطلبة المدارس الاعتيادية	4.5250	1.347	3.04	0.05 دالة

يتضح من الجدول (14) أن هناك فروقاً دالة إحصائيا بين درجات المتوسط الحسابي والمتوسط الفرضي لعينة الطلبة المتفوقين في المدرسة الخاصة بالمتفوقين في دافع الإنجاز الدراسي عند مستوي (0.05) إذا بلغت القيمة التالية المحسوبة (3.7518) وهي أكبر من القيمة الجدولية البالغة (1.96)، كما بلغت القيمة التالية المحسوبة لدى الطلبة المتفوقين في المراكز الريادية (9.845) وهي أكبر من القيمة الجدولية البالغة (1.96)، وكذلك بلغت القيمة التالية المحسوبة لدى عينة الطلبة المتفوقين في المدارس الاعتيادية (110578) وهي أيضا أكبر من القيمة الجدولية البالغة (1.96)، وجميع الفروق كانت دالة عند مستوي (0.05) وهذا يعني انه علي الرغم من وجود فروق بين مجموعات

العينة الثلاث في دافع الإنجاز الدراسي، إلا أن متوسطات درجات الطلبة المتفوقين كانت أعلي من المتوسط الفرض وذلك في مجموعات الدراسة الثلاث.

كما أشارت نتائج تحليل التباين الثنائي (جدول 13) إلى عدم وجود فروق دالة إحصائيا في درجات دافع الإنجاز الدراسي عند الطلبة المتفوقين يعزى إلى الجنس، إذا بلغت القيمة الغائية المحسوبة (0.092) وهي أصغر من القيمة الغائبة الجد ولية البالغة (3. 89)عند مستوي (0.05) لم تظهر النتائج أيضاً فروقاً دالة إحصائيا في درجات دافع الإنجاز الدراسي تعزى إلى تفاعل الجنس والبرنامج التربوي، إذا بلغت القيمة الغائية المحسوبة (1.427) وهي اصغر من القيمة الغائة الجدولية البالغة (3.04) عند مستوي (0.05).

ثالثاً: الفرضية الثالثة:

لتحقيق الهدف الثالث تم استخدام تحليل التباين الثنائي(Two - WayANovA) والجدول (16) يوضح ما تم التوصل إليه ويعني ذلك أن الطلبة المتفوقين في المدارس الاعتيادية أفضل وبدلالة في دافع الإنجاز الدراسي مقارنة بالطلبة المتفوقين في مدرسة المتفوقين وان الطلبة المتفوقين في المراكز الريادية أفضل وبدلالة في دافع الإنجاز الدراسي مقارنة بالطلبة المتفوقين في مدرسة المتفوقين لكن الفرق بين نتائج متوسطي درجات الطلبة المتفوقين في دافع الإنجاز الدراسي في المراكز الريادية والمدارس الاعتيادية لم يكن ذي دلالة عند مستوى (0.05). ولمعرفة مدي بعد متوسطات درجات الطلبة المتفوقين عن الوسط الفرضي(*) لدافع الإنجاز الدراسي البالغ (144.15) أجريت التحليلات الإحصائية التالية لمقارنة متوسطات درجات الطلبة المتفوقين في دافع الإنجاز الدراسي مع الوسط الفرضي وذلك كما يتضح في جدول (16).

(*) تم حساب المتوسط الفرضي للمقياس عن طريق جمع الحد الأعلى للمقياس والحد الأدنى له ثم قسمتهما على (2).

(16) جدول

(14)نتائج الاختبار التالي (t - test) لدلالة الفروق بين متوسطات درجات الطلبة المتفوقين في دافع الإنجاز الدراسي مع المتوسط الفرضي

الفئة	العدد	المتوسط الحسا بي	الانحراف المعياري	الوسط الفرضي	القيمة التالية المحسو بة	القيمة التالية الجدولية	مستوى الدلالة
الطلبة المتفوقين في المدارس الخاصة بالمتفوقين	64	.157 5125	4931 .28	.144 15	7518 .3	96 .1	05 .0 دالة
الطلبة المتفوقين في المدارس الريادية	64	.176 6750	4289 .26	.144 15	845 .9	96 .1	05 .0 دالة
الطلبة المتفوقين في المدارس الاعتيادية	64	.181 200	6256 .25	.144 15	578 .11	96 .1	05 .0 دالة

مناقشة النتائج:

من خلال النتائج التي تم التوصل إليها في البحث الحالي، الذي يهدف إلى دراسة مقارنة في التفكير الابتكاري، ودافع الإنجاز الدراسي لدى الطلبة المتفوقين المتواجدين في ثلاثة برامج تربوية - المدرسة الخاصة بالمتفوقين (عزل كلي)، والمركز النموذجية (عزل جزئي)، والمدارس الاعتيادية (بدون عزل)، ندرج فيما يلي مناقشة لها تحقيقاً لفرضيات البحث وذلك على النحو الأتي:

أولا: نصت الفرضية الأولي علي عدم وجود فروق دالة إحصائيا في مقياس التفكير الابتكاري، لدى الطلبة المتفوقين باختلاف البرنامج التربوي، والجنس. وقد أظهرت النتائج وكما يتضح من الجدول (7) وجود فرق داله إحصائيا يعزى إلى اثر البرنامج التربوي، في حين لم يكن هناك فرق دال إحصائيا في التفكير الابتكاري بين الذكور والإناث من الطلبة المتفوقين، كما أشارت النتائج إلى وجود فروق دالة لأثر عملية تفاعل الجنس والبرنامج التربوي من خلال استخدام اختبار توكي للمقارنات البعدية (جدول 9) وجد أن متفوقي المدرسة الخاصة بالمتفوقين بنغازي هم أفضل من حيت القدرة علي التفكير الابتكاري، يليهم في الدرجة متفوقين المراكز النموذجية في حين احتل المركز الثالث الطلبة المتفوقين في المدارس الاعتيادية وهذا يعني أن الطلبة المتفوقين الذين التحقوا ببرامج المتفوقين سواء أكانوا بالمدرسة المتفوقين بنغازي (عزل كلي)، أم بالمدارس النموذجية (عزل جزئي) هم أفضل من أقرانهم المتفوقين الذين لم يتلقوا أي نوع من الرعاية الخاصة بهم بوصفهم متفوقين. وتتفق هذه النتائج مع العديد من الدراسات، كدراسة (شافير shaver. 1994. p843) ودراسة دليكورت (Delcurt. 1994. p13) ودراسة هولنجورث (عبد الغفار، ص96 - 102) ودراسة هاو زر(Houser. 1988. p3269) ودراسة كيونج (kyung. 2000. p291) أن هذه النتيجة تشير إلى الدور المهم الذي يمكن أن تقدمه البرامج التربوية الخاصة بالطلبة المتفوقين بما تتضمنه من أنشطه وفعاليات في استثارة وتوجيه السلوك الابتكار وقد كشفت دراسة النهار ومحا فطه (1992) عن مجموعة من العوامل تعزز عملية الابتكار وتتمثل بالقيادة التربوية المبدعة، والحرية الأكاديمية، وتوافر التسهيلات التربوية، والمساعدة المهنية، وفرص النمو المهني، والمناخ التعليمي العام المحفز (النهار ومحافظه 1992، ص 146 ت 177) فالمتفوق لن ينمو إلى المستوي الذي تؤهله له قدراته إلا إذا قدمت له برامج خاصة وخدمات تتناسب مع القدرات (الخالدى1976، ص127)والمنهج التربوي الذي يأخذ المتفوقين بعين الاعتبار، والذي يكون مهيئاً بشكل جيد لا يمكن أن ينجح في أهدافه ما لم يسهم فيه المتفوقون إسهاما هادفاً، وإذا أدرك المتفوقون بوضوح سبب تهيئه الفرص

(الحاج الياس، 1966 ص 64) فالبيئة المدرسية متى ما وفرت المناخات التربوية السليمة من حيت النشاطات، وأساليب التدريس الصفي، والبرامج التي تتضمن حل المشكلات، والإجابات المتنوعة. وغيرها من الأنشطة التي تساعد علي انطلاق التفكير المتشعب الذي يقود إلى إجابات متعددة وغير متوقعه، والابتعاد عن التفكير التقليدي المتبع بصورة عامة في المدارس الاعتيادية والذي يتطلب جواباً واحداً صحيحاً كل ذلك يساعد علي تنمية التفكير الابتكاري لدي الفرد (الالوسي، 1985، ص57) وتلعب الأنشطة المدرسية بأشكالها المختلفة دوراً مهماً في تنميه وتنشيط المهارات الابتكارية مع ضرورة ربطها بمضامين المنهج الدراسي من جهة ؛ والأنشطة الموجودة في المجتمع من جهة أخري (حسن، 1994ص66) والتقنية الحديثة علي رغم أنها تمثل محوراً مهماً في تعزيز العملية التعليمية بشكل عام، إلا أنها أكثر أهمية وضرورة بالنسبة للطلبة المتفوقين والمبتكرين لما توفره من استجابات سريعة وواضحة تتماشي وقدرات واحتياجات المتفوق والمبتكر (حسن 1944، ص66).

كما تعتمد قوة أي نظام تعليمي أساساً علي نوع مدرسية وفهمهم وضوح الأهداف، وحداثة الأجهزة التعليمية ووفرتها وكفاءة الإدارة المدرسية، فان قيمة ما يقدم للطلبة من فائدة يرتبط بالمدرسين، فليس هناك أمر أهم من توفير الأشخاص الصالحين لمهنة التدريس، وإعدادهم بأفضل تدريب ممكن لكي توفر الفرصة لكل فرد كي ينمو تحت ظروف ملائمة لحاجته وقدرته الخاصة (المليجي1969، ص367) كما وان انتماء الطالب المتفوق لأقرانه المتفوقين يساعده على البحث والتفكير، ومناقشة أفكاره على مستوي عال من التفكير في حين يعيق ذلك وجوده مع أقرانه من الطلبة الاعتياديين (الخالدي. 1976. ص127).

فأساليب التعلم التي تعتمد علي التلقين، وإطاعة الأوامر دون نقد أو تفكير تؤثر سلبا علي نمو القدرات الابتكارية. إذ تنمي الاتكالية واللامبالاة والمسايرة والخضوع والانصياع وتقتل روح الابتكار والتجديد فالتعليم الحالي في المدارس الاعتيادية لا

يقدم للتلميذ سوى القدر القليل من المعارف العصرية، والقدر المحدود من المهارات الضرورية لحياة الطلاب المستقبلية (رشوان، 2000، ص183). فالبرامج الدراسية في المدارس الاعتيادية يقتصر اهتمامها علي تدريس المواد الأكاديمية بقصد الامتحان فيها، وليس الهدف إبراز الفردية والذاتية والتفرد عند الطالب والمدارس في بلادنا العربية تنظر للطلبة كما لو كانوا مجموعة متجانسة لا تمايز فيها ولا تفرد، وتفعل بذلك خواصهم وسماتهم العقلية والنفسية وتطلعاتهم وطموحهم (ياسين وابوحويج 1982، ص37).

إن جمود المنهج وطرائق التدريس التقليدية يعدان عائقا صعبا أمام الطلاب المتفوقين، كما أن المدرس قد يفشل في تقدير الطرق التي يختلف فيها الطلبة المتفوقين عن زملائهم وحتى لو توصل المدرس للفروق بين طلابه فانه قد يفشل بالتصرف في ضوء دلك في تدريسه، إضافة إلى ما يحمله المدرس من ثقل وأعباء وواجبات كثيرة عليه القيام بها خارج الصف (الحاج اليأس 1996، ص 28-29) وفي الوقت الذي يؤدي المختبر العلمي دورا أساسيا في نمو القدرات الابتكارية نجد أن معظم المدارس الاعتيادية تخلو من مختبر علمي بالمعنى الصحيح وعندما يتوفر فغالبا ما يكون فقيرا من الأدوات والوسائل الضرورية وكذلك المكتبية، التي يستريح بها عقل الطالب بما لها من دور في بناء المعرفة تستخدم في مدارسنا لغير الأهداف التي وضعت لأجلها (ياسين وأبو حويج 1982، ص 84).

والباحث يرى من خلال خبرتها الطويلة في مجال التربية والتعليم انه ليس هنا ك إطار واضح للمدارس الاعتيادية في تنمية القدرة الابتكارية ويتضح ذلك من خلال الواجبات والأعباء الكثيرة الملقاة على عاتق المسئولين فيها، والصفوف المزدحمة والغير المهيأة، وحرفية تطبيق الأنظمة والقوانين المدرسية ولاسيما فيما يتعلق بالمناهج، إذ أن المعلم ملزم بمناهج محدد عليه إنهاؤه في زمن محدد وعدم الخروج عنه، كل ذلك يجعل من الصعب الكشف عن الابتكار وتنميته لدى الطلبة فا لابتكار يظهر في سلوك المغايرة هدا أسلوب مناف للأنظمة والقوانين المدرسية الاعتيادية.

وهذا ما أكدته أيضا نتائج دراسية المسيليم وزينل (1992) اللذين توصلا إلى مجموعة من المعوقات للأنشطة الابتكارية من وجهة نظر مد راء المدارس وهى:

1- عدم توفر معلمين ذوي كفاءة خاصة لتنفيذ الأنشطة الابتكارية، والأعباء الدراسية الكثيرة الملقاة على عاتق المعلمين التي تؤدي إلى الأحجام حتى عن التفكير في الإعداد لبرامج الأنشطة الابتكارية وانتقاد بعض أولياء الأمور لهذه الأنشطة وأنها سوف تقلل من استعداد أبنائهم للامتحانات كما أن عدم حصول الطلبة على درجات مقابل هذه الأنشطة أدى إلى قلة حماسهم وكثرة الامتحانات والأعباء المدرسية كل ذلك يجعل الإدارة المدرسية لا تهتم كثيرا بالأنشطة الابتكارية أي التوسع خارج المنهج المدرسي التقليدي (المسيليم وزينل 1992، ص 216-217).

إما فيما يتعلق بالأسباب التي جعلت طلبة المدرسة الخاصة بالمتفوقين يتفوقون على أقرانهم في المراكز الريادية فيمكن إبرازها على النحو التالي، أي ذلك من خلال الزيارات المتكررة التي قام الباحث بها لبرامج المتفوقين ولقاءاته العديدة مع المسئولين فيها: أن معدل المدة الزمنية التي يقضيها الطلبة المتفوقون داخل المراكز الريادية قليلة مقارنة بالفترات الزمنية الرائعة لطلبة مدرسة المتفوقين في بنغازي فعدد الأيام الرسمية للطلبة المتفوقين داخل المراكز الريادية طيلة العام الدراسي هي بمعدل (180) يوما موزعة على (90) يوم للذكور، و(90) يوما للإناث، وبمعدل (3) ساعات يوميا يتعرض من خلالها الطلبة للبرامج الأثرائية والأنشطة التفكيرية التي أعدت لتلبية حاجاتهم مقارنة بطلبة مدرسة المتفوقين ببنغازي الدين يمنحون يومهم الدراسي الطويل كاملا داخل هده المدرسة وطيلة أيام السنة.

2- إن سوء التنسيق وضعف التعاون بين إدارات المدارس الاعتيادية والمراكز الريادية وما ينجم عنه من عدم تنظيم للبرامج الدراسية والامتحانات، أدى إلى عدم ضبط الدوام الدراسي للطلبة المتفوقين داخل هده المراكز، وكثرة غيابهم عنها، وبالتالي

قلة استفادتهم مما يطرح لهم من برامج تنمي قدراتهم، وتلبي حاجياتهم بالمقارنة مع ما يحصل من تنظيم وضبط للدوام في مدرسة المتفوقين في بنغازي.

3- إن المعلم الذي يدرس في مدرسة المتفوقين في بنغازي هو الذي يقرر الأنشطة الابتكارية ويتابعها، لذا فهو قادر على معرفة الحقيقية للطلبة وتلبيتها بدقة أفضل مقارنة بمعلمي المراكز الريادية (النموذجية) التي يلتقون فيها بالطلبة فقط لمدة (3) أيام في الأسبوع ولمدة ثلاث ساعات يوميا فقط.

4- إن عملية تدريب المعلمين وتأهيلهم في مدرسة المتفوقين ببنغازي عملية مستمرة مقارنة بمعلمي المراكز الريادية النموذجية الخاصة بالتعامل مع المتفوقين الذين لم ينالوا قسطاً من برامج التدريب.

إما بالنسبة لعدم وجود فروقا دالة إحصائيا في التفكير الابتكاري بين الذكور والإناث فان هده النتيجة قد اتفقت مع نتائج دراسة السامرائي (1994) التي أشارت إلى انه يوجد فروق بين الذكور والإناث في مستوى التفكير الابتكاري (السامرائي 1949، ص 2-32) فعينتا البحث الحالي من الذكور والإناث كلاهما من المتفوقين الذين يمتلكون الخصائص والاستعدادات الفعلية نفسها لدا فمن الطبيعي أن لأنجد فروقا بينهم، إما فيما يتعلق بأثر عملية تفاعل الجنسي والبرنامج التربوي على مستوى التفكير الابتكاري لدى الطلبة المتفوقين، ومن خلال تحليل الجدول (و) وعلى مستوى البرنامج الواحد، وجد أن هناك فرقا دالا بين الذكور والإناث والمتفوقين في المراكز الريادية النموذجية فقط ولصالح الإناث، وتتفق هده النتيجة مع نتائج دراسة (كارو يندر 1996، ص 116) ودراسة (الفقي ومهدي 1993، ص 48) والتي أشارت نتائجهما إلى تفوق الإناث على الذكور في قدرات التفكير الابتكاري. ويمكن إرجاع سبب هده النتيجة في رأي الباحث إلى أن الإناث كن أكثر حرصا والتزاما ومواظبة على الدوام داخل هده المراكز مقارنة بالذكور، الأمر الذي أدى إلى ارتفاع مستوى استفادتهن من هده الأنشطة في تنمية تفكيرهن الابتكاري مقارنة بالذكور. وبالرجوع إلى جدول (10) نفسه ومن حيث

اختلاف البرنامج التربوي وجد أن ذكور مدرسة بنغازي قد تفوقوا على ذكور كل من المراكز النموذجية الريادية والمدارس الاعتيادية بينما تفوقت إناث مدرسة بنغازي على إناث المراكز النموذجية وإناث المدارس الاعتيادية، كما تفوق ذكور المراكز النموذجية على ذكور المدارس الاعتيادية، وتفوقت إناث المراكز النموذجية على إناث المدارس الاعتيادية.

يتضح من الجدول (13) أن هناك فروق دالة إحصائية بين متوسطات درجات الطلبة في دافع الإنجاز الدراسي يعزى إلى اختلاف البرنامج التربوي.

في ضوء الأهداف التي وضعت للدراسة الحالية والإجراءات التي أتبعث لتحقيقها، يمكن الإشارة إلى الطلبة المتفوقين الملتحقين في المدرسة الخاصة بالمتفوقين في بنغازي هم أفضل من حيت القدرة علي التفكير الابتكاري، يليهم طلبة المراكز الريادية (النموذجية) مقارنة بأقرانهم الطلبة المتفوقين في المدارس الاعتيادية ويرجع ذلك إلى طبيعة البرامج الإثرائية المقدمة لهم وما تتضمنه من أنشطة وفعاليات ابتكاريه أدت إلى تنميه قدراتهم في التفكير الابتكاري. كما أشارت النتائج إلى أن متفوقي المدارس الاعتيادية والمراكز الريادية هم أكثر توافقاً، ودافعاً للإنجاز الدراسي مقارنة بأقرانهم في المدرسة الخاصة (بنغازي) بما تضمنته سياسة المدرسة من تعليقات وأنظمة خاصة فيما يتعلق بأهداف المدرسة بشكل عام، ونسب القبول المحددة التي تؤدى إلى ازدياد غرورهم بأنفسهم عند قبولهم والإقامة الداخلية والاختلاط، الأمر الذي قلل من مستوي دافعيتهم

لذلك نوصي بما يلي:

بناء علي النتائج التي خرج بها البحث الحالي ؛يرى الباحثان أن الأسباب التي أدت إلى حدوث الفروق بين مجموعات الطلبة المتفوقين والمتواجدين في أكثر من برنامج تربوي لا تكمن بعملية التجانس في القدرة أو عدمها كعامل وحيد، وإنما هناك أسباب

متعلقة بطبيعة المناخ المحيط بالطالب المتفوق. لذا فقد أشار الباحث إلى عدد من التوصيات:

1- إن مدراس المتفوقين في الجماهيرية قليلة جداً لذا يوصى الباحث باستخدام المزيد من هذه المدارس ودعمها بالبرامج الإثرائية.

2- نظراً لدور المعلم الفعال في تنميه القدرة الابتكارية للطلبة فلابد من أعداده ومواصلة تدريبه وتوفير متطلباته وذلك من أجل تعزيز دوره وترغيبه بالعمل، فحرص المعلم على أتباع الأساليب التدريسية غير التقليدية واحترامه لأفكار الطالب ومناقشتها وتشجيع الطالب على البحث والتجريب والمناقشة والابتكار تتطلب مزيداً من الاهتمام به كلاً متكاملاً.

3- تفعيل دور المكتبات والمختبرات المدرسية ولاسيما فيما يتعلق بالمدارس الاعتيادية وتزويدها بالتقنيات الحديثة لما لها من دور فعال في تنميه قدرات التلاميذ علي الابتكار والتفكير الابتكاري

4- إعطاء الطالب المتفوق في المدرسة فرصاً للحصول على الراحة والرضا من خلال إشراكه في العديد من الفعاليات الاجتماعية والأنشطة الترفيهية التي تبرز مواهبه وتلبى حاجاته لتكوين اتجاهات إيجابية نحو العلم والبرامج الإثرائية.

5- توطيد العلاقات بين مد راء أدارت المدارس الاعتيادية التي يقبل منها الطلبة المتفوقون وأدارت المركز الريادية بحيث يكون التعامل مرناً وبخاصة فيما يتعلق بالبرامج المدرسية، ونظم الامتحانات والتنسيق فيما بينهم حتى لا يثقل الطالب بالأعباء الدراسية الأمر الذي يمكنهم من الاستمرار في هذه البرامج.

6- توطيد العلاقات بين أدارت البرامج والبيت من خلال تعريف أولياء الأمور بالأنشطة الإثرائية والفعاليات الابتكارية، وذلك لتغيير اعتقادهم بأهميتها ودورها في تنميه قدرات أبنائهم وأنها لن تقلل من استعداد أبنائهم للامتحانات المدرسية.

7- ضرورة فتح مدارس للمتفوقين في كل شعبية ذات كثافة سكانية علي أن تكون المدرسة في مركز الشعبية ومدعومة بكل مقومات البرامج الإثرائية والأجهزة والمدرسين الأكفاء وتفعيل دور المرشد التربوي داخل هذه البرامج الإثرائية من خلال عمل برنامج.

8- تهيئة للطلبة المقبولين على هذه البرامج. مما يخفف من الصعوبات والمشكلات النفسية التي تعترضهم. بسبب قدومهم من عدة بيئات تربوية متباينة.

9- أعداد وتطوير إدارة المدرسة والموجهين التربويين والمرشد النفسي التربوي مهنياً لتطوير القدرة الابتكارية وبالتالي ينعكس ذلك على الطلبة المتفوقين في مدارس الجماهيرية

يقترح الباحثان: في ضوء نتائج البحث الحالين نقترح إجراء بحوث مستقبلية لأجل تطوير وتوسيع إبعاد البحوث الخاصة بالمتفوقين:

1- إجراء دراسة مقارنة لمستويات التفكير الابتكاري ودافع الإنجاز الدراسي وعلاقته بالتوافق النفسي للطلبة المتفوقين في صفوف متتابعة للوقوف علي هذه المستويات في كافة المدارس النموذجية في الجماهيرية.

2- نتيجة لما لمسه الباحث من قلة اندفاع بعض الطلبة المتفوقين نحو الالتحاق بالبرامج التربوية ولاسيما المدارس النموذجية إذا لم يتجاوز إعداد بعض الطلبة في بعض المدارس عن خمس وخمسين طالباً وطالبة. يقترح الباحث ضرورة إجراء دراسة حول اتجاهات الطلبة المتفوقين في لبرامج التربوية المعدة لهم والأسباب التي تدفع إلى عدم الالتحاق بها.

3- أن مكانة المرشد التربوي لها دور كبير في تخفيف معاناة الطلبة وتلمس مشاكلهم، يقترح الباحث إجراء دراسة عن تصميم برنامج يتناول دور المرشد التربوي في تلبية احتياجات هؤلاء الطلبة.

4- دراسة أسباب عدم الاهتمام بالتفوق العلمي أو الإنجاز العلمي لدى طلبة الثانوية التخصصية كونها نمط جديد في مستويات التعليم المتقدمة في الجماهيرية.

5- تنظيم مهرجانات خاصة بالمبدعين والمتفوقين في كافة أنحاء الجماهيرية.

المراجع والمصادر:

إبراهيم عبد الستار (1978)، آفاق جديدة في دراسة الإبداع. الكويت، وكالة المطبوعات.

إبراهيم عبد الستار (1987) أسس علم النفس، الرياض، دار المريخ.

أبو جريس، فاديا سابا الياس. (1994). الفرق في المشكلات والحاجات الإرشادية بين الطلبة المتميزين وغير المتميزين. عمان - الأردن، الجامعة الأردنية، (رسالة ماجستير).

أبو حطب فؤاد (1977) بحوث في تقنين الاختبارات النفسية. القاهرة. مكتبة الأنجلو المصرية.

أبو رياش حسين (1986). علاقة الإبداع ومفهوم الذات بالاستقلال الإدراكي لدي طلبة المرحلة الثانوية. عمان - الجامعة الأردنية (رسالة ماجستير).

أبو سماحة كمال (1996). إدارة وتنظيم برامج المتفوقين. عمان، وزارة التربية والتعليم.

أبو طالب صابر، وآخرون (1995) التفكير الإبداعي. عمان - الأردن، منشورات جامعة القدس المفتوحة، الطبعة الأولى.

إسماعيل، محمد المري محمد(1984). العلاقة بين عوامل القدرة على التفكير الابتكاري وبعض جوانب الدافعية (مستخلصات البحوث والدراسة العربية) مذكرة في الابتكار وتطبيقاته.

الأشول، عادل أحمد عز الدين (1987). موسوعة التربية الخاصة. القاهرة، مكتبة الأنجلو المصرية.

الآلوسي، صائب (1985) أساليب التربية المدرسية في تنمية التفكير الابتكاري. الرياض، مجلة رسالة الخليج العربي، العدد (15) السنة الخامسة.

أنور الشرقاوي، القاهرة، مكتبة الأنجلو المصرية، الجزء الثاني، ص 28، 1999.

أنور الشرقاوي، القاهرة، مكتبة الأنجلو المصرية، ص 195، 1999 (مستخلصات البحوث والدراسات العربية).

بن دانية، أحمد محمد العبد والشيخ حسن، محمد محمود (1998) علاقة الرضا الوظيفي والتكيف الدراسي بدافعية الإنجاز في الانتساب الموجه بجامعة الإمارات العربية المتحدة. الكويت، المجلة التربوية، العدد (46)، مجلد (12).

التمار، جاسم محمد. (2000). تقويم برنامج الأنشطة الإثرائية لرعاية الطلبة الفائقين في الرياضيات. الكويت، المجلة التربوية، مجلد (14)، العدد (54).

توفيق عبد الجبار. (1983). التحليل الإحصائي في البحوث التربوية والنفسية والاجتماعية. الكويت، الطبعة الأولى.

ثوراندايك، روبرت وهيجل، اليزابيت (1989). القياس والتقويم في علم النفس والتربوية. ترجمة عبد الله الكيلاني وعبد الرحمن عدس، عمان، بلاشر.

جاد الله، إيمان محمد حسن (1992). مظاهرة الإبداع والموهبة لدي الطلبة المتفوقين أكاديمياً في الجامعة الأردنية. عمان، الجامعة الأردنية، (رسالة ماجستير غير منشورة).

جاسر، أحمد السيد حسن (1984). علاقة التفكير الابتكاري بالتوافق الشخصي والاجتماعي لدي طلبة المرحلة الثانوية العامة. مذكور في الابتكار وتطبيقاته.

جانو، عصام (1975). أسس نظرية التكامل في علم النفس، الذكاء والقابليات النفسية والذكاء الاجتماعي. الجمهورية العربية السورية، منشورات جامعة تشرين، سلسة دراسات، نشرة رقم (6).

جبريل، موسى (1996). العلاقة بين مركز الضبط وكل من التحصيل الدراسي والتكيف النفسي لدي المراهقين. عمان، الجامعة الأردنية، مجلة الدراسات، مجلد (23)، العدد(2).

الجسماني عبد على (1984) علم النفس وتطبيقاته التربوية والاجتماعية. بغداد، مطبعة الخلود.

جميعان، إبراهيم فالح (1983). التكيف الشخصي والاجتماعي وعلاقته بالتحصيل الأكاديمي والجنس لدي طلبة كليات المجتمع في أربد. الأردن - اربد جامعة اليرموك، (رسالة ماجستير غير منشورة).

الحروب، أنيس، نظريات وبرامج في تربية المتميزين والموهوبين دار الشروق الطبعة الاولي1999.

حسن أحمد عيسى، سيكولوجية الإبداع بين النظرية والتطبيق، طنطا، المركز الثقافي في الشرق الوسط، 1994، ص20.

حسن، محمد صديق محمد (1994) الابتكار وأساليب تنميته، قطر، مجلة التربية العدد (111) السنة (23).

حسين، ثائر غازي (1995) أثر برنامج تدريبي لمهارات الإدراك والتنظيم والإبداع على تنمية التفكير الإبداعي لدي عينة أردنية من طلبة الصف الثامن - عمان / الجامعة الأردنية (رسالة ماجستير غير منشورة)

الحفني، عبد المنعم (1978) موسوعة علم النفس والتحليل النفسي. بيروت مكتبة دبولي. دار العودة.

حفني، ولطفي محمد فطيم، القاهرة، الهيئة المصرية للتأليف والنشر.

حمدي، نزيه والريحاني، سليمان (1978) العلاقة بين العوامل المرتبطة بالطالب والتكيف الأكاديمي. مجلة الدراسات. مجلد (14)، العدد (5)

حواشين، محمد حبيب (1991) سيكولوجية المتفوقين عقلياً. دمشق، مطبعة الاتحاد.

الخالدي، أديب (1976) سيكولوجية المتفوقين عقلياً. بغداد، دار السلام، الطبعة الثانية

الخصاونة، وسام (1997) أثر تنظيم تعلم طلبة الصف العاشر بطريقة الإبداع في تنمية التفكير الإبداعي في مبحث التاريخ مقارنة بالطريقة الاعتيادية في الأردن. جامعة اليرموك (رسالة ماجستير).

خليل، يوسف عبد الفتاح منصور. (1992) القدرة على التفكير الابتكاري وعلاقتها بمستوي الطموح وسمات الشخصية لدي طلاب الصف الثالث الثانوي في دولة الإمارات العربية المتحدة. القاهرة - جامعة القاهرة (أطروحة دكتوراه)

خير الـلـه، سيد (1981). التوافق الشخصي والاجتماعي وعلاقته بالتحصيل الدراسي لدي تلاميذ المدرسة الابتدائية في القرية والمدينة. بحوث تربوية ونفسية. بيروت، دار النهضة.

دارادكه، محمد على إبراهيم (1995). العلاقة بين المستوي الاقتصادي والقدرة على التفكير الإبداعي لدي طلبة المرحلة الثانوية في مديرية تربية أربد الأولي. عمان - الجامعة الأردنية (رسالة الماجستير).

دافيدوف، ليندا. ل. (1983). مدخل علم النفس. ترجمة سيد طواب وآخرون، الرياض، دار المريخ، الطبعة الثانية.

دايني، غسان حسين (1996). الأساليب التدريبية في التفكير الإبداعي العراقي وعلاقته ببعض المتغيرات. بغداد - جامعة بغداد (أطروحة دكتوراه).

الدباغ، فخرى وآخرون. (1983). اختبار المصفوفات المتتابعة. الجمهورية العراقية، جامعة الموصل.

درويش، زين العابدين. (1976). (1976). المستوي الاقتصادي والاجتماعي للمجتمع المصري. المجلة الاجتماعية القومية. القاهرة، العدد الثاني.

دريني، حسين عبد العزيز. (1982). الابتكار تعريفه وتنميته. قطر، حولية كلية التربية. العدد (1)، السنة الأولي، ص 161 - 180.

دسوقي، كمال. (1974). علم النفس ودراسة التوافق. بيروت، دار النهضة.

الدليمى، إحسان عليوي. (1991). التوافق الشخصي والاجتماعي للمرشدين التربويين في العراق. جامعة بغداد - ابن رشد (رسالة ماجستير).

الديب، على (1988). التوافق الشخصي والاجتماعي للمرشدين. دراسة استطلاعية.

الديوان، عبد اللطيف. (1996). علاقة أساليب التنشئة الأسرية بالتوافق النفسي والاجتماعي لدي طلبة المرحلة الإعدادية، بغداد، الجامعة المستنصرية، (أطروحة دكتوراه).

رشوان، حسين عبد الحميد أحمد (2000). الأسس النفسية والاجتماعية للابتكار. الإسكندرية، دار الفكر الجامعي.

الرفاعي، نعيم (1987). الصحة النفسية، دراسة سيكولوجية التكيف. دمشق، الطبعة السابعة

رمزي، طارق محمود. (1974). دراسة تجريبية لبناء مقياس للتكيف الاجتماعي المدرسي لطلاب المرحلة المتوسطة في بغداد. جامعة بغداد. كلية التربية، ابن رشد، (رسالة ماجستير).

روشكا، الكسندرو. (1989). الإبداع العام والخاص. الكويت، سلسلة عالم المعرفة، العدد 114.

زحلوق، مها. (1996). التفوق والمتفوقون. قطر، مجلة كلية التربية، اللجنة الوطنية للتربية والثقافة والعلوم، ع (27)، السنة (25)، ص ص 93 - 104.

الزوبعي، عبد الجليل إبراهيم والكناني، إبراهيم عبد الحسن. (1995). الطلبة المتميزون في العراق، بعض خصائصهم الأسرية والنفسية والأكاديمية، بغداد، جامعة بغداد، مركز البحوث التربوية والنفسية.

سالم، يسريه محمد سليمان. (1989). دراسة للعوامل المرتبطة بالتوافق النفسي والاجتماعي للجناحين داخل مؤسسة الأحداث. القاهرة، جامعة عين شمس (رسالة ماجستير)

السامرائي، هاشم. (1994) التفكير الابتكاري وعلاقته بمتغيري الذكاء والتحصيل الدراسي. بغداد، مجلة العلوم النفسية والتربوية، العدد (2).

السرور، ناديا هايل وحداد، عفاف شكري (1999). الخصائص السلوكية للطلبة المتميزين. قطر، مجلة مركز البحوث التربوية.

السرور، ناديا هايل. (1998). مدخل إلى تربية المتميزين والموهوبين. عمان. دار النهضة.

السعدي، قيس مغشغش. (1981). دافع الإنجاز الدراسي وعلاقته ببعض المتغيرات لدي طلبة الصف السادس الإعدادي. بغداد، جامعة بغداد (رسالة ماجستير).

سعيد، أبو طالب محمد (1990). علم النفس الفني. بغداد، وزارة التعليم العالي والبحث العلمي.

السوداني، يحي محمد سلطان. (1990). مقياس التوافق الاجتماعي والنفسي لأبناء الشهداء في المرحلة المتوسطة. بغداد، جامعة بغداد (أطروحة دكتوراه)

السيد، عبد الحليم محمد وآخرون. (1990). علم النفس العام. القاهرة، مكتبة غريب.

الشاذلي، عبد الحميد محمد. (2001). الصحة النفسية وسيكولوجية الشخصية. الإسكندرية، المكتبة الجامعية، الطبعة الثانية.

208

الشايب، سليم محمد سليم. (1991). العلاقة بين الابتكار وبعض المتغيرات الشخصية والبيئية. القاهرة، جامعة عين شمس، (أطروحة دكتوراه).

الشرقاوي، أنور محمد الابتكار وتطبيقاته، مكتبة الأنجلو المصرية 1999.

الشرقاوي، أنور. (1999). الابتكار وتطبيقاته. القاهرة، مكتبة الأنجلو المصرية، الجزء الثاني.

الشطناوي، أياد خالد. (2000). أثر طريقة استعمال مسرح الدمى في التدريس على التحصيل في مادة الرياضيات وأثره في التفكير الإبداعي والخيال عند طلبة الصف الثالث الأساسي. الأردن، جامعة مؤته. (رسالة ماجستير).

الشمري، محمد رحيم جاسم. (1997). دراسة مقارنة في التحصيل الأكاديمي والتوافق النفسي، والاتجاه نحو الاختلاط بين طالبات كلية التربية للبنات وطالبات كلية التربية المختلطة. بغداد، جامعة بغداد (ابن رشد) (أطروحة دكتوراه).

الشنطي، راشد محمد قاسم. (1983). دلالات صدق وثبات اختبارات تورانس للتفكير الإبداعي - صورة معدلة للبيئة الأردنية. عمان، الجامعة الأردنية، (رسالة ماجستير).

صابر، أبو طالب وآخرون. (1995). التفكير الإبداعي. عمان، منشورات جامعة القدس المفتوحة، الطبعة الأولى.

صالح، قاسم حسين. (1988). الإبداع في الفن، وزارة التعليم العالي والبحث العلمي، جامعة بغداد.

الصفدي، علي حسين. (1973). تطبيق مقياس المصفوفات المقنن للذكاء لرافن في البيئة الأردنية. عمان - الجامعة الأردنية. (رسالة ماجستير).

الضبيان، صالح بن موسى. (2000). اثر دراسة الطلاب الموهوبين بالمرحلة المتوسطة

لبرنامج إثرائي في مادة العلوم على اتجاهاتهم نحو العلوم. الكويت، مجلة العلوم التربوية، المجلد (14)، العدد (55).

الطاهر، مي سليم. (1988). الفرق في التكيف الأكاديمي بين المتفوقين وغير المتفوقين عند طلبة الجامعة الأردنية. عمان - الجامعة الأردنية. (رسالة ماجستير).

الطحان، محمد خالد. (1983). تربية المتفوقين عقلياً في البلاد العربية. تونس، المجلة العربية للبحوث التربوية، مجلد (3)، العدد (2).

العبيدي، محمد جاسم علم النفس التربوي 2004.

العبيدي، محمد جاسم. علم النفس التجريبي ص260، 2004.

العيسوي، عبد الرحمن مناهج البحث في علم النفس منشأة المعارف الأسكندرية 1980.

قشقوش إبراهيم ومنصور طلعت دافعية الانجاز وقياسها مكتبة الأنجلو المصرية 1979.

القواعد التنظيمية (1423هـ): رعاية الموهوبين في وزارة المعارف. المملكة العربية السعودية.

مجلة الدراسات التربوية، عمان، الجامعة الأردنية، مجلد (3)، الجزء (11)، ص111-135.

الهرش، جهاد محمد حسين. (1992). اثر مركز الضبط في القدرة على التفكير الابتكاري لدي كلاب الصف التاسع. الأردن، جامعة اليرموك. (رسالة الماجستير).

هندي، صالح ذياب. (1978). اثر العوامل الاقتصادية والاجتماعية والثقافية والتحصيلية في تسرب الطلاب من المرحلة الإلزامية. عمان. الجامعة الأردنية. (رسالة ماجستير).

هوك، ك ولندزي، ج. (1971). نظريات الشخصية، ترجمة فرج أحمد فرج وقدري محمود.

وزارة التربية والتعليم (1994). قانون التربية والتعليم. عمان، رقم (3).

وزارة التربية والتعليم. (1988). رسالة المعلم - المؤتمر الأول للتطوير التربوي عمان، العددين الثالث والرابع من المجلد التاسع عشر.

وهبه، مراد. (1974). يوسف مراد والمذهب التكاملي. القاهرة، الهيئة المصرية العامة للكتاب.

ويب، ميكستروث وآخرون. (1985)، توجيه الطفل المتفوق عقلياً، ترجمة بشري الحديد، الكويت، الجمعية الكويتية لتقدم الطفولة العربية.

الياسري، حسين نوري والحمداني، فاضل عبد الزهرة. (1988). دراسة مقارنة بين الطلبة المتفوقين والعاديين من طلبة الصف الرابع الإعدادي في التكيف الاجتماعي المدرسي والتحصيل الدراسي، (ملخص بحث لرسالة الماجستير لفاضل عبد الزهرة)، بغداد، مجلة العلوم النفسية والتربوية، العدد (3).

ياسين، عطوف محمود وأبو حويج مروان. (1982). دراسات سيكولوجية ميدانية. بيروت، الدار الجماهيرية للطباعة والنشر.

الفصل التاسع

تجويد العمل الإبداعي في التعليم ومعوقاته

هدف وأهمية الدراسة:

إن هدفنا من هذه الورقة هو استعراض تحليلي كشفي لتجارب في مجال رعاية الموهوبين ابتداءً من المبررات، وأدوات الكشف، ونوع البرامج، فالنظم الإدارية، والتمويل ونوع المعلمين وأساسيات تطوير البرامج المصاحبة لاستمرار تنمية الموهوب في شتى المجالات.

كذلك تقديم خلاصة بالاستنتاجات الرئيسية المستخلصة من تلك التجارب بما يخدم رعاية الموهوبين في مستوى التعليم النظامي وما بعده. تم انتقاء الدول تبعا لثراء تجربتها وتنوع البرامج الذي تقدمه، وتم تقديم البلدان تبعا لانتمائها القاري فمثلت الصين. بينما مثلت

إن الإلمام بالتعريفات يمكن أن يساهم في التوصل إلى الأساليب المتعددة للتعرف والكشف عن المتفوقين حيث نحت هذه التعريفات مناحي عدة منها ما يركز على السمات والخصائص الشخصية للموهوبين، ومنها ما يركز على نسبة الذكاء والقدرات العقلية العامة، أو على القدرات الابتكارية للموهوبين، ومنها على الإنتاج الإبداعي للموهوب، ومنها ما يركز على العملية الإبداعية أو الكيفية التي يبدع الموهوب من خلالها، بحيث أصبح مفهوم العبقرية والذكاء والابتكار والموهبة يندرج تحت التعريف الشائع للتفوق (فخرو واليماني 1997، ص 4-6).

عند الرجوع إلى المعاجم اللغوية نرى أن كلمة Genius تعني العبقرية، وGifted تعني ممنوح أو ذو موهبة، و Talent تعني موهبة أو موهوب، و Super تعني متفوق. تستخدم العديد من المصادر كلمة Giftedness لتعود إلى كفاءة متميزة وقدرة عقلية عالية وذكاء مرتفع عند الفرد، أما Talent فتشير إلى الأداء المتميز والمهارة في حقل أو أكثر من حقول المعرفة. أما الإبداع والابتكار فتعود إلى قدرة الفرد الإنتاج الذي يتميز بأكبر قدر من الطلاقة والمرونة والأصالة، وهو نتاج الموهبة والتفوق (فخرو واليماني 1994).

حدد تايلر (1984) ستة مجالات لقياس الموهبة وهي القدرة على اتخاذ القرار، التنبؤ، الاتصال والتعبير، التخطيط، التفكير الإنتاجي الابتكاري، والتحصيل الأكاديمي. بينما نرى (Clark, 1993) يربط بين أداء الموهوب وسماته الذاتية بخمسة سمات رئيسية هي:

السمات العقلية: وتتضمن القدرة على الاحتفاظ بكمية هائلة من المعلومات واسترجاعها بسرعة، والفهم والإدراك المتقدمين، وحب الاستطلاع الكبير والاهتمامات والميول المتعددة، والمستوى العالي من القدرات اللفظية ومعالجة المعلومات وربط الأفكار ورؤية العلاقات والمرونة العالية والقدرة على التحليل والتعميم وتوليد الأفكار والقدرة على تقويم الذات والآخرين.

السمات الانفعالية: وهي تتمثل بالحساسية المرهفة لتوقعات ومشاعر الآخرين، وروح الدعابة والإدراك العالي للذات مع الإحساس بالاختلاف عن الآخرين، والقدرة على التحكم بالمشاعر، والثقة بالنفس، والتوافق النفسي، والشعور الأخلاقي المرهف.

السمات الحدسية: الانفتاح على الخبرات والإلمام بالظواهر والمفاهيم المادية والمثالية، والاهتمام المبكر بالأفكار والقيم المثالية، والقدرة العالية على التنبؤ.

السمات الاجتماعية: الإدراك الاجتماعي للعلاقات مع الآخرين، القدرة

القيادية والقدرة على حل المشكلات والاهتمام بالبيئة والحس المرهف لسماع الآخرين وتبني قيم المجتمع.

السمات الجسمية: الصحة العامة الجيدة، الاهتمام بمعطيات النمو العناية بالجسم والرغبة بممارسة الرياضة. (فخرو واليماني، 1997، ص 195) يرى البعض أن الموهوب هو الشخص الذي يظهر أداءً متميزا في البعد الأكاديمي بالإضافة إلى تميزه في بعد أو أكثر من الأبعاد التالية: القدرات العقلية العامة، التفكير الابتكاري، القدرة القيادية، المهارات الفنية، المهارات الحركية (Torrance, 1974). يشير (عبد الغفار: 1996) بأن هناك علاقة وطيدة بين الذكاء والموهبة، ويعتبر الذكاء عاملا أساسيا في تكوين ونمو المواهب، وبناءً على ذلك فقد أصبح مصطلح الموهبة يشمل المجالات الأكاديمية أيضا. البعض يرى أن الموهوب هو الذي يقع في أعلى 5% من مجموع أقرانه(جروان، 1999).

إن هذه الأسس ليست واحدة حتى في البلد الواحد، إذ نرى تعريف الموهوب في الولايات المتحدة الأمريكية يختلف من ولاية إلى أخرى فتعريف ولاية نورث كارولينا للموهوب بأنه يقع ضمن أعلى 10% أو بنسبة ذكاء 120درجة من مجموعة طلبة مدارس المنطقة. وفي ولاية كاليفورنيا يقع الموهوب ضمن 2%، وولاية كونيتكت 5% وجورجيا 3%. بينما أعتبر العراق الموهوبين هم 5% من الطلبة الأوائل على أقرانهم ممن اجتازوا اختبارات الذكاء والتميز التحصيلي. في روسيا تم تبني التعريف الذي يقول أن الموهوب هو طاقة يتم التعبير عنها وتنميتها في أنشطة معينة تحتاج إلى هذه الموهبة. أما في أستراليا فأشير إلى الموهوبين على أنهم الأفراد الذين يتميزون بمهارة أو طاقة غير عادية في ميادين مختلفة ولا سيما في مجال النشاط الذهني الخلاق والذين يحتاجون إلى تربية أو خدمات مختلفة.... تتخطى ما تستطيع المدرسة العادية تقديمه لها.. يمتد مفهوم الموهبة في البرازيل ليتضمن مجالات الذكاء العام، والتحصيل الأكاديمي، والابتكار، والفن التشكيلي والقيادة الاجتماعية (جروان:1999). إن ما تم استعراضه

من تعار يف وتوضيح للمفاهيم يطرح بعض الإشكاليات التي تحتاج إلى تحديد دقيق. إذ أننا يجب أن نحسم مسألة ما إذا كانت الموهبة مجموعة سمات عقلية وسلوكية أم هي طاقة كامنة، أو هي قدرات وفي كل منها كيف سيتم قياسها؟

ما هو حجم العلاقة ونوعها بين الموهبة وما يسمى بالذكاء؟ وأي مقاييس الذكاء أكثر تنبؤا بالمواهب؟ ولماذا؟ وهل هناك علاقة ما بين الجانب المعرفي والأكاديمي والذكاء؟ وكيف يمكن أن نعتمد في مقياس البعد الأكاديمي؟ هل نعتمد رأي المعلم أم اختبارات محكية تحصيلية خاصة....؟

يتحدث بعض علماء النفس أن المحكات لا تصلح لتشخيص الموهبة بل نحن نحتاج إلى منبئات وهذه المسألة فنية وفلسفية في أن واحد. فهل الخلل وظيفي فيما يستخدم من محكات؟ أم أن للمحكات بعد اجتماعي ثقافي فصارت تختلف من مجتمع إلى آخر وتتطور وتتغير عبر البعد المكاني والزماني كي تستبدل بالمنبئات.

مستويات العمل الإبداع وتجويد التعليم

تتعدد مستويات العمل الإبداعي تبعاً للفئة المبدعة، وتبعاً لذلك فقد قسم الباحثون العمل الإبداعي إلى: إبداع فردي، وإبداع جماعي، وإبداع تنظيمي. ويبدأ المستوى الأول بحلقة ضيقة تتسع لتشتمل على المستوى الثاني، وتمتد لتشتمل المستوى الثالث. وهناك خيط يصل بين هذه المستويات الثلاثة فلا يمكن التوصل للإبداع التنظيمي دون إبداع جماعي وإبداع فردي فالمستويات الثلاثة تكمل بعضها بعضاً (حوامده، 2003، ص29) وفيما يلي عرض لمستويات العمل الإبداعي الثلاثة.

1- العمل الإبداعي على مستوى الفرد والجماعة:

وهو الذي يتم التوصل إليه من قبل أحد الأفراد، ومن السمات التي تميز الشخص المبدع الطلاقة، والمرونة العقلية، والقدرة على إصدار الأحكام، وشمولية التفكير،

واتساع الأفكار، وصياغة الأفكار، والربط والثقة بالنفس، وروح المغامرة والرغبة في الحصول على اهتمام الآخرين، الفضولية، والدافعية، والإصرار، والمعرفة بطبيعة الأشياء، وروح الدعابة، والمهارات الاجتماعية. (American Society For Training and Development، 8919، P. 3).

أما العمل الجماعي هو العمل الإبداعي «الذي تقدمه أو تتوصل إليه الجماعة، وإبداع الجماعة أكبر من مجموع إبداع أفرادها، وقد توصلت الدراسات إلى أن الجماعة المختلفة من حيث الجنس تنتج حلولاً أفضل جودة من الجماعة أحادية الجنس، وان الجماعة شديدة التنوع تنتج حلولاً أفضل، وأن الحل الإبداعي للجماعة يتطلب أن يتكون من أشخاص لهم شخصيات مختلفة، وان الجماعة المتماسكة أكثر استعداداً أو حماساً ونشاطاً للعمل الإبداعي من الجماعة الأقل تماسكاً، وأن أفراد الجماعة المنسجمة أكثر ميلاً للعمل الإبداعي من الجماعة التي ليس بين أفرادها انسجام وان الجماعة حديثة التكوين تميل إلى العمل الإبداعي أكثر من الجماعة القديمة، وان العمل الإبداعي يزداد مع ازدياد عدد أعضاء الجماعة، حيث تتوسع القدرات والمعرفة والمهارات». (العميان، 2002، ص293 - 394).

2 - العمل الإبداعي على مستوى المنظمة أو المؤسسة التعليمية

وهو العمل الإبداعي الذي يمكن التوصل إليه عن طريق الجهد التعاوني لجميع أعضاء المنظمة، وأشارت الدراسات والأبحاث حول العمل الإبداعي على مستوى المنظمة إلى أن المنظمات المبدعة تتميز بالصفات الآتية:

1- الميل نحو الممارسة والتجريب، 2- وجود مشجعين للعمل الإبداعي، 3- مشاركة العاملين في تقديم المقترحات للعمل الإبداعي، 4- احترام القيم وتطبيقاتها وتطوير مبادئ وأخلاقيات المنظمة، 5- البساطة في الهيكل التنظيمي، 6- الحزم واللين معاً. (Peters and Waterman، 8219، P. 225 - 227)

وأشار (Carr, 1994) إلى سبع خصائص رئيسية للمنظمات الإبداعية وهي:

1- تسعى هذه المنظمات لان تكون مبدعة إضافة إلى أن العاملين فيها مبدعون.
2- العاملون فيها يوجهون عملهم الإبداعي نحو تحقيق الأهداف المهمة للمنظمة.
3- العاملون يبذلون أقصى جهدهم لانجاز العمل الإبداعي.
4- لديها قدرة على التعامل مع المشكلات الصعبة وإيجاد الحل المناسب لها.
5- تأخذ وقتاً لحل المشكلات العميقة قبل تقرير كيفية حلها.
6- تراعي التنوع الواسع في الخيارات قبل التسليم بتوجيه معين.
7- تقوم بمحاولات كثيرة قد لا تكون مرضية قبل أن تختار الحل الأفضل. (Carr, 1944, P. 30).

وقدمت (Amabile, 1996) أنموذجاً تصورياً لإدراك بيئة العمل الإبداعي، ويظهر الشكل (1) عوامل بيئة العمل التي تؤثر في الإبداع، ومقاييس تقيم العمل ومخرجاته التي تؤدي إلى العمل الإبداعي وهي: تشجيع الإبداع، والاستقلالية والحرية، والمصادر، والضغوط والمعيقات التنظيمية، ويفترض الشكل وجود فرضتين الأولى داعمة ومشجعة للإبداع ورمز لها بالرقم (1) والثانية تعيق الإبداع ورمز لها بالرقم (2) وتشتمل الفرضية الأولى على: التشجيع التنظيمي، والتشجيع الإشرافي، ودعم جماعة العمل والعوائق التنظيمية، ويظهر من الشكل الأثر الايجابي للفرضية الأولى على الإبداع والأثر السلبي للفرضية الثانية على الإبداع، حيث رمز للأثر الايجابي بإشارة موجب (+) وللأثر السلبي بإشارة سالب (-) الشكل (1) ومن النظريات التي تناولت بيئة العمل الإبداعي، النظرية التركيبية للإبداع والابتكار التنظيمي، أشارت (Amabile, 1996) إلى أن هذه النظرية متعددة العناصر، التي تربط بين الإبداع الفردي وبيئة العمل التنظيمي كما موضح في الشكل (2).

(Amabile, 1996, P. 1154-1184) الشكل (2)

أنموذج عوامل بيئة العمل التي تؤثر على الإبداع

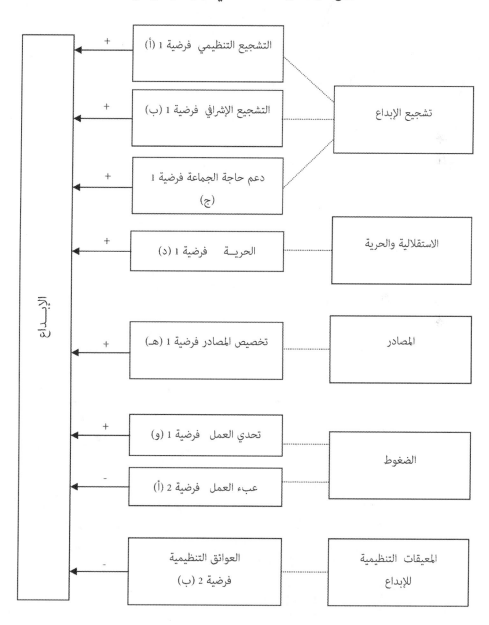

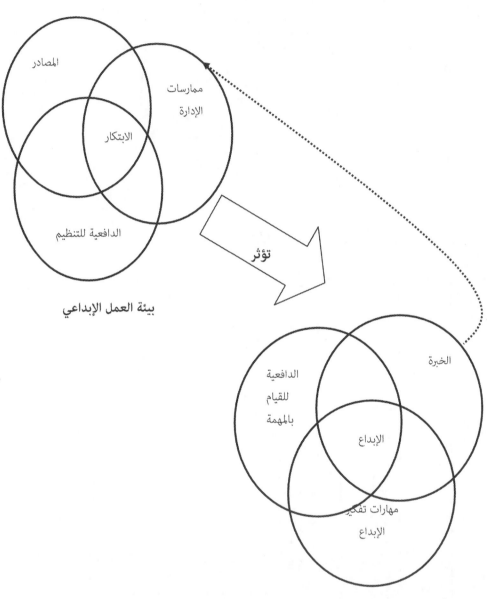

بيئة العمل الإبداعي

تؤثر

المصادر

ممارسات الإدارة

الابتكار

الدافعية للتنظيم

الدافعية للقيام بالمهمة

الخبرة

الإبداع

مهارات تفكير الإبداع

(P. 1156 ،6199 ،Amabile)

بيئة العمل الإبداعي التي تربط بين الإبداع الفردي وبيئة العمل التنظيمي فالدوائر الثلاث العلوية في الشكل (2) تشكل تصوراً للعناصر التنظيمية أي ملامح بيئة العمل الإبداعي الضرورية للابتكار، أما الدوائر السفلية فهي تظهر عناصر الإبداع الفردي. تنص هذه النظرية على أن بيئة العمل الإبداعي تؤثر على الإبداع الفردي، وتفترض النظرية أن الإبداع يشكل مصدرا رئيسيا للابتكار داخل المؤسسة، ومن أهم ملامح هذه النظرية التأكيد على أن بيئة العمل تؤثر على العمل الإبداعي عن طريق التأثير في العناصر الفردية للإبداع. وتضم بيئة العمل التي تؤثر في العمل الإبداعي حسب هذه النظرية العناصر التالية: 1- ممارسة الإدارة، 2- المصادر، 3- الدافعية التنظيمية. (Amabile. 1996, P. 115).

المرتكزات الأساسية التي يقوم عليها العمل الإبداعي. يعتمد العمل الإبداعي الإداري على مجموعة من المرتكزات الأساسية التي يجب توافرها في الأفراد العاملين والبيئة المحيطة بهم وقد قسم بعض الباحثين هذه المرتكزات إلى: فسيولوجية، وبيئية، وسيكولوجية، وفيما يلي عرض لهذه المرتكزات:

1- ويتمثل وجود القدرة على التفكير، عند الأفراد يشتمل على القدرات الإبداعية لدى الأفراد والسمات التي يتصف بها المبدعون.

2- ويتمثل المناخ الذي يسود المنظمات، وما يتعلق بظروف العمل والعاملين داخل المنظمة، والبيئة التنظيمية التي تسمح لأفراد المنظمة بتحقيق طموحاتهم وتساعدهم على استغلال قدراتهم، وتعمل على إشباع رغباتهم، وتشاركهم في اتخاذ القرار، وتستخدم أسلوب التخطيط السليم، وتحرر من النزعة التقليدية، وان تسير في طريق الإبداع والتفوق. والبيئة تحدد مدى المخاطر التي تظهر أمام الشخص المبدع، وهي تدعم هذا الشخص، أو تحد من طموحه. (Sternberg, 1997, P. I).

3- ويتمثل في الدوافع التي تدفع العاملين في المنظمات إلى العمل الإبداعي الإداري وأظهرت الدراسات أن أكثر الدوافع التي تدفع العامل إلى العمل الإبداعي كما

حددها (احمد 1981) هي: الحاجة إلى الانجاز، والحاجة إلى الجدة، والحاجة إلى النظام، وحب الاستطلاع. (حوامده، 2003، ص 35).

تنمية وإدارة العمل الإبداعي:

يعد تنمية العمل الإبداعي وتطويره من المواضيع الهامة التي على المنظمة أن تعتني بها، والمنظمات الناجحة والمتميزة في أدائها وانجازاتها هي تلك التي تفرد للعمل الإبداعي جانبا من اهتمامها، حيث تقوم مثل هذه المنظمات بدعم الأفراد المبدعين وتشجيع العمل الإبداعي لديهم، وتوفر للأفراد كافة مستلزمات الإبداع وتمنحهم السلطات والصلاحيات التي يحتاجونها لترجمة العمل الإبداعي إلى إبداعات فعلية (القطاوئة: 2000، ص51) ويقدم (حريم، 1997) أساليب أخرى لتنمية العمل الإبداعي وأهمها:

1- تطبيق نموذج البناء العضوي الذي يعطي مرونة أكثر، ويسمح بالاتصالات في كافة المستويات، وفيه درجة عالية من اللامركزية في السلطة واتخاذ القرار.

2 - تعزيز انتماء الفرد نحو منظمته من خلال تثقيف الأفراد، وتطبيعهم وغرس ثقافة تنظيمية راسخة.

3 - تعزيز الرقابة الذاتية لدى الأفراد العاملين بالمنظمة.

4 - تشجيع التوجيه نحو التجربة والمحاولة.

5 - تمكين الموظفين ومنحهم الموارد والحرية في القيام بالأعمال الإبداعية. (حريم، 1997، ص 479 - 481).

بناءً على ما تقدم يرى الباحث انه يمكن للمنظمة تنمية الإبداع من خلال تحفيز الأفراد نحو العمل الإبداعي مع ضرورة توفير الدعم، والتشجيع لهذا العمل من القيادة لإيجاد المناخ النفسي والعملي الملائم، والمشجع للإبداع، وتتوافر للعمل الإبداعي المقومات

اللازمة لنجاحه بما يخدم أهداف التنظيم ويوفر المنفعة القصوى للمنظمة، وينظر إلى العمل الإبداعي على انه عامل منافسة بالغ الأهمية والحيوية حيث أن العمل الإبداعي مورد هام يجب تطويره وتعزيزه، وبقدر ما تهتم المنظمات بإدارة العمل الإبداعي بقدر ما لذلك من تأثير هام على بقائها وازدهارها. وحتى تتمكن المنظمة من تنمية وصقل العمل الإبداعي لابد لها أن تتعرف على المعوقات التي تحد منه لكي تتمكن من معالجتها وتذليلها، ومن ثم يصبح المجال مفتوحا أمام الأفراد ليسلكوا عملا إبداعيا. (العبيدي - 2004 - ص281).

معوقات العمل الإبداعي في المجال التربوي

هناك مجموعة من العوامل التي قد تحد من العمل الإبداعي وتعيق تبنية داخل المنظمة، وهذه العوامل قد يكون بعضها مباشر وبعضها الآخر غير مباشر، وقد يكون مصدر هذه المعوقات الفرد نفسه، أو المنظمة، أو المجتمع. (القطاونه: 2000، ص53)، وأوضحت البحوث التربوية أن معوقات العمل الإبداعي ما يلي:

أولا: قلة البحوث في مجال الإبداع العلمي:

نقص البحوث التربوية التي تتناول قضايا الإبداع في التخصصات المختلفة، وبخاصة في الماضي كان لها دور في إهمال التدريسيين للقدرات الإبداعية لطلابهم والفشل في التعامل معهم. لكن هذا الأمر تغير كثيرا في السنوات الأخيرة عالميا وان ظل بعض التدريسيين للأسف في الدول النامية غير واعين لهذه الدراسات ومضامينها التربوية، أو لاتهمهم نتائجها، وان كثير منهم يتمسكون بأفكار تقليدية أو غير واقعية عن تعليم الإبداع، أو تنمية العمل الإبداعي لديهم.

ثانيا: التدريس التقليدي:

التدريس التقليدي في الجامعة يتمثل في بعض جوانبه الطلب من الطلبة أن يجلسوا

223

متسمرين في مقاعدهم، وان يمتصوا المعرفة الملقاة عليهم، والذي يعوق النشاط الإبداعي ونمو القدرات الإبداعية. ربما أسهم نمط القيادة التربوية لدى رؤساء الأقسام اتباع العمل الإداري التقليدي في تنفيذ توجيهات رؤسائهم حرفا بحرف.

يرى بعض التدريسيين وقد يشاركهم في ذلك رؤساء الأقسام أن تنمية قدرات الطلبة الإبداعية يعد عملا شاقا ومضنيا، فالطالب المبدع لا يرغب في السير مع أقرانه في مناهج تفكيرهم، وقد يكون مصدر إزعاج للتدريسيين وغالبا ما يرفض التسليم بالمعلومات السطحية التي ربما تعرض عليه، ويسبب بعض هؤلاء الطلبة حرجا لبعض التدريسيين بأسئلتهم غير المتوقعة، والحلول الغريبة التي يقترحونها لبعض المشكلات، ويعتقد (Torrance) أن هذا كله يؤثر على الصحة العقلية للمبدع. (الانترنيت:2004، ص 12).

وإن الكلية التي يسيطر عليها جو الصرامة والتسلط غالبا ما تكون أقل الكليات في استثمار العمل الإبداعي وقدرات التفكير الإبداعي لدى طلبتها.

ثالثا: تغطية المادة التعليمية مقابل تعلمها:

تكدس المناهج يعوق التدريسيين عن تنمية قدرات العمل الإبداعي لدى الطلبة، خاصة عندما يشعرون بأنهم ملزمون بإنهاء المادة، وعلى التدريسي الذكي المبدع أن يدرك هذه الحقيقة 0 وعلى الرغم من أن التدريسيين المبدعين قد لا يغطون مادة علمية كبيرة، إلا أن طلبتهم يحتفظون، بالمعلومات والمهارات التي كانوا قد تعلموها، فضلا عن نمو مواهبهم وقدراتهم التفكيرية والإبداعية.

رابعا: المناهج والكتب الدراسية:

تشير الدراسات التقويمية لمناهجنا في العراق إلى إنها لم تصمم على أساس تنمية العمل الإبداعي، والأدب التربوي في مجال الإبداع يؤكد على الحاجة إلى مناهج تدريسية وبرامج تعليمية هادفة ومصممة لتنمية العمل الإبداعي لدى الطلبة. لذا ينبغي تطوير

مناهجنا بحيث تسمح بإعطاء فرص التجريب العلمي والرياضي، وتتضمن نشاطات مختبرية مفتوحة النهايات، وتشجع أسئلة الطلبة وتقدم لهم الفرص لكي يصوغوا الفرضيات ويختبروها بأنفسهم.

خامسا: الاتجاهات نحو العمل الإبداعي:

يعتقد بعض التدريسيين أن القدرات الإبداعية لدى الطلبة موروثة وأن بيئة التعلم لها اثر قليل في تنمية هذه القدرات الإبداعية، ويرى بعضهم الآخر أن الموهبة تكفي دون التدريب على العمل الإبداعي، وهذا الاعتقاد خاطئ.

إن عدد غير قليل من التدريسيين ولاسيما ذوو الاتجاهات التقليدية نحو الإبداع لا يعرفون كيفية تذليل الطرائق التي يتعبونها، والمواد التعليمية التي يستعملونها لتشجيع العمل الإبداعي.

سادسا: عوامل أخرى متصلة بالنظام التربوي

1- التدريس الموجه فقط للنجاح والتحصيل المعرفي المبني على الاستظهار.

2- الاختبارات الجامعية وأوجه الضعف المعروفة فيها.

3- النظرة المتدنية للتساؤل والاكتشاف، واللذان يقابلان بعقاب التدريسيين.

4- الفلسفة التربوية السائدة في المجتمع، ونظرته ومدى تقديره للمبدعين (الانترنيت: 2004: ص 13- 14).

وتذكر (الدهان، 1992) مجموعة من العقبات التي تحول دون ظهور العمل الإبداعي للعاملين في الجامعة وهي:

1- المعوقات الإدراكية: وتتمثل في صعوبات إدراك جوانب المشكلة والموقف الإبداعي.

2- المعوقات الوجدانية والشخصية: وتتمثل في معوقات نفسية أهمها الخوف من المبادرة والوقوع في الخطأ، وتجنب التحدي ومواجهة المشاكل.

3- المعوقات الثقافية والاجتماعية، وتسببها الضغوط الاجتماعية في حياة التدريسيين

التي قد تدفعهم نحو تبني سلوكيات واتجاهات معينه مثل الرضوخ للمسلمات والامتثال لما هو مألوف. (الدهان:1992، ص194-195) ويضيف (حريم، 1997) إلى المعوقات السابقة المعوقات التنظيمية وقد تأخذ أشكالا مثل: الالتزام الحرفي بالقوانين والتعليمات، العمليات الإدارية غير السليمة مثل القيادة غير المشجعة على العمل الإبداعي، والالتزام بالتسلسل الهرمي الجامد، ووجود فجوة في عملية الاتصال، والمناخ التنظيمي غير الصحي، وغياب الثقة بالنفس عن بعض التدريسيين والثقة بين المستويات الإدارية المختلفة. (حريم:1997، ص477).

ويرى الباحث أن المعوقات السابقة يمكن التغلب عليها من خلال الممارسات التنظيمية والتزام الجامعة بأساليب عمل تشجع من خلالها الإداريين والتدريسيين والطلبة على مزيد من الانجاز والعمل الإبداعي، كما أن للتدريسيين دورا مهماً في تذليل المعوقات من خلال إدراكهم السليم لدوافع وجوانب العملية الإبداعية وثقتهم بأنفسهم واستشعار المسؤولية وعدم الخوف من النتائج التي قد تترتب على عملهم الإبداعي، وأن القيادات الجامعية يقع على عاتقها دورا كبير في مواجهة هذه المعوقات.

ويرى الباحث أن هذه العوامل، والشروط التي تعزز العمل الإبداعي تنعكس على الجامعة إذا ما أريد للعملية التربوية أن تحقق أهدافها بنجاح. ونظراً لأهمية هذه العوامل في تأثيرها على سلوك التدريسيين ورؤساء الأقسام في الجامعة، فأن هناك حاجة إلى دراسات توضح مدى ارتباط شعور التدريسيين بالكفاية التدريسية، وان العلاقة بين توافر هذه العوامل التي تعزز العمل الإبداعي، وسلوك التدريسيين بحاجة إلى مزيد من البحث. ويعتقد الباحث أن الأستاذ الجامعي هو العمود الفقري للتعليم العالي وحجر الزاوية في كل إصلاح وتغير يحصل له، وبالتالي إلى النظام الاجتماعي، والاقتصادي والسياسي لبلده وأمته والعالم ويستند هذا الاعتقاد إلى:

1- أن الأستاذ الجامعي (ومثله معلمي مراحل التعليم العام) يحمل أقدس رسالة عرفتها البشرية، رسالة لا يشاركه فيها إلا الطبيب.

2- مقدار التأثير السلبي أو الايجابي، الذي يتركه في طلبته.

3- إنه يعطي مجتمعه أكثر مما يأخذ منه، مهما كان حجم عطاء مجتمعه المادي والمعنوي له.

4- كون أساتذة الجامعة يشكلون غالبية العاملين في مؤسسات التعليم العالي المطلوب منهم تخطيط وتنفيذ السياسة التعليمية (وربما السياسات الأخرى) للبلد.

5- الأدوار الكثيرة التي يطلب من الأستاذ الجامعي القيام بها. فهو المحاضر والباحث المبدع والمربي والمرشد والقائد والمستشار ومكتشف المبدعين ومدربهم خلال سنوات الدراسة الجامعية الأولية والعليا.

العلاقة بين المناخ التنظيمي والعمل الإبداعي

يتضح من الإطار النظري السابق أن هناك علاقة وثيقة بين المناخ التنظيمي والإبداع، وتؤكد بعض الدراسات الميدانية - على الرغم من محدوديتها - على هذه العلاقة، حيث تشير هذه الدراسات إلى اثر المناخ التنظيمي في تبني السلوك الإبداعي. فقد أظهرت نتائج دراسة (القطاونة، 2000) وجود علاقة بين المناخ التنظيمي، والسلوك الإبداعي، وبلغ معامل الارتباط بين المناخ التنظيمي والسلوك الإبداعي في هذه الدراسة (0.72). (القطاونة، 2000، ك - ل).

وأشارت دراسة (جواد، 2000) إلى أن المنظمات المختلفة إذا أرادت أن تجني ثمار الحالات الإبداعية عند العاملين فيها - وبغض النظر عن مستوياتهم أو أنشطتهم الإدارية - فأن عليها أن توجه جانباً من اهتماماتها لخلق وتنمية مناخ ايجابي، يجد العاملين أنفسهم أحراراً فيه لتقديم أعمالهم الإبداعية. حيث قدمت بعض الاقتراحات التي يجب أن يتميز بها المناخ التنظيمي المساعد على الإبداع وهي:

1- التدعيم: وذلك بسعي المنظمة باتجاه تدعيم اعمال الإبداع فيها من خلال الحوافز.

2- المساندة والتعضيد: وذلك من خلال تهيئة مستلزمات الإبداع المادية.

-3

-4 جدولة الأوليات وفق برنامج يتضمن مواعيد وأوقاتاً للتنفيذ والاختبار، والمراقبة، والإعلان عن الانجاز الإبداعي.

-5 الموازنة بين حرية العمل والقوانين التي تعمل من خلالها المنظمة، وذلك بأن يميلا إلى تكييف نشاطهم الإبداعي بما يتلاءم وتطلعات المبدع، والمنظمة، والقوانين المرعية فيها. (جواد، 2000، ص178 - 179)

أما دراسة (Amabile, 1997) فقد أشارت في النظرية التركيبية للإبداع والابتكار إلى وجود تأثير لبيئة العمل على الإبداع الفردي. وقدمت تصوراً لعوامل بيئة العمل المؤثرة في الإبداع وهي: التشجيع على الإبداع، والحرية، والاستقلال والمصادر، وضغوط العمل، والمعوقات التنظيمية، وكلها تشكل صورة المناخ التنظيمي السائد في الجامعة وأثره على العمل الإبداعي. (Amabile, 1997, P. 57)

وأوضحت دراسة (Koester and Burnside) إلى بيئة العمل التي تشجع أو تعيق الإبداع، أن هناك مناخات ثلاثة تؤدي دوراً في الإبداع وهي: المناخ التنظيمي، والمناخ النفسي، ومناخ جماعة العمل، والمناخ التنظيمي يشكل صورة ومظهراً موضوعياً للجامعة يمكن قياسه عن طريق الملاحظة، والمناخ النفسي هو سمة للمستوى الفردي أي انه ذاتي وغير موضوعي يضعه كل فرد على حده، ومن غير المناسب الرجوع اليه على انه يشكل خاصية للجامعة، وكذلك مناخ جماعة العمل يشكل صوراً فرعية لخصائص وسمات جماعات العمل داخل الجامعة. ويقترح الباحثان أن الإبداع يتأثر بالمناخات الثلاثة، لذلك يجب دراستها جميعاً من أجل تحديد نقاط القوة والضعف فيها. ويوضح الشكل (3) اثر المناخات الثلاثة على الإبداع، والسؤال الذي يطرح نفسه هنا هو: كيف تؤثر هذه العوامل في الإبداع ؟ والشكل(3) يقترح طريقة للنظر إلى هذه العلاقة المتداخلة، وهو واضح في الشكل فان المناخات الثلاثة جميعها تتداخل ويؤثر كل واحد منها على الآخر، وتؤثر كلها في الإبداع.

الشكل (3)العلاقة المتداخلة بين المناخات الثلاثة

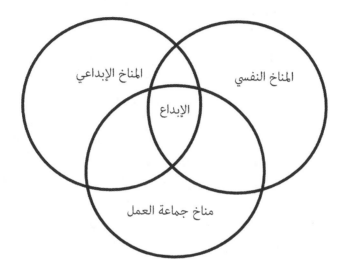

(Gryskiewicz & Hills, 1992, P. 72 - 73)

وأشارت (عناقرة، 1990) في السياق نفسه إلى أن المناخ التنظيمي السليم، «يهيئ الجو الملائم الجاد، وينسق بين أعمال الأقسام المختلفة، وينمي قدرات العاملين ومواهبهم، ويشجع الأساليب الحديثة في العمل، ويضع حلولاً مناسبة للمشكلات الطارئة، ويراعي ظروف العاملين، ويستخدم الأسلوب الديمقراطي في القيادة، ويفتح قنوات الاتصال داخل الجامعة وخارجها. ويعترف بقدرات المتفوقين فيها، وكذلك فأن البيئة التنظيمية التي تسمح لتدريسي الجامعة بتحقيق طموحاتهم، وتساعدهم على استغلال قدراتهم، وتعمل على إشباع رغباتهم، وتشاركهم في اتخاذ القرار، وتستخدم أسلوب التخطيط السليم، وتحرر من النزعة التقليدية لابد وأن تسير في طريق الإبداع والتفوق» (العناقرة، 1990، ص7-8).

ويبدو أثر المناخ التنظيمي في تبني العمل الإبداعي واضحاً حين تستذكر عناصر

229

أبعاد المناخ التنظيمي، وإذا توافرت هذه العناصر والأبعاد أصبح المناخ التنظيمي محفزاً ومشجعاً على العمل الإبداعي، وفي هذا السياق يشير بعض الباحثين إلى أن المناخ التنظيمي المستبد يخنق الأفكار الإبداعية، بينما المناخ المحفز والمشجع على الإبداع يقدم الدعم للعمل الإبداعي من خلال ما يمنح من مرونة واستقلالية في بلورة واختبار الأفكار الإبداعية، وأن المرونة والاستقلالية تعطي الأفراد المبدعين مجالاً واسعاً من العمل والقدرة على الاتصالات الرسمية وغير الرسمية، وتتضمن إمكانية تخطي الهرم الإداري والإجراءات الإدارية (التي عادة ما تعاني من البطء والجمود)، ومن ثم تجاوز الروتين الإداري. (القطاونة، 2000، ص56)

ويرى الباحث أن العمل الإبداعي يصبح جوهرياً لوجود استمرار وازدهار الجامعة وعنواناً لسياستها واستراتيجيها، ويصبح العمل الإبداعي ميزة حيوية وإستراتيجية وموردا يمكن التحكم به ودفعه في خدمة الأهداف التنظيمية والاحتياجات المجتمعية، خاصة في ظل المنافسة الشديدة نحو التميز وكسب أكبر عدد من المتعاملين مع الجامعات، ومن خلال وجود المناخ التنظيمي المناسب والصحي الذي يتيح للتدريسيين العمل بحرية وبنشاط وفاعلية لتحقيق أهداف ومتطلبات الجامعة، فضلاً عن أهمية توافر الحافز للعمل الإبداعي سواء كان هذا الحافز مادياً أو معنوياً، وان توافر المعلومات والدعم المادي للعمل الإبداعي يعد من مقومات نجاح العملية الإبداعية. وسوف يحاول الباحث الكشف عن علاقة المناخ التنظيمي والعمل الإبداعي من خلال الإجابة على أهداف البحث وتطبيق عينة بحثه، والنتائج التي يتوصل إليها.

معايير تشخيص وانتقاء الموهوبين:

بعد عملية المسح للأدبيات التي تناولت الموهبة ظهر بوضوح أن المعايير المستخدمة في تشخيص وانتقاء الموهوبين تنحصر بما يأتي: (Gryskiewicz & Hills, 1992, P. 72 - 73) (العبيدي - 2004ص8). (القطاونة، 2000، ص56).

أولاً- التحصيل الدراسي
- الامتحانات العامة أو الشاملة
- اختبارات تحصيلية مقننة
- اختبارات شفوية معرفيةOral Exam
- عن طريق لجنة خاصة

ثانياً- اختبارات الذكاء أو القدرات العقلية من 3-17سنة
- مقننة معروفة عالميا فردية أو جمعية
  - بينيه
  - وكسلر
  - تورانس للابتكار
  - جيلفورد
  - مصفوفات ريفن
  - استكمال الصور
  - القدرات الخاصة
  - اختبار رسم الرجل
  - لجودنف
  - المتاهات-ليوثيوس
  - الذكاء غير اللفظي (عطية هنا)
- اختبارات ذكاء محلية تصنع وتجرب تبعا لثقافة البلد (أستراليا، العراق، الصين، البرازيل)

ثالثاً- الملاحظات المدرسية
- ملاحظات المعلمين وتقديراتهم
- ملاحظات وتقديرات مدير المدرسة
- رأي المشرفين المباشرين للمدرسة
- السجل التراكمي للطالب
- إنجازات الطالب في المدرسة
- قوائم الملاحظة والتقدير المدرسية

رابعا- المقابلات الاجتماعية الخاصة - قراءة السمات الشخصية والقيادية للموهوب ودراسة شخصيته.

أ- استخدام بعض اختبارات الشخصية.

ب- بطاقة المستوى الثقافي –الاجتماعي للأسرة.

خامسا- استخدام أكثر من محور أو استخدام عينات من جميع المحاور.

البرامج المستخدمة مع المتميزين والموهوبين

مواد وأساليب مضافة تهدف إلى التعمق
بالمادة التعليمية وإثرائها بما يشبع طموح وقابلية الموهوب.
وهي تأخذ أشكالا مختلفة: منشورات أو مجلات أو كتب
مضافة، مشروعات وبرامج مضافة، نوادي مدرسية، رحلات،
أنشطة مرتبطة بالمنهج الدراسي العام.
المهم أن هذه البرامج لا تخرج في إطارها العام عن المنهج العام
المقرر(طبق في جميع الدول المتضمنة في هذه الدراسة).

البرامج الإثرائية

اختزال سنة د راسية أو أكثر تبعا لقابلية التلميذ
الدروس (نظام الإعفاء).
القبول المبكر على مستوى مراحل التعليم كافة.

التسريع

غرفة خاصة بالمعلومات مكتبية أو الكترونية.
جمعية علمية بالمدرسة للموهوبين لتبادل أفكار ومصادر
برئاسة أستاذ متخصص يوجه العمل.
نادي الموهوبين بمدرسة جامعة أو مجاميع في منطقة واحدة.
أستراليا – برامج العطل ويوم واحد بالأسبوع لموهوبي التعليم
النظامي.

غرفة المصادر نادي المعرفة

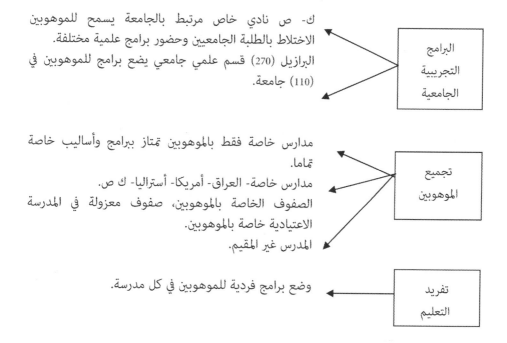

البرامج التجريبية الجامعية

- ك- ص نادي خاص مرتبط بالجامعة يسمح للموهوبين الاختلاط بالطلبة الجامعيين وحضور برامج علمية مختلفة.
- البرازيل (270) قسم علمي جامعي يضع برامج للموهوبين في (110) جامعة.

تجميع الموهوبين

- مدارس خاصة فقط بالموهوبين تمتاز ببرامج وأساليب خاصة تماما.
- مدارس خاصة- العراق- أمريكا- أستراليا- ك ص.
- الصفوف الخاصة بالموهوبين، صفوف معزولة في المدرسة الاعتيادية خاصة بالموهوبين.
- المدرس غير المقيم.

تفريد التعليم

- وضع برامج فردية للموهوبين في كل مدرسة.

البرامج التعليمية الخاصة بالموهوبين والمتميزين:

1- برامج المراكز الريادية:

وهي مراكز علمية متخصصة تشرف عليها وزارة التربية، وتستعين ببعض المتخصصين من الجامعات أحيانا كما هو الحال في السعودية، والأردن، أو تشرف عليها جامعات كما يحدث في ألمانيا، وأستراليا، والبرازيل، والكيان الصهيوني ودول أخرى. حيث تعتمد هذه المراكز أسلوب الإثراء الذي يسمح للطالب المتفوق بمتابعة دراسته بتوسيع أكبر من زملائه العاديين، ويتم ذلك من خلال تزويده بخبرات تعليمية إضافية للمنهاج العادي وتحضير الوحدات التعليمية على شكل أنشطة وأسئلة، ويتم اختيار الأنشطة التي يمارسها المتفوق بعناية لتساعده على تنمية مهاراته العقلية ومواهبه، حيث

يسمح للطالب بالبقاء مع أقرانه العاديين. ويقبل عادة الطلبة في هذا البرنامج أما بعد الصف السادس الابتدائي أو الثامن من مرحلة الأساس. علما أنه يشمل الطلبة الذين يكون المعدل العام تحصيليا في 100% الأوائل.

رعاية الموهوبين في فصول اعتيادية - في مدرسة المعادي عام 1955 المتميزون عام 1960 في عين شمس. ثم شملت جميع المراحل. صفوف داخل مدرسة واحدة - تهيئ لها أساليب التعليم الجيدة.

2- نظام اليوم الدراسي الطويل الذي يمتد من الساعة الثامنة صباحا إلى الساعة الرابعة مساءً:

حيث يدرس الطالب (40) حصة أسبوعيا، يتم من خلالها تدريس المنهاج العام بمستواه الإتقاني والتطويري ويتم قبول الطلبة في هذا البرنامج عادة بعد الابتدائية أو بداية الصف السابع في الأردن والعراق والخليج والسعودية. وعادة يتم قبول الطلبة تبعا لمعيار التحصيل في الامتحان الشامل في المرحلة الابتدائية (يسمى بكالوريا في العراق والأردن...) كذلك اختبارات قدرات عقلية.

3- غرف المصادر:

يعتمد هذا البرنامج على توفير فرص أفضل للطلبة الموهوبين في البقاء في مدارسهم وأقرانهم وأسرهم ن ويقوم هذا النظام على أساس الإثراء والتسريع. وتخدم هذه الغرفة الطالب المتميز من الصف الثالث وحتى العاشر الأساسي، حيث يتم تدريس الطالب ست ساعات نظامية وساعات أخرى مضافة بين 5-9 ساعات أسبوعيا إثرائية، مع نشاطات إثرائية تطبيقية لا تقل عن 2-4 ساعات يمنح الطالب فرصة الاختيار ما يرغب هو بتعلمه. وتوجد مثل هذه المدارس ببعض دول الخليج والأردن، وفرنسا، والكيان الصهيوني، والصين، والبرازيل، ....

234

4- برامج الموهوبين الجامعية:

تقدم بعض الجامعات كجزء من برامجها العلمية في أقسام مختلفة برامج خاصة للموهوبين والمتميزين في تخصصات مختلفة. وتعتبر هذه البرامج من أنجح البرامج الإثرائية والتعليمية، وعادة تكون هذه البرامج أما مسائية(خارج أوقات دوام الطلبة) أو في عطلة نهاية الأسبوع أو في الصيف، حيث تنظم للموهوبين مختلف البرامج ضمن رعاية أساتذة مختصين منهم من يخضع الموهوبين لدراسات نفسية وعقلية معمقة، ومنهم من يهتم بنوع التعلم بتكليف من مؤسسات تربوية أو استثمارية...، وتكثر هذه البرامج في جامعة تل أبيب، والبرازيل بشكل خاص، وألمانيا، والصين. وللصين برنامج متطور في هذا الجانب، ومنها إشراك الموهوبين في برامج اجتماعية مختلفة، إضافة إلى إعداد برامج ومشاريع تطبيقية تحت إشراف أساتذة مختصين.

معلم الموهوبين:

من خلال استعراض شامل لتجارب الشعوب في أكثر من بلد عربي كان أم إقليمي أو غربي، لم أجد برنامجا ناجحا لم يول المعلم العناية الخاصة به (الطحان 1982)، (عبد الغفار 1996)، (توق 1990). إذ أن المعلم هو عصب النجاح لأي برنامج تعليمي خاص، سيما برنامج يتضمن تقديم خدمات تعليمية خاصة لشريحة من الطلبة تمتاز بخصائص وصفات أقل ما يمكن أن يقال عنها أنها متميزة معرفيا ومهاريا عن الطلبة الاعتياديين.

وعليه فإن هذه الشريحة تحتاج إلى رعاية خاصة وأسلوب تعامل خاص لا يمكن أن يقوم به سوى معلم متخصص له خصائص شخصية ومهنية وتخصصية متميزة إضافة إلى رغبة ودافعية عالية لهذا النوع من المتعلمين للعمل مع هذه الشريحة. ويظهر الشكل رقم (2) أربعة خصائص ينبغي أن يتحلى بها معلم الموهوبين تمثل بحد ذاتها مكونات الكفايات اللازمة لهذا النوع من المعلمين، وهي تمثل القاعدة الذي نبني عليه عملية اختيار أو إعداد أو تأهيل معلم الموهوبين.

235

شكل رقم (4)

معلم الموهوبين
مواصفات ذاتية
الخبرة التخصصية
الرضا المهني
التخصص المهني
محبوب
متوازن
ذو حس مرهف
خيال خصب
ذو فلسفة واضحة في الحياة
تأهيل جامعي أولي
خبرة لا تقل عن خمسة سنوات في التعليم
اشتراك بدورتين تطويريتين أو إثرائية في الأقل
متفاني في عمله متمكن تماما من مادة تخصصه
يرغب في التطوير الدائم في حقل تخصصه
له رغبة للعمل مع الموهوبين
عقلية متفتحة وحب لمهنة التدريس
دافع قوي للإنجاز
قوي الشخصية
يستثير قدرات الآخرين فيما يتعلق بمادة التخصص
له القدرة على تفريد التعليم
له القدرة على استخدام استراتيجيات متنوعة في التدريس
الاشتراك بنشاطات تربوية واجتماعية أخرى

إعداد معلم الموهوبين جامعي في الأقل
- خمس سنوات - مع التطبيق
- (10) كورسات
- (140) وحدة
عام
10٪
مهني تخصصي
40٪
التخصصي
البحث 40٪
- لغات
- حاسوب
- أساسيات بحث
- أخرى
تربوي
نفسي
الموهبة والإبداع
علوم
رياضيات
لغات
غيرها
* مناهج وطرائق تدريس
* فلسفة تربية
* طرائق تدريس عامة
* إحصاء تربوي
* تقويم
- علم النفس العام
- علم النفس التربوي
- علم النفس الاجتماعي
- علم نفس النمو
- اختبارات ومقاييس نفسية
* رعاية ذوي الحاجات الخاصة
* طرق تعليم المبدعين
* بحوث الإبداع والابتكار
* الذكاء ومقاييسه وأنواعه

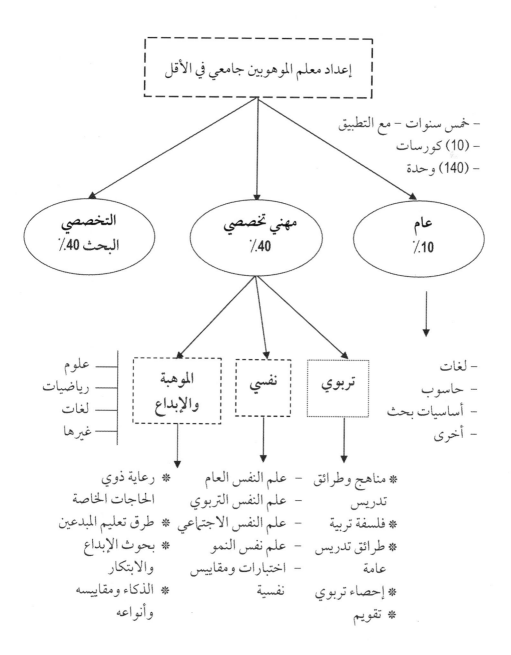

النظام التعليمي لرعاية الموهوبين:

يظهر الشكل رقم (4) أن هناك خمسة أنظمة إدارية أشرفت على رعاية الموهوبين تم ذكرها في العيد من الأدبيات التي أطلعنا عليها (حسن 1990، توق 1990، جروان 1999)، حيث أنها تتدرج من إدارات محلية بسيطة ذات طابع تخصصي، كما هي الحال في أمريكا وكندا (أبو عميرة، 1996)، إلى إدارات قومية موسعة تضم مختلف الشرائح كما هي الحال في روسيا والعراق (وزارة التربية2000 ، Grigorenko, 1999) وبغض النظر عن نوع الإدارات فالمهم الواجبات المناطة بها وطريقة عملها والنتائج التي تحققت في ظل كل واحدة من تلك الإدارات. وفيما يأتي وصفا مختصر لكل منها:

لجنة قومية موسعة:

في الحقيقة أن هذا التنظيم له أكثر من مستوى إداري إشرافي حيث يبدأ بلجان محلية في المحليات الإدارية البسيطة التي تشرف على بضع مئات من المدارس، ثم لجنة فنية تنبع من جهات أكاديمية تخصصية تربوية وفنية من وزارتي التربية والتعليم العالي، وأخيرا لجنة عليا يرأسها شخص سياسي مهم يسمح بإشراك جهات فنية وشعبية واقتصادية في عملية التخطيط ومتابعة مسائل التمويل الخاصة والمركزية، كذلك السماح لبرامج الموهوبين بالاستعانة بالإمكانات والمعامل والمختبرات المتواجدة في مختلف الوزارات والمرافق الإدارية والمؤسسات الأخرى.

إدارة تخصصية للموهوبين:

تضم إشرافا وزارة التربية ولكن يتعاون معها مختصين من وزارة التعليم العالي لتنسيق برامج المدارس مع الجامعات، كذلك بعض المساهمين من القطاع الخاص والمشاريع الحكومية الكبرى التي قد تدعم هذه البرامج ماديا أو تنسيقيا بوضع إمكاناتها المادية والمختبرية ومعاملها في خدمة برامج الموهوبين، كذلك الإعلاميون وعلماء العلوم التربوية والنفسية ونخبة من أولياء الأمور الذي تفرز التجربة اهتمامهم بالعمل في هذا القطاع.

شكل رقم (5)

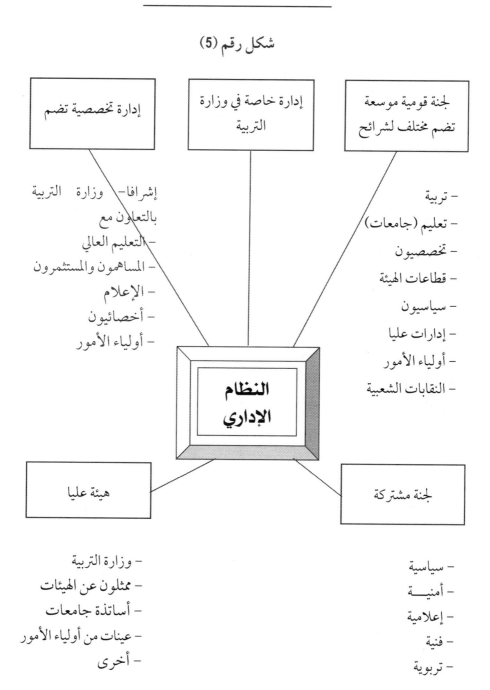

إدارة تخصصية تضم

إدارة خاصة في وزارة التربية

لجنة قومية موسعة تضم مختلف لشرائح

النظام الإداري

إشرافا- وزارة التربية
بالتعاون مع
- التعليم العالي
- المساهمون والمستثمرون
- الإعلام
- أخصائيون
- أولياء الأمور

- تربية
- تعليم (جامعات)
- تخصصيون
- قطاعات الهيئة
- سياسيون
- إدارات عليا
- أولياء الأمور
- النقابات الشعبية

هيئة عليا

لجنة مشتركة

- وزارة التربية
- ممثلون عن الهيئات
- أساتذة جامعات
- عينات من أولياء الأمور
- أخرى

- سياسية
- أمنيــة
- إعلامية
- فنية
- تربوية

اللجنة المشتركة لرعاية الموهوبين:

وهي لجان متخصصة لها مظلة قانونية تتألف من سياسيين وأمنيين وإعلاميين... وغيرهم. عمل هؤلاء تنسيقي ولهم برامج مختلفة لرعاية الموهوبين، وهؤلاء يستثمرون هذه البرامج لقطاعات مختلفة وأسباب مختلفة وعادة مثل هذه اللجان توسع حقل الموهبة ليشمل الإبداع الفني والرياضي والأدبي والعلمي والمعرفي...... وغيره.

هيئة عليا:

تحملت وزارة التربية تشكيل هيئة عليا للموهوبين يرأسها بالعادة وزير التربية وممثلون عن القطاعات الاقتصادية والتخصصية المختلفة وبعض أساتذة الجامعات البارزين سيما في الفيزياء والرياضيات وبعض التخصصات التطبيقية التي يكثر فيها الموهوبين. وهذه الهيئة تركز جهودها بالأساس على الموهبة الأكاديمية بشكل خاص وتشرف على تسيير برامج الموهوبين في المدارس أكثر من سواها، وهي تستثمر الجامعات وبعض المؤسسات الاقتصادية من أجل تطوير برامج الموهوبين.

إدارة تربوية خاصة:

شكلت بعض البلدان كالأردن والسعودية وبلدان دول الخليج العربي إدارة متخصصة لمدارس الموهوبين، حصرت فيها برامج الموهوبين إعدادا وتخطيطا وتنفيذا بهذه الإدارة. وهي تشرف على تطبيق الاختبارات الخاصة بالكشف عن الموهوبين بالاستعانة ببعض المختصين من الجامعات. وهي عادة المسؤولة إداريا وفنيا عن تخطيط وتنفيذ برامج الموهوبين، وترتبط مباشرة بإحدى دوائر وزارة التربية. ويتم الاستعانة بالمختصين بشكل فردي وضمن مكافآت خاصة وليس هناك لجان تنسيقية بين هذه الإدارة وأي جهات أخرى خارج إطار وزارة التربية. وتعمد إلى أن يكون تمويلها خاص وتخضع برامجها إلى تقويم خارجي من مختصين في العلوم التربوية والنفسية أو متخصصين من الجامعات في العلوم التخصصية المختلفة.

دور الجامعات في رعاية الموهوبين:

بينت تجارب الشعوب التي سبقتنا تقنيا أن ما من مشروع تنموي تحملت مسؤوليته مؤسسات التعليم العالي عموما والجامعات بشكل خاص، إلا وكتب له النجاح ذلك لأن التعليم العالي يحتوي على زبدة المجتمع الفكرية في شتى التخصصات، ولأن هذه الزبدة مستمرة النمو ومتطورة بحكم التصاقها المباشر بالمعرفة وسعيها اليومي الحثيث على جلب واختبار المعرفة وتطويعها ومن ثم تقديمها للطلبة أو الباحثين بصور مختلفة..

إن ما تمتلكه الجامعات من خبرات حملتها مع المنزلة الثقافية مسؤولية خطيرة فهي مسؤولة عن نشر المعرفة وتطويعها اجتماعيا، كذلك مساعدة مؤسسات الدولة الخاصة والعامة على الاستفادة من تلك المعرفة بصورة استشارات علمية وبحوث تطبيقية أو عمل ورش تدريبية.

لقد كشفت البحوث التربوية والنفسية أن الموهبة رغم عامل الاستعداد الأساسي فيها إلا إنها بحاجة إلى رعاية مستمرة وبيئة خصبة تستطيع فيها الإنبات بشكل جيد وهادف. وأهم ما ينمي المواهب ويرعاها هو قدرة المؤسسات التربوية على خلق المناخ الذي يستطيع من خلاله الموهوب أن يتعرف على أبرز ما هو موجود في حقل ميوله وموهبته ويلتقي أناس يعتبرهم المثال والقدوة، ويتعرف على المعامل والمختبرات المتطورة والمعلومات التي قلما يجدها في صفه المدرسي. إن أهم ما ينمي الموهبة هو تنمية الاتجاهات والميول الإيجابية نحو الأشياء التي يمتلك الطفل فيها موهبة، فالدافعية تصقل الموهبة وتستثيرها وتدفعها باستمرار نحو الأمام. وهذه الدافعية لا تستثار إلا بأجواء تحدي وغرابة واكتشاف قلما تجدها إلا في مراكز البحوث وأقسام الجامعات.

يشير هاري برسو (1990) أحد الذين كتبوا كثيرا عن تجارب الشعوب في رعاية الموهوبين أن الحكومة الروسية قد كلفت أفضل عالم رياضيات لديها ويشغل منصب رئيس قسم الرياضيات في كلية العلوم بجامعة موسكو في وضع برامج خاصة للموهوبين في الرياضيات والفيزياء، وهو يقوم بأعداد الطلبة في التعليم الابتدائي والثانوي

241

لدخول الأولمبيات الرياضية/ الفيزيائي التي يحصد الطلبة الروس دائما 60% من ميدالياتها الذهبية. ويقوم هذا العالم بتخصيص يوم واحد في الأسبوع للالتقاء بساعات طويلة مع الطلبة الموهوبين من التعليم النظامي.

أما في البرازيل فقد شجعت رابطة الجامعات والأقسام العلمية إلى تقديم برامج خاصة للموهوبين ذات صفة إلزامية، وقام 270 قسم علمي في مختلف الجامعات بإعداد مثل هذه البرامج الذي كان يبث جزء منها وينشر عن طريق وسائل الإعلام المختلفة.

وفي انكلترا تقدم 71 كلية ومعهدا برامج تربوية خاصة للموهوبين ومعلميهم ويوكل إلى أساتذة أكفاء من تلك الكليات لإعداد دروس ومناهج خاصة بالمدارس الثانوية خاصة لفئة الموهوبين. والمجال نفسه في استراليا والأكثر من ذلك فإن الجامعات في استراليا هي التي تعد أدوات الكشف وتعد برامج الرعاية وتشرف كذلك فنيا على إعداد وتأهيل المعلمين وهي تصدر نشرات إثرائية مختلفة تصل حتى أسر الموهوبين.

أما في الكيان الصهيوني فيشير تقرير خاص في الإنترنت إن رعاية الموهوبين قد بدأت منذ نهاية الستينات عن طريق أساتذة الجامعات الذين نظموا دروس مسائية لطلاب الحلقة الثانية من التعليم الثانوي ومن ثم باقي طلاب التعليم النظامي. وقامت بعدها وزارة التربية بدعم الأقسام العلمية التي تهتم برعاية الموهوبين ماليا ولوجستيا. كان الاهتمام ينصب بالأخص على الفيزياء والرياضيات والحاسب، تطور ذلك إلى قيام الجامعات بالإشراف على صفوف خاصة تم استحداثها في المدارس الاعتيادية. وفي مطلع الثمانينات استحدثت جامعة تل أبيب مركزا خاصا للموهوبين قام بتجميع الموهوبين من مختلف المدارس ويقدم لهم برامج علمية وثقافية مختلفة يومين في الأسبوع، أحيلت إدارة المركز إلى أساتذة جامعيون أكفاء كانوا يبتدعوا المناشط الكفيلة باستثارة التفكير وصقل المواهب وتساهم الصحف وأسر الطلبة بتمويل تلك المناشط. ويقيم هذا المركز مهرجانا عاميا للموهوبين سنويا يستضيف موهوبين واختصاصيين من كل أنحاء العالم.

المصادر العربية:

أبو عميرة، محبات (1996): «المتفوقون والرياضيات» دراسات تطبيقية، مكتبة الدار العربية للكتاب. القاهرة.

العبيدي، محمد جاسم ولي العبيدي - الإبداع وتربية المبدعون (مؤتمر الإبداع في التربية، 2004، المجس الأعلى للثقافة... سوريا وزارة التعليم العالي) دمشق.

باسو، هاري(1984): تعليم الموهوبين. مجلة مستقبليات، مجلد الرابع عشر، ع 2.

توق، محي الدين(1990): تطوير برامج تأهيل المعلمين لرعاية المتفوقين. رسالة الخليج العربي، العدد(34)، ص 114 - 147.

جروان، فتحي عبد الرحمن(1999): الموهبة والتفوق والإبداع. العين، دار الكتاب الجامعي.

عبد الغفار، عبد السلام (1996):رعاية المتفوقين والتعرف عليهم، التربية الحديثة، القاهرة، العدد الثالث.

فخرو، أنيسة واليماني، سعيد أحمد(1997): الموهوبون ورعايتهم في مرحلة التعليم الأساسي بدولة البحرين. مكتب التربية العربي لدول الخليج ص191 - 221.

محمد جاسم2004، علم النفس العام - دار الثقافة - عمان الأردن.

المصادر الأجنبية:

Adamas, Georgia Sachs. (1966), **Measurement an evaluation in Education psychology and guidance**, New York Holt.

Amabile ,T. M. (1983) .**The Social psychology of creativity** .New York. Springer - Verlage.

Amabile, Teresa, (1997), **"Mativating creativity in Organizations, on Doing what you Love and Loving. what you Do,"** California Management Review, Vol. 40 ,No. 1 .

Amabile, Tersa ,(1996) ,**"Assessing The work Environment for creativity"** , Academy for Management joyrnal ,Vol. 39 . No. 5 .

American Society for Training and Development, (1989) **Discovering and Development creativity** ,USA .

Carry , clayn , (1994), "**The competitive powere of constant Creativity**" Amacom, American Management association ,U.S.A.

Cattel ,R. (1974) : **personality and mood by questionaire** .London dossey ,press .

Sternberg ,Robert ,(1997) ,"**Creativity as investment**".